本书由安徽师范大学学术著作出版基金资助项目与
安徽省A类重点学科安徽师范大学中国语言文学学科资助出版

现代汉语中的功能范畴

XIANDAI
HANYU
ZHONG
DE
GONGNENG
FANCHOU

熊仲儒/著

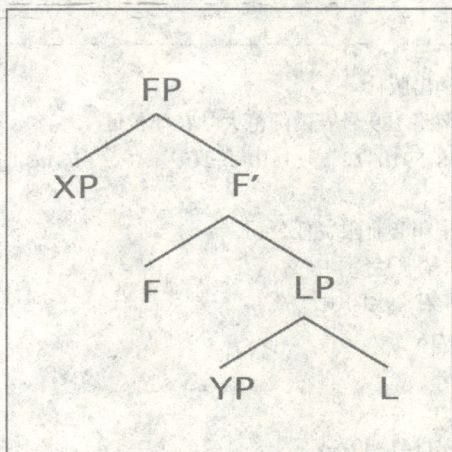

安徽师范大学出版社

图书在版编目（CIP）数据

现代汉语中的功能范畴 / 熊仲儒著 . —芜湖 : 安徽师范大学出版社, 2011.9
ISBN 978-7-81141-397-7

Ⅰ.①现… Ⅱ.①熊… Ⅲ.①现代汉语—语言学—研究 Ⅳ.①H109.4

中国版本图书馆 CIP 数据核字（2011）第 191006 号

现代汉语中的功能范畴

熊仲儒　著

出　版　人：张传开
责任编辑：汪鹏生　房国贵
装帧设计：丁奕奕

出版发行：安徽师范大学出版社
　　　　　芜湖市九华南路 189 号安徽师范大学花津校区　　　　　邮政编码：241002
发 行 部：0553-3883578　5910327　5910310（传真）　　E-mail：asdcbsfxb@126.com
经　　销：全国新华书店
印　　刷：安徽芜湖新华印务有限责任公司
版　　次：2011 年 11 月第 1 版
印　　次：2011 年 11 月第 1 次印刷
规　　格：787×960　1/16
印　　张：18.75
字　　数：279 千
书　　号：ISBN 978-7-81141-397-7
定　　价：37.50 元

序

据我所知,熊仲儒教授自 2001 年以来已经发表了几十篇论文。最近他选了其中的 18 篇,经过编排后,准备以书名为《现代汉语中的功能范畴》的专著出版。这 18 篇论文或是在发表以前或是在发表以后我都看过,仲儒要我写个序,我又看了一遍,又有新的收获和新的心得。可以说,这18 篇论文构成了"当代汉语的句法理论"。

该句法理论有以下的一些特点:

很简洁,因为构成理论的基本假设只有一条,就是他提出的下面这一条功能范畴假设:

功能范畴不仅可以激发移位还可以决定合并, 包括论元的选择与题元的指派。

大量的语言事实,动词短语的、名词短语的,以及句子层面上的,该句法理论都是以功能范畴为手段做出描写的。Chomsky 从标准理论提出以后所做的一项重要工作就是简化语言理论。因此,仲儒的句法理论是符合 Chomsky 长期以来所致力的理论建设的目标。

也很严谨。比如它完全排开了动词决定论元的可能性。如果一种理论同时容许功能范畴和动词决定论元的话, 这是一种比较差的理论,因为这是一种矛盾,而理论是不应该矛盾的。生成语言学的发展过程也是一个不断克服理论内部矛盾的过程,生成语法曾一度允许句子成分做左向移动,也允许做右向移动,包括一直到后来才解决的"词缀下移"(Affix Lowering)。

同时, 这也是一种解释力比较充分的理论。该理论提出的 DP 与 IP (或 TP)的结构是平行的假设大大压缩了可能是人类自然语言的结构,从而使得儿童在贫乏的语言刺激中掌握自己的母语成为可能。

仲儒在短短的七八年时间里能提出自己的句法理论是诸多因素合力

的结果。

仲儒对生成语言学及其相关的学派都很有研究，尤其是对 Chomsky 的语言理论在不同的时期的模型非常熟悉，因而同一种语言事实可以用不同的模型做出描写。比如对"这本书的出版"的结构，仲儒先是在已经远离我们而去的 Chomsky 的标准理论里做出描写，后来又在 Chomsky 的近期理论 MP 框架中做描写。仲儒认为"这本书的出版"中的"出版"不是名词，而是动词，"+ 出版"才是名词性的。仲儒的论证最初借用了 Chomsky 在标准理论里提出的一条名词短语构成规则：

NP → Af VP

Af 是 Affix（词缀）的缩写，此处指英文中的"-ing"和"to"。这条规则说的是动名词短语和带"to"的不定式动词短语是名词短语。汉语跟英文不同的是，它没有形态，也就是说在汉语中 Af 是零成分，即这一条规则在汉语中可以体现为：

NP → Ø VP

当然，由于标准理论本身的问题，即理论的表达力量没有得到应有的限制（规则(2)就是一例），仲儒最终放弃了标准理论的描写而采用了 MP。在 MP 框架中，仲儒把零成分 Af 处理为没有语音形式的 n。

语言科学是经验科学，语言学家提出的种种假设都是需要有语言事实的支持。仲儒得益于通晓汉英两种语言，因此总能用汉英两种语言中相关的事实支持自己提出的假设。有力的、充分的论证总是包括两个方面：理论上的论证（theoretical argumentation）和经验上的论证（empirical argumentation）。仲儒对自己提出的假设也不乏理论上的论证。

仲儒写作有一个特点：一方面，在论证某一种假设时，力求做到广征博引；另一方面，对自己的论证多少会流露出一些疑虑。其实，这是一种很好的心态。对一个研究者来说，不仅要怀疑别人的理论，而且也要怀疑自己提出的理论，因为不管是谁的理论都还是要进一步接受事实的验证的。另外，只有采取了怀疑的、开放的态度，我们才有可能重新去审视已经提出的理论，使得它们能深入地发展。

方 立

2009 年 1 月于北京语言大学

目　录

引　言

　　生成语法在 50 多年的发展历程中经历了多个理论模型的更迭, 如 20 世纪 50 年代的经典理论、60 年代的标准理论、70 年代的扩充的标准理论、80 年代的管约论、90 年代以来的最简方案。经典理论跟后期理论模型的最大差别在于有无语义平面, 管约论与标准理论的差别在于语义平面的位置, 最简方案与管约论的差别在于功能范畴的句法地位。功能范畴使指示语—核心关系凸现出来, 使 "管辖" 概念的放弃成为可能, 并最终使得功能核心与名词短语 (探针—目标) 的关系更加突出, 使 "格" 不再成为名词短语的移位动因; 功能范畴也凸现了核心—核心关系, 核心可以带着形态参与句法计算, 而不必一定通过移位获得形态标记。由于功能范畴具有核查或协约形式特征的功能, 句法计算将层阶式进行, D- 结构、S- 结构失去了存在的基础, LF 与 PF 也不必等到句法计算之后才进入, 而是边计算边转移到这两个接口层次, 这两个接口层次也成了衡量句法计算成功的条件。在引言中, 我们将简单地介绍近期理论中一些重要的技术手段与理念及其来源。

第一节　短语结构理论

1. 可能的短语结构规则

　　Chomsky(1957)分析了语素、词与短语三个平面, 认为在这三个平面中短语平面较充分, 为弥补短语平面的不足, 他还提出了转换平面。短语平面建立的规则是短语结构规则, 转换平面建立的规则是转换规则。生成语法最初建构的短语结构规则, 如(1), 采用的其实就是结构主义语言学

1

的直接成分分析法,如(2b):

(1)a. Sentence → NP + VP　　b. NP → T + N

　　c. VP → Verb + NP　　　　d. T → the

　　e. N → man, ball, etc　　f. Verb → hit, took, etc.

(2)a. the man hit the ball

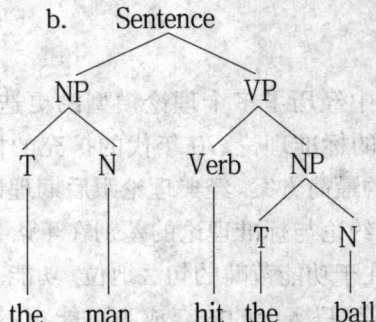

　　b.

```
              Sentence
             /        \
           NP          VP
          /  \        /   \
         T    N    Verb    NP
         |    |     |     /  \
                         T    N
         |    |     |    |    |
        the  man   hit  the  ball
```

用(1)中的规则可以指派出(2b)中的结构,也能生成句子(2a)。这个树形图清晰地表达了各种句法范畴,如句子、名词短语、动词短语、限定词、名词、动词等;也能由此对各种语法功能(句法成分)进行定义,如主语、谓语、宾语等。这些短语结构规则,并不将句子跟别的短语如名词短语、动词短语分别对待,而都是作为短语结构规则的一部分,这实际上也反映了句子的构造原则与短语的构造原则一致的观点,因为句子也是短语。

　　在生成语法中,所构建的规则系统好不好,就是看它能不能生成某个个体语言(比如说英语)中所有合法的句子,并且能排除该语言中所有不合法的句子。从这个角度来看,规则(1)的生成能力还是相当有限的,因为它不能排除如下的不合法句子,如:

(3)* the ball hit the man

为了限制语法的生成能力,需要对"hit"进行限制,即不只是让它进入 V 节点,还要对其能够进入的上下文语境进行限制,如"主语"要有[+ 人]特征等。为了将更多的信息登录给"hit、ball、man"这样的词项,需要设置词库。所以,Chomsky(1965)设置了词库,将(1d-f)从短语结构规则中剥离出来,独立成为词库信息的一部分,并增加一些其他信息,如子语类框架、选择性限制等。"hit"要求主语有[+ 人]这样的特征就是选择性限制,(3)的主语没有[+ 人]这一特征,这造成选择性限制没有得到满足,所以不合法。随着研究的深入,还可以增加其他的句法信息。需要指出的是,词项在词库中有哪些信息,我们是并不知道的,因为它具有不可预测性。在研究中,我们会随着理论的发展增加、减少或改变词项的句法信息。

随着研究的深入,"可能的短语结构规则"就提上了研究日程。下面的规则(4)与规则(5)在形式上跟(1)相同,但据观察,人类语言只允许规则(4),而不允许规则(5),如:

(4)a. VP → V(NP)(PP)　　b. NP → (Det)N(PP)　　c. PP → P(NP)

(5)a. VP → N(PP)　　b. NP → V(NP)(PP)　　c. PP → N(VP)

从直觉上说,(5)的不可能是很清楚的:VP 是动词短语,当有动词存在,而 VP → N(PP)中并不包含动词 V;同样,NP 是名词短语,当有名词存在,而 NP → V(NP)(PP)中并不包含名词 N。概括地说,当没有 X 时,XP 就不能成为 X 的短语。换句话说,人类语言的短语结构是"向心的"(endocentric),即短语 XP 必须由核心成分 X 建构。

(6)XP → ···X···

(6)表示短语 XP 中必须包含一个 X,这个 X 决定着整个短语 XP 的范畴,所以这个 X 就是 XP 的核心。由于语言结构具有层次性,现在一般采用 X'- 图示来表示规则(6),如:

(7)a. XP → YP　X'

　 b. X' → MP　X'

　 c. X' → X　ZP*

(8)a.

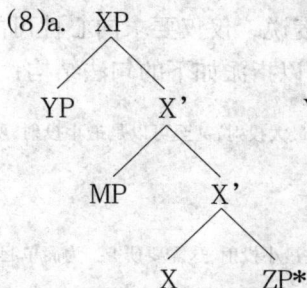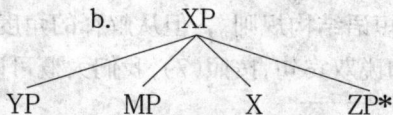

(8a)是(7)的直观表达,在这个结构中 X 是核心,X'是其中间投射,XP 是其最大投射,X 也相应地可以称作最小投射。中间投射可以无限延伸,这主要是表达修饰语的,修饰语可以很多,延伸的中间投射也就可以很多了①。跟最小投射 X 在一层的 ZP 是补足语,其数目多少可以不论,所以用"*"表达;跟中间投射 X'在一层的 YP 是指示语,数目最多只有一个;跟中间投射 X'在一层的 MP 是修饰语,也叫附加语。如果不考虑中间投射,(8a)也可以表示为(8b),(8b)是规则(6)的直观表达,由于这种结构不能表达语言结构的层次性,所以只能被 X'-图示取代。

结构的向心性原本是结构主义语言学的概念,它要求直接成分跟整体在分布上一致或基本一致。据此,结构主义语言学中有向心结构与离心结构之分。在生成语法学中,向心性只要求短语跟直接成分或者说只要求各种投射在范畴上相同就可以。两种向心性的差异在于分布还是范畴。决定分布的因素很多,除了范畴之外,像选择性限制、子语类框架等也会影响到分布。生成语法只考虑范畴,所以结构主义语言学中的离心结构在生成语法中也可以处理作向心结构。如"hit the ball"在结构主义语言学中是离心结构,这是因为"hit"跟"hit the ball"有不同的分布;而在生成语法中是向心结构,这是因为"hit"跟"hit the ball"有相同的范畴。

2. 句法结构的双分枝性

结构主义语言学在成分分析上希望能够达到"二分",尽管有些结构体在其理论体系内不能"二分"。在生成语法里,(6—8)通过向心性规定了"可能的短语结构规则",但从解释的角度说,仅仅要求向心性可能还不够。比如说双宾句,按照(7),我们大概可以指派如下的句法结构:

---

① 从理论的建构角度说,修饰语修饰的也可能是最大投射,甚至可以是最小投射,所以也会有如下的规则:

a. XP → MP   XP

b. X → M   X

修饰语修饰的是最大投射还是中间投射,抑或是最小投射,这需要研究。为简单起见,我们只是点到为止。

(9)　　VP
　　　　|
　　　　V'
　　　／|＼
　　V　NP　NP

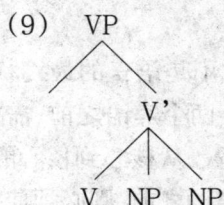

这种结构不能解释双宾句中两个宾语之间的不对称性：

(10) ⅰ. Anaphor Binding

　　　　　a. I showed Mary herself.

　　　　　b.*I showed herself Mary.

　　　ⅱ. Weak Crossover

　　　　　a. [Which man]$_i$ did you send [his]$_i$ check?

　　　　　b.*[Whose]$_i$ pay did you send [his]$_i$ mother?

　　　ⅲ. Superiority

　　　　　a. Who did you give which check?

　　　　　b.*Which check did you give who?

　　　ⅳ. Negative Polarity

　　　　　a. I showed no one anything.

　　　　　b.*I showed anyone nothing.

这些句子都要求 NP$_1$(goal)不对称地 C-统制 NP$_2$(theme)，但这种要求在
(9) 中无法得到满足，所以需要从技术上将两个宾语安排在不同的层次
上。这种技术很多，比如说：

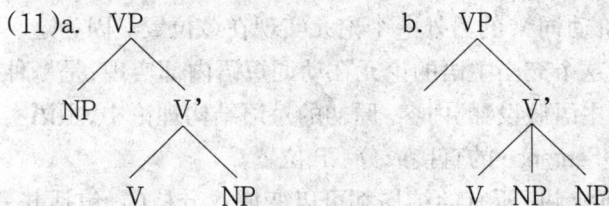

(11)a.　VP　　　　　　　b.　VP
　　　／＼　　　　　　　　／＼
　　NP　V'　　　　　　　　　V'
　　　／＼　　　　　　　／|＼
　　V　NP　　　　　　V　NP　NP

(11a)将(11b)中的 V'拆成一个双分枝结构,因采用 X'-图示,而两个
宾语又非修饰语，所以只能分别放在新的 X'-图式的补足语与指示语
位置了。因为投射的还是 V,所以这个新的 X'-图示还是采用 V 进行标
记。(11a)是对(11b)的发展,既保证了结构的向心性,又保证了结构的

"二分"。

(11a)中的动词 V 介于两个宾语之间,这不是语言的最终状况,最终状况是 V 位于两个宾语之前。要使得 V 位于两个宾语之前,需要采用移位操作。在生成语法中,核心要移到核心的位置。从核心到核心的移位,是核心移位。既然 V 是核心,要使 V 移到另一宾语之前,则必须使之发生核心移位。要成功地进行核心移位,必须设置一个合适的着陆点,也就是要再设置一个核心,如:

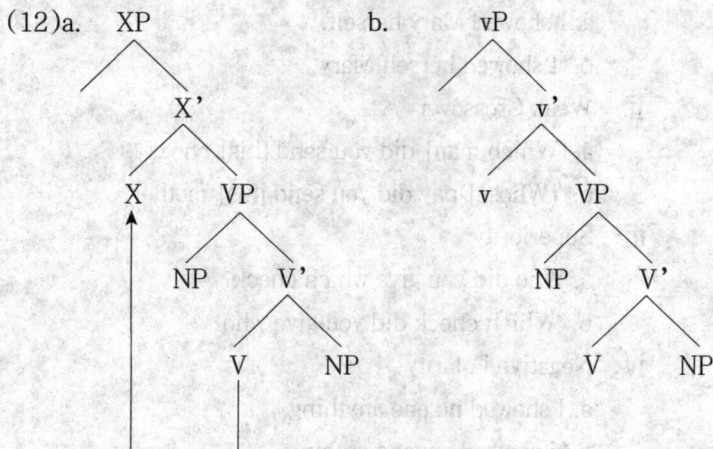

(12)a.
```
          XP
           |
          X'
         /   \
        X     VP
        ↑    /  \
        |  NP    V'
        |       /  \
        |      V    NP
        |_____|
```
b.
```
          vP
           |
          v'
         /   \
        v     VP
             /  \
           NP    V'
                /  \
               V    NP
```

(12a)中这个 X 是什么范畴,从句法操作上来说,并不是非常重要。现在通常用 v 标记(12a)中的 X,如(12b),这个 v 人们称为轻动词。轻动词 v 投射的也是个 X'- 图示,它的补足语是 VP,它的指示语我们没有标记,学界一般认为三价动词 V 的另外一个论元实现在该位置。因为这一论元常常充当主语,让这个充当主语的论元在动词短语内部实现,是一种被称作"动词短语内部主语假设"的内容。原初的短语结构理论中,主语实现在动词短语外部,即 Sentence 的直接成分 NP 位置。

从技术层面上讲,所有的结构都可以变成双分枝的,包括并列结构,从经验上也能找到证据,比如说(12a),NP、V 与 NP 构成一个动词短语 VP,V 移出之后,两个宾语与 V 的语迹理应还是个动词短语 VP。确实这样,这可通过并列测试:

(13)John gave [Mary a present and Sally a card].

3. 句子的分层结构

一般认为句子有三层,分别是题元层、形态层与话语层。题元层,就是动词将其论元在自己的投射或进一步的扩展投射中实现的层次。根据生成语法,每个动词在词库中都有论元结构,论元数目有多有少,最少的是0,如"rain",最多的是3,如"give"。根据"动词短语内部主语假设",这些论元会在动词的投射中实现,如果要求句法结构必须满足双分枝性,则可在进一步的投射中实现,比如说:

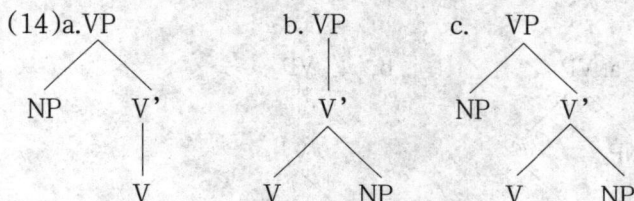

(14)a. VP　　　　b. VP　　　　c. VP

(14a-b)是一元动词,它将自己的论元或实现在指示语位置或实现在补足语位置,将唯一论元实现在指示语位置的动词是非作格动词(unergative),将唯一论元实现在补足语位置的动词是非受格动词(unaccusative)。(14c)是二元动词,两个论元分别实现在补足语与指示语的位置。对于三元动词,为满足句法结构的双分枝性,两个论元实现在三元动词的投射内,另一个实现在扩展该动词的轻动词的投射内,如(12b)。对于一元与二元动词来说,论元的投射位置可由动词的子语类框架决定,如:

(15)a. laugh: V, +[__]　　　　b. come: V, +[__ NP]　　　c. love: V, +[__ NP]
"laugh"是非作格动词,子语类框架说明它没有补足语,在 X'-图示中只能投射出(14a);"come"是非受格动词,子语类框架说明它只有一个补足语,在 X'-图示中只能投射出(14b);"love"是及物动词,子语类框架说明它有一个补足语,根据动词短语内部主语假设,在 X'-图示中只能投射出(14c)。对于三元动词,如:

(16)give: V, +[__ NP, NP]
如果句法结构可以多分枝,句法投射则很简单;如果坚持句法结构的双分枝性,就需要测定哪个 NP 出现在 V 的补足语位置。因为不同的安排,其句法后果是不同的。现在通行的做法是假定题元关系相同的成分，在语法关系上也相同，这叫"题元指派统一性假设"。比如说有两种题元关系 agent 与 theme，假定某个 agent 作主语，则其他所有的 agent 都作主语；假定某个 theme 作补足语，则所有的 theme 都作补足语。比如说：

  （17）a. John broke the window.

    b. The window broke.

在这两个句子中，"the window"与"break"有着相同的题元关系，按照"题元指派统一性假设"，两句中的"the window"相对于"break"的句法位置就应相同，如：

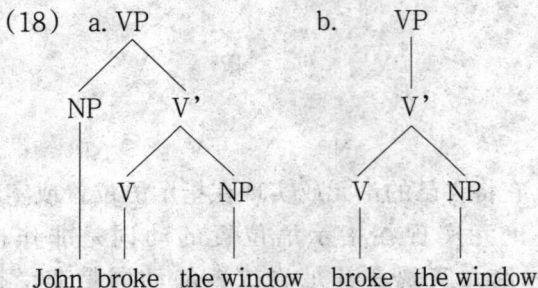

（18） a. VP   b. VP

   NP V'   V'

     V NP   V NP

   John broke the window broke the window

原来这种句法投射是通过子语类框架（范畴选择）达成的，现在则是通过"题元指派统一性假设"获得的。如果"the window"是动词的 theme，而三价动词也有 theme 的话，则后者的 theme 应该和作为 theme 的"the window"一样投射在动词的姊妹节点，如：

  （19）a. John gave Mary a present.

    b. John gave a present to Mary.

  （20）a. [$_{VP}$[John][$_{V'}$[$_v$][$_{VP}$[Mary][$_{V'}$[$_v$ gave][a present]]]]]

    b. [$_{VP}$[John][$_{V'}$[$_v$][$_{VP}$[to Mary][$_{V'}$[$_v$ gave][a present]]]]]

（20）通过一定的操作得到（19）。有些学者则通过别的方式安排投射，如 Larson（1988）的映射原则。不管按照哪一种方式，实际上都透露出这样一点信息，那就是句法结构的投射由语义信息所决定。这种做法在很大程度上可能会获得成功，但也有麻烦，一则是如何定义题元角色，一则是如何在题元等级上进行排序。另外就是一个动词到底有几个论元也会存在争议，比如说"give"一般认为是三元动词，但也有学者认为它是二元动词，像

8

"Mary a present"则是一个小句论元。对于纷繁复杂的研究方案,无论成功与否,在我们看来,它们都将会丰富我们的认识。

英语中的动词还会有形态上的变化,为了表达这种形态变化,动词短语将由形态语素扩展,形成 IP 这样的形态层。VP 做 I 的补足语,如:

(21)a. John loves Mary.

　　b. [$_{IP}$ [John] [$_{I'}$[$_{I}$ love –s][$_{VP}$[~~John~~][$_{V'}$[$_{V}$ ~~love~~–][Mary]]]]]]

　　c. [$_{IP}$ [John] [$_{I'}$[$_{I}$　　　–s][$_{VP}$[~~John~~][$_{V'}$[$_{V}$ love-s][Mary]]]]]]

I 包含有时制、一致等语素,如 –s,它还有主语要求。I 中的时制、一致语素有黏着性,它会吸引动词向它移位(21b),当然也有可能是它向动词移位(21c),或其他可能。为满足 I 的主语要求,"John"移到"I"的指示语位置。"I"有主语,动词短语内部也有主语,这就形成了两个主语位置。**证据是**"there"存现句与量词漂移现象,如:

(22)a. Many fish are in the sea.

　　　There are many fish in the sea.

　　b. A man stands under the roof.

　　　There stands a man under the roof.

　　c. All the dragons had escaped.

　　　The dragons had all escaped.

　　d. Both the twins might have been at the party.

　　　The twins might have both been at the party.

英语的内嵌句,如宾语从句、主语从句及定语从句等,它们的句首往往有"that"这样的标句词。为安置标句词,学界通常假定 C 扩展 IP。C 投射出的 CP 叫话语层,它包含着句类信息,如陈述句、疑问句等。如:

(23)a. Ann knows that John loves Mary.

　　b. Ann knows [$_{CP}$[$_{C'}$[$_{C}$ that][$_{IP}$ John loves Mary]]]

为解释英法两种语言的动词与副词语序差异,Pollock(1989)将包含时制、一致语素的 I 一分为二,分别标记作 T(ense)与 Agr(eement)。后来Chomsky(1995)因 Agr 没有语义而放弃了 Agr。现在形态层用得多的是时制范畴 T,话语层中的 C 也不是同一的,所以学界也将 C 分成不同的范畴,如话题范畴 Top(ic)、焦点范畴 Foc(us)等。

像 I、C 以及由此分解的 T、Agr、Top、Foc 等都是功能范畴，它们扩展词汇范畴（如 V）。为便于把握，我们将功能范畴定义作"扩展词汇范畴的范畴"。词项大概有三种类型：一是有语音有语义，二是只有语音没有语义，三是只有语义没有语音。第一、二种类型的词项是可感的，第三种类型的词项由于没有语音形式，只能通过句法结构或理论进行拟测。功能范畴大多属于第三种类型的词项，对于研究者而言，需要小心拟测。

第二节　句法操作

1. 核心的句法投射

按 X'-理论，每个核心都会将自身的信息投射到 X'-图示（句法结构）中，比如说"break"，它会向句法结构投射范畴信息、论元信息、范畴选择、语义选择等。如：

(24)a. break: V, {1, 2}, +[___ NP], <Agent, Theme>

b.

```
            VP
           /  \
         NP    V'
          |   /  \
          V   V    NP
          |   |     |
        John break the window
```

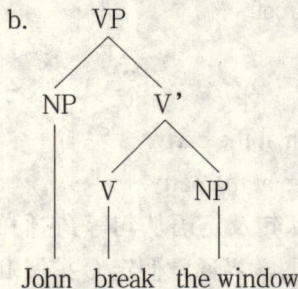

(24a)是"break"在词库中的句法信息，(24b)是"break"的句法投射。VP 还只是题元层，它还要向形态层与话语层扩展，呈如下图示：

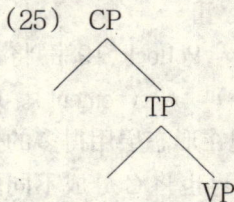

(25)

```
      CP
        \
         TP
           \
            VP
```

其中的功能范畴在不同的扩展时有不同的选择：有时有被动范畴，有时没

有;有时有焦点范畴,有时没有。如:

（26）a. John broke the window　　b. the window was broken by John

　　　　c. [John]$_F$ broke the window　　d. John broke [the window]$_F$

选择了不同的范畴进行扩展,所得出的意思不同。如果说(26)中的这些句子相关,那只是因为 break 的题元层投射相同。

2. 移位操作

英语的被动句与主动句有一些明显的差异:其一是主动句的主语作了被动句的介词宾语,其二是主动句的宾语作了被动句的主语。如:

（27）a. John　　　　　　broke　　　　　the window

　　　　b. the window　　was broken　　　　by John

如果动词的题元信息在主动句与被动句中一致的话,或者说"题元指派统一性假设"可接受的话,则需要寻找机制解释这两种变化。生成语法学认为这是被动语素作用的结果,它一方面贬抑了外部论元,使得外部论元不能出现或借助介词引进;另一方面吸收了动词的赋格能力,使得需要宾格的宾语发生了移位。如:

（28）[$_{TP}$[ ][$_{T'}$[$_T$ －ed][$_{VP}$[$_{V'}$[$_V$be][$_{PassP}$[$_{Pass'}$[$_{Pass}$－en][VP]]]]]]]

V'

　　V'　　　　　　PP

V　　NP

break　the window　by John

(28)显示外部论元的被贬抑与宾语的移位。"the window"移到 T 的指示语位置,由 T 指派主格。除了被动句中的动词不能指派格以外,非受格动词也不能指派格。如:

(29)a. John broke the window　　　b. the window broke

在(29)中,两句的"the window"跟"break"有着相同的语义关系,都是受事。如果这两种语义关系都是由"break"指派的,则可以假设它们投射在相同的句法位置,对于(29b)中的外部论元的不出现,大概可以仿照被动句认为有某个语素贬抑了外部论元,也可以认为(29b)中的"break"不同于(29a)中的"break",前者是非受格动词,后者是及物动词。动词的子类不同,造成了及物性和非及物性的交替。假定(29b)的"break"有如下的句法信息:

(30)break:V, {1}, <theme>, +[__NP]

这些句法信息在 X'-图示中投射后会得到如下的句法结构:

(31)a. VP　　　　　　b. [ₜₚ[ ][ₜ·[ₜ -ed] [VP]]]]]]]

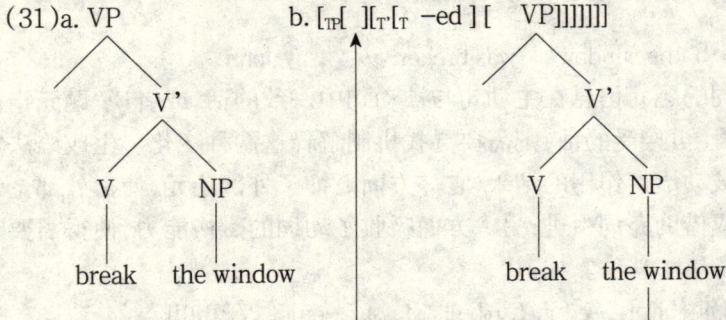

在 T 扩展以后,由于非受格动词不能指派格,"the window"只能移位到 T 的指示语位置,由 T 指派格。在生成语法学中,每个有语音形式的名词短语都必须有格,否则推导会失败,即产生不合法的句子。这种要求是"格过滤"要求。

被动句中的动词不能指派格,非受格动词也不能指派格。在这两种情况下,动词都没有外部论元,即指示语位置都是空的,如(28)与(31)所示,(28)中的外部论元是被贬抑的,(31)中本来就没有外部论元。由此可见,动词能不能指派格跟动词有没有外部论元是相关的,"Burzio 概括"就是对这种相关性的概括。

T 向其指示语指派主格,这是对限定句而言的。在非限定句中,T 不能向其指示语位置的名词短语指派主格。所以,非限定句的主语要么继续移位,作主句的主语(32a),要么以无语音形式出现(32b),要么获得例外格

（32c），如：

　　（32）a. John$_i$ seems [$_{CP}$[$_{TP}$ [t$_i$] [$_{T'}$ [$_T$to] [$_{VP}$[$_{V'}$[$_V$be][$_{AP}$[t$_i$ happy]]]]]]]

　　　　　b. I$_i$ want [$_{TP}$ PRO$_i$ [$_{T'}$ [$_T$to] [$_{VP}$ PRO$_i$ go]]]

　　　　　c. I believe [him$_i$ [$_{T'}$ [$_T$to] [$_{VP}$ t$_i$ be a werewolf]]]

3. 协约操作

　　格的指派理论并不一致，如主格由 T 向其指示语位置的成分指派，宾格由动词向其补足语位置的成分指派。这种不一致性表现在指派成分与指派位置上：宾格的指派成分是词汇范畴，主格的指派成分是功能范畴；宾格是动词向补足语谓词指派，主格是 T 向指示语位置指派。为了达成格指派的一致，在最简方案的初期，是通过设置功能范畴达成的，如 AGR：

　　（33）AGRsP

```
        AGRs    TP
               /  \
              T   AGRoP
                  /   \
               AGRo    VP
                      /  \
                   Sub  V  Obj
```

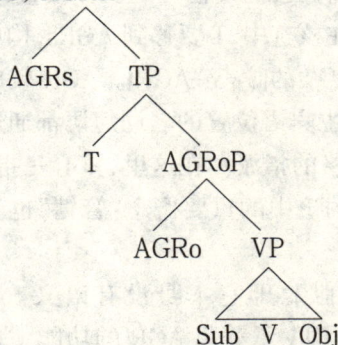

在该图示中，AGR 负载 phi- 特征（性、数、人称），决定名动间的一致关系；T 与 V 仍决定名词短语的格。在句法计算的时候，每个词项都可能负载着各种形式特征，比如说：

　　（21）a. John loves Mary.

　　　　　b. [$_{IP}$ [John] [$_{I'}$[$_I$ love-s][$_{VP}$ <John>][$_{V'}$[$_V$ <love>][Mary]]]]

　　　　　c. [$_{IP}$ [John] [$_{I'}$[$_I$ < -s>][$_{VP}$ <John>][$_{V'}$[$_V$ love-s][Mary]]]]

这两种结构都是将动词与其形态语素剥离开来的。这可能存在经验或理论上的问题，如（21b），如果有副词附加在动词短语上的话，在动词移位之后会造成"动—副—名"这样不合法的序列；再如（21c），词缀下移虽然可以避免"动—副—名"这样不合法的序列，但不能约束原初位置，为了取得合法解释,"loves"又得隐性上移,从推导上来说,这不经济。现在通常假定词项负载各种形式特征参加运算,所以(21)可重新指派结构:

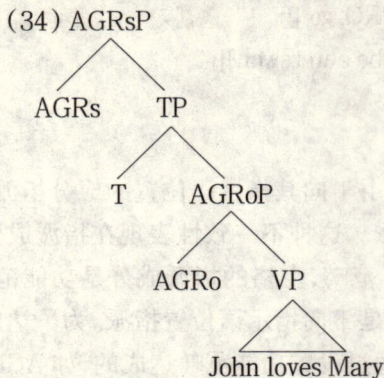

（34）AGRsP

```
        AGRsP
        /    \
     AGRs    TP
            /   \
           T    AGRoP
                /    \
             AGRo    VP
                  John loves Mary
```

"loves"的形态特征跟"时制"与"一致"有关,需要由 T、AGRs 核查,"John"与"Mary"的格特征也需要进行核查。在核查中,T 要移到 AGRs,构成复杂的[$_{AGR}$ T-AGR];V 要移到 AGRo,构成复杂的[$_{AGR}$ V-AGR]。AGR 就成了主宾语位置的名词短语与动词的中介,主宾语位置的名词短语都通过移位到 AGRs 与 AGRo 的指示语位置接受格的指派。在这里,核心—指示语、核心—核心的关系得到了强化,像管约论中的重要概念"管辖"也就失去了存在的基础。

　　AGR 对句子的语义没有任何贡献,即它本身没有语义。所以,Chomsky 取消了 AGR 的设置而用轻动词 v 承载了 AGR 的功能。轻动词 v,我们在三价动词的投射结构中已引进,并且让它引进另一论元。Chomsky(1995)认为二价动词、一价非作格动词中都有轻动词 v,唯一没有轻动词的是非受格动词。这个轻动词 v 承担起为宾语核查宾格的功能,非作格动词是隐藏的宾格动词。Chomsky 为二价动词指派了如下的结构,如:

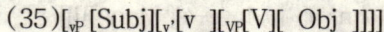

　　（35）[$_{VP}$ [Subj][$_v$[v][$_{VP}$[V][Obj]]]]
他指出外部论元要占据[Spec, v],并假定 v-VP 构型能用来表达外部论元的施事性角色或致使性角色。现在一般用事件谓词去诠释 v 的语义,如 Do 与 Cause 等。

　　放弃 AGR 之后,原来让 AGR 负载的 phi- 特征集就改由 T 与 v 负载了,名词短语也有 phi- 特征集。差别在于,前者不可解释,后者可解释。功能性核心 T、v 与名词短语通过 phi- 特征集进行匹配,并发生协约操作,即为名词短语的不可解释的格特征定上特征值,也为 T、v 的不可解释的特征定值或消去。名词短语定什么特征值,跟 T 与 v 的 phi- 特征集的完整与否有关,phi- 特征集完整,就可以确定格的特征值,反之不能。phi- 特征集完整与否,T 的表现在于限定与否;v 的表现在于是否引进完整的论元结构。比如说:

(36) a. $[_{TP}[\ ][_{T'}[_{T}\ ]\ [_{vP}[John][_{v'}[_{v}][_{VP}broke][\ the\ window\ ]]]]]]$

　　 b. $[_{TP}[\ ][_{T'}[_{T}\ ][_{VP}[_{v'}[_{v}\ was][_{PassP}[_{Pass'}[_{Pass}]\ [_{vP}[\ ][_{v'}[_{v}][_{VP}[broken][the\ window]]]$
　　　 $[by\ John]\ ]]]]]]]$

(36a) 中 "broke" 有完整的论元结构,这反映 v 的 phi- 特征集完整,能够给 "the window" 的格特征定值;(36b) 中的 "broken" 没有完整的论元结构,其中外部论元被贬抑,由 "by" 引进,这反映 v 的 phi- 特征集不完整,不能给 "the window" 的格特征定值。"the window" 为了自身不可解释的格特征,也为了 T 的 EPP 特征(主语要求),它将移位到 T 的指示语位置。T 是限定的,这反映它的 phi- 特征集完整,能够给 "the window" 的格特征定值。在 (36b) 中,v 的 phi- 特征集不完整,所以外部论元被贬抑,需要通过 "by" 的接引才能进入句法结构;此外,"the window" 的格特征也不能被 v 定值,它只能和 T 建立协约关系,并由 T 定上主格。

　　在(28)中,我们说被动语素一方面可以贬抑外部论元,另一方面可以吸收动词的赋格能力。从句法的自底向上的生成方式来说,是很难达成第一个作用的,因为按投射,动词首先将外部论元实现在指示语位置,然后再接受被动语素的扩展;被动语素要贬抑外部论元,也就只能通过移位或删除等方式了。(36b) 则很简单,因为贬抑外部论元以及不能给宾语定格,只跟 v 有关,而跟被动语素无关,被动语素只是选择了一个 phi- 特征集不完整的 v 而已。值得一提的是,v 的 phi- 特征集的完整与否决定着外部论元的出现与否,这暗含着 v 具有选择外部论元的能力。

　　功能性核心 T、v 是探针,名词短语是探针搜索的目标。在操作的时候,探针与目标都要活跃,这样,活跃的探针才能搜索到活跃的目标。活跃指的是它有不可解释的特征,如名词短语的格特征,以及 v、T 的 phi- 特征集。因为这种或那种不可解释的特征，一个成分活跃的原因也就不同，为了各归其位，得要求特征匹配，即特征相同的两个成分之间才能建立探针—目标的协约关系。即使如此，可能还不足以保证句法操作的合法性。比如说：

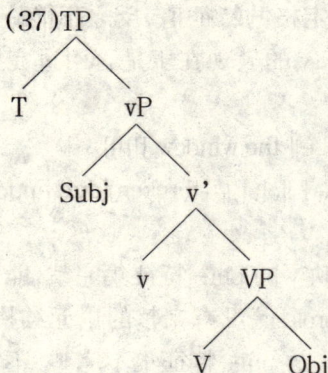

(37)TP

在这个图示中，T 能跟 Subj 与 Obj 发生特征匹配，v 也能跟 Subj 与Obj 发生特征匹配。为了使 Obj 获得宾格值、Subj 获得主格值，得规定匹配的局域性，如"最短距离限制"。如 Obj 离 v 较近，离 T 较远，Obj 就优先跟 v 发生特征匹配，然后进行协约操作，因为 v 的 phi- 特征集完整，能消去 Obj 的不可解释的格特征，相应地，Obj 也能消去 v 的不可解释的 phi- 特征集。失去不可解释特征的 v 与 Obj，也就不再活跃，Obj 也就不能跟 T 发生特征匹配了，v 也不能跟 Subj 发生特征匹配。phi- 特征集相同的 Subj 则跟 T 进行特征匹配，并进行协约操作。

除了 v、T 可以跟相关的成份进行协约操作，其他的功能范畴会不会也同相关的成份进行协约操作呢？答案应该是肯定的，比如说：

(38)a. What did John break?

b. [$_C$ what][$_{CC}$ do-ed][$_T$ John [$_T$ -ed] break what]]]

在这个结构中，"what"要发生移位，必然是由某个成分激发的。我们可以假定，C 有不可解释的[wh]特征，what 有可解释的[wh]特征，两者的特征匹配，C 还有不可解释的 EPP 特征，它会促使与之建立协约关系的 what 发生移位。

4. 合并操作

细心的读者或许已经发现,Chomsky(1995)所指派的 v–VP 构型并不符合 X'– 图示。如果我们采用 X'– 图示且引进轻动词,(35)则应改写为如下形式:

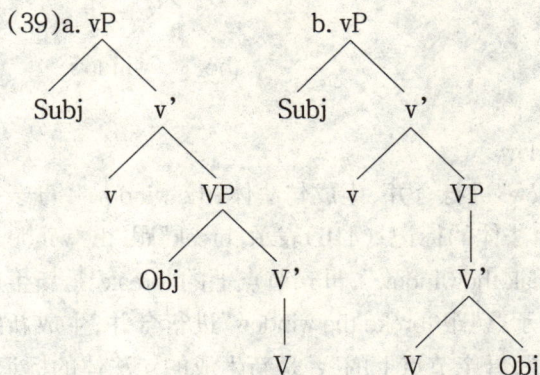

(39)a. vP　　　　　　　　b. vP

```
   (39)a.  vP                    b.  vP
         /    \                       /    \
      Subj    v'                   Subj    v'
             /  \                          /  \
            v    VP                       v    VP
                /  \                            |
              Obj   V'                          V'
                    |                          /  \
                    V                         V    Obj
```

无论是采用(39a)还是采用(39b)都需要回答为什么有空投射,即(39a)中 V 为什么要投射为 V',(39b)中 V 与 Obj 为什么要投射为 V'而不是直接投射为 VP。此外,Obj 到底是在哪个句法位置? Chomsky 建议取消 X'– 图示,而用合并操作取代它。X'– 图示是一种句法建构理论,它可以保证结构的向心性。从理论上来说,如果有别的也能够保证向心性的建构理论的存在,而且这种建构理论非常简单,即不存在空投射,那么这种理论是可以取代 X'– 理论的。Chomsky(1995)提出合并操作,简单地说,就是词与词、词与短语、短语与短语相互组合,在这些组合中,有一个成分决定组合体的属性。决定组合体属性的成分就是核心,它保证了结构的向心性。比如说"John broke the window",我们选取了如下词项,如:

(40)a. {[John,1], [broke,1], [the,1], [window,1], [v,1], [T,1]}
这些词项的集合,可称之为词项集合(Numeration),每个词项后边的数字表示其数目。这些词项进行合并,如:

（41）a. the

```
        the
       /    \
     the    window
```

c. v

```
         v
        /  \
      v    break
     /  \
  broke  the
        /    \
      the   window
```

b. break

```
        break
       /     \
     break   the
            /    \
          the   window
```

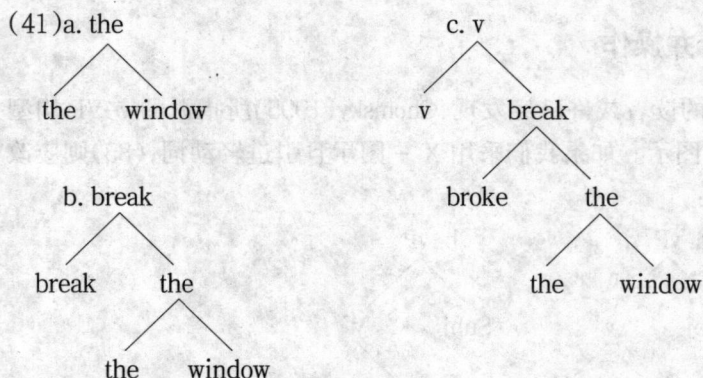

（41a）表示"the"跟"window"进行合并，生成句法体"the window"，母亲节点上的"the"是新生成的句法体的标记；（41b）表示"break"跟"the window"合并，生成新的句法体"break the window"，母亲节点上的"break"是新生成的句法体的标记；（41c）表示"v"跟"broke the window"进行合并，生成新的句法体"v broke the window"，母亲节点上的"v"是新生成的句法体的标记。这些标记就是核心，是它们体现了句法结构的向心性。这种合并操作会不断地持续下去，直到词项全部用光，最后获得句法构型（42a）。另外，该构型也可改写为（42b）：

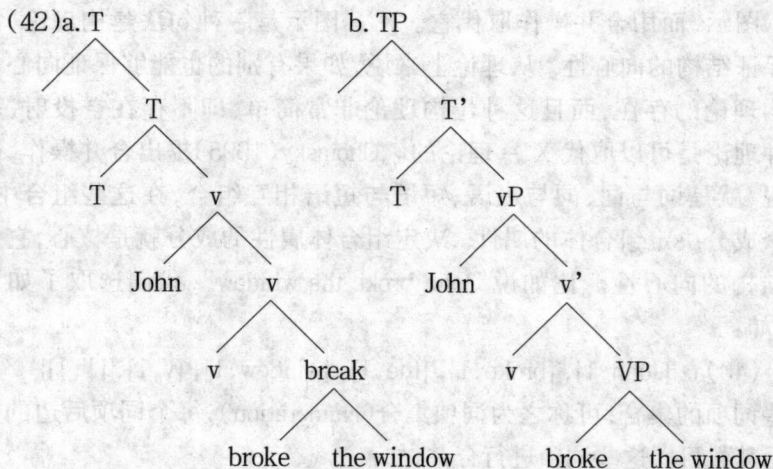

（42）a. T

```
      T
     / \
       T
      / \
     T   v
        / \
      John v
          / \
         v  break
            / \
        broke  the window
```

b. TP

```
      TP
     / \
       T'
      / \
     T   vP
        / \
      John v'
          / \
         v   VP
            / \
        broke  the window
```

这些词项或在词库中携带着句法特征或在进入词项集合时被指派了句法特征，有些句法特征不可解释，需要核查或定值，它激发协约操作并有可能伴随移位操作。

　　现在看来，句法结构的向心性与双分枝性实际上都是由合并操作决定的，因为合并总是两项两项地合并，其中一项起决定作用。合并的成分具有不可解释的特征，它必然激发协约操作，在协约操作中为消去某种不可解释的特征，有可能激发移位操作。为某些成分设置某种不可解释的特征，纯粹是理论内部的技术手段，它会随着理论的发展而有改变，甚至会放弃，不过就目前而言，这种特设的不可解释的特征还有存在的必要。在这种理论中，作为探针的功能范畴，其作用是巨大的，它会因为自身的某种不可解释的特征激发相关移位，改变语序，产生某些语义效应；此外，在合并中，功能范畴作为核心起着选择性作用，如选择论元。所以，近年来Chomsky多次申明合并与移位跟语义的双重性相关，如合并产生广义的论元结构（题元角色、句法层级及相关属性），移位产生与话语相关的属性，如旧信息、殊指性与辖域效应等。

第三节　文章编排

　　本书的主体部分分为三章，分别是动词短语内部的功能范畴、名词短语内部的功能范畴与动词短语外部的功能范畴。

　　第一章是动词短语内部的功能范畴，分五节来谈。第一节与第二节是动结式：第一节谈功能范畴在动结式的论元实现上的作用。第二节是从复合词的角度凸显功能范畴的作用。在生成语法中，复合词的核心会将其属性进行渗透，包括论元属性，但实际上动结式的两部分都不能决定动结式的属性，所以我们论证其核心是功能范畴。第三节与第四节是被动句：第三节谈"被"字句，第四节谈"给"字句，两种被动范畴有不同的选择性。第五节是汉语方言中的差比句。

　　第二章是名词短语内部的功能范畴，分五节来谈。第一节用词缀（零成分）处理汉语中的"N 的 V"。第二节用 DP 假设重新处理"N 的 V"，重点考察的是 N 的选择与"的"字短语的转指问题。第三节考察的是"的"的核心词地位。第四节考察的是"的"及相关成分的句法位置，凸显轻声功能范畴的黏附性。最后一节是以人称代词为核心的 DP 结构。

　　第三章是动词短语外部的功能范畴,分八节来谈。第一节与第二节相关,是讲时制与主语,拟将主语定义为与时制范畴协约的成分。第三节与第四节跟话题范畴相关。第五、六两节,是"都"与"不"的语义指向,两者都跟焦点范畴相关。第七、八两节是语气词"来着"与"的"。

第一章　动词短语内部的功能范畴

第一节　动结式的论元实现

　　动结式的论元结构,李亚非(Li,1990、1993、1998)作了一系列的研究,其基本要点是假定动结式是个复合词,复合词的核心的重要信息(他假定为题元信息),要在复合词中保留,包括论元数目及内部题元等级。在他看来汉语动结式的核心是主动词,所以动结式复合词要保留主动词的相关题元信息,补语谓词所捐献的题元或独立或跟主动词的某个(些)题元等同(identification)。为了使它充分工作,Li(1993)还引进了致使层级。关于这方面的批评请参见 Shi(1998)。国内学者如沈家煊(2004)、袁毓林(2000b、2001、2002)、郭锐(1995)、王红旗(1995)、施春宏(2004)等也都从不同的理论视角作了富有创见的研究。本节将根据生成句法学提出功能范畴假设并解释动结式的论元实现。

1. 小句分析法

　　小句分析法认为补语谓词的论元投射成小句,作主动词的补足语,主动词原有的内部论元被贬抑。如果确信的话,则补语谓词的论元都会实现为动结式的论元。为验证这一点,不妨借用一下袁毓林(2001)的例子进行说明(无关细节忽略不计):

(1)a. $V^1+\underline{V}^1$　　奶奶站累了　　　　站[$_{sc}$ 奶奶　累]

　　b. $V^2+\underline{V}^2$　　小王看懂了图纸　　看[$_{sc}$ 小王　懂　图纸]

　　c. $V^1+\underline{V}^1$　　小红哭红了眼睛　　哭[$_{sc}$ 眼睛　红]

　　d. $V^3+\underline{V}^2$　　我教会孩子数数　　教[$_{sc}$ 孩子　会　数数]

看来,小句分析法对补语的论元投射情况的预测很准确。尽管如此,可能还有人会对此表示怀疑。因为这种分析方法将小句作及物动词与不及物动词的补足语，而一般认为不及物动词没有补足语，而及物动词另有补足语，如"洗"，人们会将"衣服"之类的作其补足语。需要指出的是这种方法符合生成句法学的假设。这里不想介绍理论①，只想说点经验上的证据。任鹰说（2001）：

对"洗湿了鞋"需作一点解释。"洗"是典型的及物动词，而且初看上去，"鞋"很像是"洗"的对象。但稍一琢磨就会发现，假如"洗"的是鞋，"鞋"自然会"湿"，这是不言而喻的，把"鞋"作为"洗"的结果提出来毫无意义。相反，在"小王洗干净了鞋"中，"干净"并不是"洗"的必然结果，语句含有一定的信息量，因此可以成立。"小王洗湿了鞋"所表达的意思通常是在"洗"其它东西时弄"湿"了"鞋"，"鞋"是"湿"的使动对象，"洗"只是使"鞋"变"湿"的原因。

这段话有助于廓清这样一个事实，即主动词为及物动词的动结式的宾语有可能跟主动词无关。对此，小句分析法的解释是：

（2）a. 小王洗湿了鞋　　　　　　…洗[SC 鞋　湿]

　　 b. 小王洗干净了鞋　　　　　…洗[SC 鞋　干净]

在（2a）中，"鞋"是补语谓词"湿"的论元，很显然它跟"洗"无关。即使是（2b）中的"鞋"，在小句分析法看来也跟"洗"没有关系，我们（或者任鹰）觉得有关，那是由语用推理得来的。小句分析法不管成功与否，至少有一种方便。将（2a、2b）分别对待，在生成句法学看来没有太多的必要，因为它追求解释句法行为的简洁性。

在现代汉语中，动补之间不能插入名词短语，所以，结果谓词必须和主动词进行融合操作（incorporation）。小句中的论元有两种去向：一是留在小句中，一是移走。是留是走，这是经验的东西。假定"留"，其结果是：

（3）哭[SC 眼睛　红] → 哭－红 [SC 眼睛　t红]（哭红了眼睛）

这种结果似乎不错，但如果考察更多语料，就会发现有的论元留下来不好办：

（4）玩[SC 我　忘　一件事] → 玩－忘 [SC 我　t忘　一件事]

---

① 有兴趣的读者可以参看 Sybesma（1999）。

碰上这种问题怎么办? 简单的处理是分别对待,将有的论元留在小句中,将有的论元移出去:

(5) 玩[sc 我 忘 一件事] → 我 玩-忘 [sc t我 t忘 一件事]

效果似乎不错,但这种分别对待在生成句法学中是大忌。生成句法学追求一致性,除非有强烈的经验证据证明这种企图是不可能的,因为它有个解释充分性承诺。既然小句的论元留下来不好办,就采用移出去的方法,结果是:

(6) a. 哭[sc 眼睛 红] → 眼睛 哭-红 [sc t眼睛 t红]

　　b. 玩[sc 我 忘 一件事] → 我 玩-忘 [sc t我 t忘 一件事]

既然要移出去,干吗不将"一件事"也移出去呢? 这是不是还不够一致呢? 如果仔细观察的话,会发现移出的都是小句的主语。换句话说,一致性表现在"小句主语的移出"。这里涉及一个理论问题,即移位的动机。在生成句法学中,能不能移位,以及移到哪儿,都不是随心所欲的,得有动机。为此,不妨假设小句的主语没有格位,因为小句中的 T 的特征值是 [-tense],故无法指派格位给"主语"(其宾语有格位,由结果谓词指派,所以不必移出去),但主动词还有指派格位的可能性。为了使小句主语能够发生移位,只能让主动词失去指派格位的能力。正因为如此,Sybesma(1999) 假定主动词变性成非受格动词。这样假设好不好,暂不管。想用小句分析法来作,而且要一致性地处理,只能假设小句主语因某种动机移出小句。

问题是:有些小句的主语是动结式的宾语,如果假设它移出小句且放置在动结式之前,那它又是如何回到动结式的后面的呢? 这也有两种策略,简单地说,一是动结式的宾语向动结式的后面移,一是动结式向其宾语的前面移。不管是前移还是后移都得遵守一定的限制(如:C-command Constraint),另外还得有位置容纳它,所以最方便的策略是动结式前移,如:

(7) [FP[F X][VP[NP][VP[v tx][…]]]]

F 是什么样的位置得靠经验来回答。比如说:

(8) a. 田间活儿累病了爷爷

　　b. 累[sc 爷爷 病]

　　→爷爷累-病(了)[sc< 爷爷 > < 病 >]

23

$\rightarrow$[F 累病了][爷爷 < 累 – 病(了)>[SC< 爷爷 > < 病 >]]

$\quad\rightarrow$田间活儿 [F 累病了] [爷爷 < 累 – 病(了)>[SC< 爷爷 > < 病 >]]

F 肯定不是时体(aspect)或时制(tense)等功能范畴,因为它可以引进论元,如"田间活儿"。如果考察(8)的语义的话,大概可以粗略地解释成:

(9)田间活儿 致使 爷爷累病了

如果正确的话,不妨将 F 确定为 Caus(致使)。Caus 在汉语中可以实现为"把"[①],如:

(10)a. 田间活儿把爷爷累病了

　　　b. 孩子把我哭醒了

　　　c. 这一大盆衣服可把我洗累了

无关细节不计,可表示成:

(11)a. 田间活儿 [Caus 把] [爷爷累 – 病(了)][SC< 爷爷 > < 病 >]]

　　　b. 孩子 [Caus 把] [我 哭 – 醒(了)][SC< 我 > 醒]]

　　　c. 这一大盆衣服 [Caus 把] [我 洗 – 累(了)][SC< 我 > < 累 >]]

现在的问题是:什么时候引进 Caus 这样的功能范畴。有人说,为保持一致性,让所有动结式都引进 Caus。这是对一致性的误解。一个概念,不能凭空而来,它必须由句法行为得到证明,比如说,下一句就可能不需要引进 Caus:

(12)孩子长高了

　　　$\rightarrow$孩子 长 – 高(了)[SC< 孩子 > < 高 >]

　　　$\rightarrow$[Caus] [孩子 长 – 高(了)[SC 孩子 高]]

　　　$\rightarrow$a. ?[Caus 长高了] [孩子 < 长 – 高(了)>[SC< 孩子 > < 高 >]]

　　　$\rightarrow$b. ?[Caus 把] [孩子 长 – 高(了)[SC< 孩子 > < 高 >]]

---

① 关于把字句的句式意义,一般认为可分为"处置"与"致使"两类,分别对应于王力(1943)的"处置式"与"处置式的活用"。但近年来学者们从不同角度重新统一化处理,如薛凤生(1994)等认为"把"字句只有"致使"义,但沈家煊(2002)则从主观性的角度认为"把"字句只表示"主观处置"。本节不想细致地考察这一问题,只是简单地认为"把"字句有两种意义,但其中"处置"由"致使"派生而来,前者由 Do 负载,后者由 Caus 负载,其中功能范畴 Caus 可以实现为"把",如:

(ⅰ)"处置式"(有意愿的致使:处置)

[DoP[Spec][Do'[Do][CausP[Spec][Caus'[Caus][BecP[Spec][Bec'[Bec][VP [Spec][V]]]]]]]]]

(ⅱ)"处置式的活用"(无意愿的致使)

[CausP [Spec][Caus'[Caus][BecP[Spec][Bec'[Bec][VP [Spec] [V]]]]]]]

　　引进 Caus 很简单,但还需要注意它有 EPP 特征,虽然汉语有的句子不明显。通俗的解释是 Caus 要有 Causer(致事)。有人说这很简单,"孩子长高了"表示"'孩子长'使'孩子高'",可以让"孩子"作致事。姑且承认这一点,其结果是:

(13)孩子长高了

　　→[$_{Caus}$ 长高了][孩子 < 长 – 高(了)>[$_{SC}$< 孩子 > < 高 >]]

　　→孩子 [$_{Caus}$ 长高了][< 孩子 > < 长 – 高(了)>[$_{SC}$< 孩子 > < 高 >]]

但一旦这样做了,就会失去很多有用的概括,比如说 Caus 可由"把"实现,另外也不经济。前者是强硬的句法测试,在没有极其强烈的反面证据的情况下,我们将"把"当作 Caus 的语音实现。只有当还需要引进致事论元的时候,才会引进 Caus 这样的功能范畴。现在再回过头看例(1),其结果是:

(1′)a. V^1+V^1　　　奶奶站累了　　　　　站[$_{SC}$ 奶奶 累]

　　b. V^2+V^2　　　小王看懂了图纸　　　看[$_{SC}$ 小王 懂 图纸]

　　c. V^1+V^1　　　小红哭红了眼睛　　　Caus…哭[$_{SC}$ 眼睛 红]

　　d. V^3+V^2　　　我教会孩子数数　　　Caus…教[$_{SC}$ 孩子 会 数数]

如果仔细观察的话,不难发现:当小句主语(补语谓词的主体格)跟主动词的主体格等同时,就不需要引进 Caus:

(1″)

a. V^1+V^1	奶奶站累了	奶奶站　+　奶奶累
b. V^2+V^2	小王看懂了图纸	小王看…+　小王懂…
c. V^1+V^1	小红哭红了眼睛	Causer:小红
d. V^3+V^2	我教会孩子数数	Causer: 我

　　从现有的句子来说,这种概括似乎是正确的。但需要注意的是,这种概括很危险,因为它是从有限的材料经过归纳得出的。它解释不了下面句子的生成(沈家煊,1999a):

(14)茅台酒喝醉了他　青草吃肥了羊儿　黄花鱼吃馋了小花猫

　　如果强调补语谓词的主体格同主动词的主体格等同, 就不需要引进 Caus 的话,这里的"茅台酒"、"青草"、"黄花鱼"等就无法引进动结式,而实际上它们却已经出现了。因为 Caus 的作用在于引进 Causer,所以说,只

要有 Causer,就必须引进 Caus。可以演示成(无关细节忽略不计):

(15)a. 茅台酒喝醉了他

[Caus[茅台酒] [CausP[Caus 喝－醉了][VP[他][VP[V< 喝－醉了 >][RP [< 他 >][R< 醉了 >]]]]]]

b. 他喝醉了

[VP[他][VP[V 喝－醉了][RP [< 他 >][R< 醉了 >]]]]

上文说过 Caus 在汉语中有语音形式,如"把"。如果仔细观察(1′b),将会发现这种句子有相应的"把"字句,却没有相应的 Caus 位置。这样一来,大多数"把"字句都可以通过将"把"插入 Caus 位置生成,而这一类"把"字句却要通过其他的方式生成。这种处理不好,没有满足一致性要求。看来还有必要改进分析方法,使它也拥有(15a)的结构:

(16)a. 小王把图纸看懂了

b. 小王看懂了图纸

[Caus[小王] [CausP[Caus][VP[图纸][VP[V 看－懂了[RP [小王][R〈懂了〉]]]]]]]

另外,上文中还回避了补语谓词指向主动词的动结式。假定现在来考察这类动结式的话,会发现其补语谓词没有论元,无法投射成小句。换句话说,小句分析法无法分析这类动结式,这说明小句分析法的生成能力不够强大,还需要拓展。

2. 功能范畴假设

2.1 功能范畴假设的给出

拓展小句分析法的成果,现在看来是必要的。拓展在某种意义上说叫融合,就是让它成为新的分析方法的某个阶段的片断,使得新的分析方法不仅能够解决小句分析法能够解决的实际问题, 还能解决它所不能解决的问题。为此,本节想从 Caus 开始。引进 Caus 是为了动结式能够移到其宾语之前,另一方面它还能引进跟主动词和补语谓词都无关的题元。如:

(17)田间活儿累病了爷爷

"田间活儿"既不是"累"的论元,又不是"病"的论元,袁毓林(2001)称它为额外的致事格。它就是由 Caus 引进的,可以表示成[参见(8)]:

(18)[CausP[田间活儿] [CausP[Caus 累病了][VP[爷爷][VP[V〈累－病了〉][RP [〈爷

爷〉][$_R$〈病了〉]]]]]]]

Sybesma(1999)举了个差不多的例子：

(19)a. 这件事哭累了张三的眼睛

　　b. [$_{CausP}$[这件事] [$_{CausP}$[$_{Caus}$ 哭累了][$_{VP}$[张三的眼睛][$_{VP}$…

他的解释是：在(19)中，"'这件事'在语义上依赖于抽象谓词 Caus（从它那儿获得题元角色）"。这很重要，说明抽象谓词能够指派题元角色。Gu(1992)也让致使性动结式在词库中通过非受格动结式附加 Caus 生成（附加规则）。这说明有一部分题元角色能够让"抽象谓词"指派，但是如果再往深层想想，又出现了不一致性。因为有的论元由抽象谓词指派题元角色，而有的论元则由具体谓词指派题元角色。现在的问题是能不能统一处理呢？假定可以的话，则只能假定所有论元都由抽象谓词指派题元角色。Caus 这样的抽象谓词，我们叫它功能范畴。它在最简方案中有自己的位置，比如说 Chomsky(1995)为 VP 设置了这样的构型(20a)，稍微详细的结构是(20b)：

(20)a. [v^{max}[v][VP[…V…]]]

　　b. [v^{max}[Subj][v'[v][VP[V][Obj]]]]

　　c. [v^{max}[Subj][v'[v[Caus/Do/…]][VP[Obj][V]]]]

Chomsky 指出外部论元要占据[Spec, v]位置，并且假定 v-VP 构型能用来表达外部论元的施事性角色或致使性角色。他在放弃 Agr 的时候指出引进的功能范畴应该有意义，照此可以认为功能范畴 v 是有意义的，它大概就可以是 Sybesma 的 Caus，也可以是 Do，还可以是其他的功能范畴（功能范畴的数量与性质从理论上说可以不必探讨，用 v 表达即可，有时为解说方便，标上 Caus 或 Do，需记住这种标注无实质性含义，仅为记忆与言说方便）。根据嫁接与移位同向假设(熊仲儒，2004c)，可以将(20b)表示成(20c)，使得词汇核心都是核心在后(head-final)，而所有对它进行扩展的功能范畴都是核心在前(head-initial)。为了使指派题元角色的成分统一，我们接受熊仲儒(2004c)提出的功能范畴假设：

(21)功能范畴不仅激发移位而且决定合并，包括论元的选择与题元的指派。

这种假设在理论上是可行的。生成句法学有个基本假设，即语言具有普遍性,变异由功能范畴决定。功能范畴有 C、T、v、D 等,在功能范畴假设中选择论元并指派题元的功能范畴为 v,包括 Sybesma 的 Caus 等。如果功能范畴 v 为 Do 的话,则会指派施事、受事给所选择的论元;如果功能范畴 v 为 Caus 的话,则会指派致事(Causer)、役事(Causee)给所选择的论元。功能范畴假设是个虚假设(null hypothesis),很有用。

根据功能范畴假设,假定对动结式进行扩展的功能范畴为 Caus,其结构可以表示为:

(22)[$_{CausP}$ NP [$_{Caus'}$Caus][$_{VP}$ [NP] [V-R]]]]

仅就(22)而言,它能处理带两个名词性论元的动结式,但还存在带一个论元的动结式,看来其生成能力还是相当有限的。如何进一步拓展呢?为此,我们假定动结式是通过句法派生的,即由两个功能范畴 v 对动词 V 进行扩展生成的,并假定这两个功能范畴分别为 Bec 与 Caus,前者的语义为"达成",后者的语义为"致使",先是 Bec 对 V 进行扩展,然后是 Caus 对 V-Bec 进行扩展。比如说为生成"累病",可以表示成:

(23)累 -Bec　(爷爷,病)

累 -Bec-Caus（田间活儿,累 -Bec(爷爷,病))①

a. [$_{BecP}$ [爷爷] [$_{Bec'}$ [$_{Bec}$][$_{VP}$[病][累]]]]

b. [$_{CausP}$ 田间活儿[$_{Caus'}$[$_{Caus}$][[$_{BecP}$ [爷爷] [$_{Bec'}$ [$_{Bec}$][$_{VP}$[病][累]]]]]]]

"累"如果只由 Bec 进行扩展的话,则只能生成"爷爷累病了"(23a);如果还由 Caus 进行扩展的话,则可以生成"田间活儿累病了爷爷"(23b)。对于这类动结式,袁毓林(2001)指出:"像'累病、累倒、急哭、饿病、饿晕、哭醒'等述结式都有一价和二价两种用法。"这反映了论元实现的动态性,有 Caus 与无 Caus 扩展,在表现上不同。

2.2 补语谓词指向主动词时

功能范畴假设可以弥补小句分析法的局限性,让补语谓词指向主动词的动结式也能顺利的生成,比如说"吃早":

(24)吃 -Bec　(晚饭,早)

吃 -Bec-Caus（你,吃 -Bec(晚饭,早))

————————————

① 也可以简单地记作"累-Bec-Caus:(田间活儿,(爷爷,病))"。

a. [$_{BecP}$ [晚饭] [$_{Bec'}$ [$_{Bec}$][$_{VP}$[早][吃]]]]

b. [$_{CausP}$ 你[$_{Caus'}$[Caus][$_{BecP}$ [晚饭] [$_{Bec'}$ [$_{Bec}$][$_{VP}$[早][吃]]]]]][1]

用 Caus 对动词进行扩展，有没有经验上的证据呢？做生成句法学，先立假设，接着就需要寻找经验上的证据。上文说过 Caus 可以由"把"来实现，正好李临定（1988）在观察"V1 和 V2 发生关系"时给出了以下含"把"的例句（"V1 和 V2 发生关系"即补语指向动词）：

（25）a. 我把酒喝多了

b. 我把门牌号找错了

c. 我把字认多了，念新词不是更容易了吗？

有趣的是：当补语指向动词时，实现的论元都是主动词的论元。道理很简单，因为这种补语谓词不存在论元投射。这种概括似乎存在一个反例（26c）：

（26）a. $V^1+V^1 \rightarrow VR^1$

起早、走晚、歇久、走远、来迟、去迟、走长、呆久、坐好、站稳、站住

b. $V^2+V^1 \rightarrow VR^2$

吃早、办迟、等久、住长、洗久、唱快、念慢、看仔细、抓住、逮着、瞄准

c. $V^3+V^1 \rightarrow VR^1$

教晚

如果只存在（26c）这样一个反例则很容易排除。袁毓林给的例子是"昨天夜里我教晚了"。他还指出："['教晚']的意思是教别人教到夜里很晚的时候。"如果确实这样的话，则可说成"我把他们昨天夜里的课教晚了"。如此看来，规则无例外，即当补语谓词指向动词时，实现的论元都是主动词的论元。袁毓林根据郭锐和王红旗等的研究，将述结式中的主动词和补语谓词的论元的提升规则概括为三条[2]，并指出四种例外（其中前两条郭锐已指出，后两条是由袁毓林发现的）：

（27）a. 补语虚化的述结式，如"抓住、买着、猜中、看完、关好"，按规则（ⅱ），"应该是一价，但实际上是二价"；

---

① 汉语的补语（非'动相'补语，如"吃晚"类）指向动词时，Caus 具有排斥 V-R 核心移位的倾向。

② 此处不赘述，请参见袁毓林（2001）。

  b."吃饱、喝醉",按规则(ⅱ),"应该是一价,但实际上是二价";

  c."吃早、办迟、等久、住久、洗久、唱快、念慢、看仔细",按规则(ⅱ),"应该是一价,但实际上是二价";

  d."砍钝、洗湿、擦脏、切折、扛肿、唱哑、跑烂、写秃",按规则(ⅰ)和(ⅱ),"应该是二价,但实际上是三价"。

其中 a、c 的补语谓词不投射论元,动结式的论元实现数由主动词定,所以它们都为"二价"(这种表述只为一种方便,严格的说是由功能范畴 v 进行论元的选择的)。

2.3 功能范畴假设与小句分析法

  功能范畴假设跟小句分析法的最大区别在于:前者完全由功能范畴 v 进行论元的选择;而后者基本上由词汇范畴 V 进行论元的选择,只有在无法解释的时候,才求助于功能范畴(如 Sybesma 1999 中的抽象谓词)。撇开具体的理论假设,很容易发现它们在很大程度上具有兼容性。这里以"她哭湿了手帕"为例进行说明,按功能范畴假设,论元的选择可表示成:

  (28)a. 哭 –Bec: (手帕,湿)

    b. 哭 –Bec–Caus: (她,(手帕,湿))

所以可以将两种分析方法表示成 (a 为功能范畴假设,b 为小句分析法):

  (29)a. [$_{CausP}$[$_{Spec}$ 她][$_{Caus'}$$_{Caus}$ 哭][$_{BecP}$[$_{Spec}$ 手帕][$_{Bec'}$[$_{Bec}$][$_{VP}$[$_x$ 湿][$_v$ 哭]]]]]

    b.[$_{VP}$[$_{Spec}$ 她][$_{v'}$[$_v$ 哭][$_{XPC(=SC)}$[$_{Spec}$手帕][$_{x'}$[$_x$ 湿]]]]]

  对功能范畴假设而言,只需要不按照通常的操作①(如 29a),就可以得到小句分析法的构型。如果确实如此的话,小句分析法的研究成果都可以融进功能范畴假设的体系中来,而且有望解决更多的问题。2.2 节用功能范畴假设很轻松地解决了补语指向主动词的情况,这里再看看如何解决宾语无移位动机的情况(重复例 16):

  (16)a. 小王把图纸看懂了

    b. 小王看懂了图纸

根据功能范畴假设,论元的选择过程可以表示成:

---

  ①通常的操作是补语谓词"湿"先和主动词"哭"融合,按照"嫁接与移位同向假设"(熊仲儒,2004),生成"哭湿",然后"哭湿"通过核心移位移进 Bec、Caus 等功能核心。

(30)a. 看 –Bec：　　　　　（图纸,懂）

　　 b. 看 –Bec–Caus：　　（小王,(图纸,懂)）

所以结构可以表示成(无关细节忽略不计)：

(31)$[_{CausP}$[小王] $[_{Caus'}[_{Caus}$] $[_{BecP}$[图纸] $[_{Bec'}[_{Bec}$]$[_{VP}$[懂][看]]]]]]

　　→$[_{CausP}$[小王] $[_{Caus'}[_{Caus}$] $[_{BecP}$[图纸] $[_{Bec'}[_{Bec}$]$[_{VP}$[< 懂 >][看懂]]]]]]

　　→$[_{CausP}$[小王] $[_{Caus'}[_{Caus}$] $[_{BecP}$[图纸] $[_{Bec'}[_{Bec}$ 看懂]$[_{VP}$[< 懂 >][< 看懂 >]]]]]]

　　→a. $[_{CausP}$[小王] $[_{Caus'}[_{Caus}$ 看懂] $[_{BecP}$[图纸] $[_{Bec'}[_{Bec}$ < 看懂 >]$[_{VP}$…]]]]]]

　　→b. $[_{CausP}$[小王] $[_{Caus'}[_{Caus}$ 把] $[_{BecP}$[图纸] $[_{Bec'}[_{Bec}$ 看懂]$[_{VP}$…]]]]]]

(31a)发生核心移位，"看懂"移进 Caus 位置；(31b)发生词汇插入，Caus 实现为"把"。说这类动词由 Caus 进行扩展有没有证据呢？有的！李临定(1984a)认为这类句子的宾语都可以用"把"提前，他并且给了一个例子：

(32)我<u>把</u>你的话听懂了

2.4 歧义解释

理论是否强有力，可以看它能否解决歧义问题，这里考察一个句子：

(33)宝玉骑累了那匹马

　　a. 宝玉骑马,结果那匹马累了

　　b. 宝玉骑马,结果宝玉累了

Sybesma(1999)用小句分析法的解释是：

(34)a. 宝玉　骑 [那匹马　累]

　　b. 骑 [宝玉　累　那匹马]

他将(34b)中的"累"处理成二元动词，让它表示"宝玉累"。这可能不行，一则"累"能不能处理成二元谓词；二则即使处理成二元谓词，也不能表示"宝玉累"，因为小句"宝玉 累 那匹马"只能表示"宝玉使那匹马累了"，也就是说它还是表示"那匹马累了"。如果换成功能范畴假设，则很容易。先是 Bec 扩展"骑"，接着是 Caus 扩展"骑 –Bec"。其论元的选择可以表示成：

(35)a. 骑 –Bec：(那匹马,累)，骑 –Bec–Caus：(宝玉,骑 –Bec(那匹马,累))

　　b. 骑 –Bec:(宝玉,累),骑 –Bec–Caus:(那匹马,骑 –Bec(宝玉,累))
其生成过程可以表示成:

　　(36)a. [$_{CausP}$[宝玉] [$_{Caus'}$[$_{Caus}$] [$_{BecP}$ [那匹马] [$_{Bec'}$[$_{Bec}$][$_{VP}$[累][骑]]]]]]

　　　　→宝玉骑累了那匹马

　　　　b. [$_{CausP}$[那匹马] [$_{Caus'}$[$_{Caus}$] [$_{BecP}$[宝玉] [$_{Bec'}$[$_{Bec}$][$_{VP}$[累][骑]]]]]]

　　　　→那匹马骑累了宝玉

　　(36b)虽然有(33b)的意思,即"宝玉骑马,结果宝玉累了",但还不是
我们想要的句子(33)。看来功能范畴假设还不太充分。但如果仔细观察的
话,会发现"宝玉"在"骑"所指示的事件图景中为活动的激发者
(instigator),是个 Doer;而"马"是活动的承受者,为 Do-ee。如果这点观察
正确的话,不妨引进 Do 这样的功能范畴,让它激发移位,因为它所要引进
的论元已经由别的功能范畴引进了,所以它唯一的作用就是激发移位。可
以表示成:

　　(37)Do [$_{CausP}$那匹马 骑累了 宝玉]

　　　　→[$_{DoP}$宝玉[$_{Do'}$[$_{Do}$ 骑累了][$_{CausP}$那匹马 <骑累了> <宝玉>]]]

　　关于功能范畴的引进问题,Fukui & Takano(2000)建议说:"只有当
必要的时候,功能范畴才会出现在结构中。"这是个很好的建议,如果不愿
意采纳的话,也可以在 Fukui & Takano(2000)认为不需要引进功能范畴
的时候,采用隐性移位。至于哪种更好,这是经验问题。下面再用功能范畴
假设分析 Li(1993)的句子,诚如沈家煊(2004b)所指出的那样,应该有"谁
追谁、谁累"的四种可能,但实际上只有三种可能,而且对于(38c)义还存
在争议,如(细节忽略不计):

　　(38)友友追累了滔滔

　　　　a. 滔滔追友友,滔滔累了

　　　　b. 友友追滔滔,滔滔累了

　　　　c. 友友追滔滔,友友累了

　　(38')a. [$_{CausP}$[友友] [$_{Caus'}$[$_{Caus}$ 追累了] [$_{BecP}$ [滔滔] [$_{Bec'}$ [$_{Bec}$< 追累 >][$_{VP}$[< 累
　　　　>][< 追 – 累 >]]]]]]

　　　　b. [$_{DoP}$[友友][$_{Do'}$[$_{Do}$ 追累了][$_{CausP}$[< 友友 >] [$_{Caus'}$[$_{Caus}$< 追累了 >] [$_{BecP}$
　　　　[滔滔] [$_{Bec'}$ [$_{Bec}$< 追累 >][$_{VP}$[< 累 >][< 追 – 累 >]]]]]]]]

    c. [$_{DoP}$[友友][$_{Do'}$[$_{Do}$ 追累了][$_{CausP}$[滔滔] [$_{Caus'}$[$_{Caus}$< 追累了 >] [$_{BecP}$ [< 友友 >][$_{Bec'}$[$_{Bec}$< 追累 >][$_{VP}$[< 累 >][< 追－累 >]]]]]]

　　(38')图示表明功能范畴 Bec 选择了"结果"与"结果的达成者",如"累"与"滔滔"或"友友",表示"滔滔"或"友友"达成"累"这种结果状态,符合人们关于补语谓词跟名词间的选择关系的语感,也符合汉语学界的"语义指向"理论。Bec、Caus、Do 等功能范畴像实义词项一样具有语义,也解释了谓词语义跟句式语义的不完全对应现象。这种不对应性是因为句式中除了谓词这样的可见性成分之外,还有一些"隐性"的功能范畴,由于后者的"不可见",使人们产生了"整体大于部分之和"的印象。朱德熙(1982)也认为相类于(38)的句子可以有三种不同的理解,其中(39c)意义也存在争议:

　　(39)这孩子追得我直喘气

　　　　　　a. 我追孩子,我喘气

　　　　　　b. 孩子追我,我喘气

　　　　　　c. 孩子追我,孩子喘气

可以解释成(无关细节忽略不计):

　　(39')a. [$_{CausP}$[这孩子] [$_{Caus'}$[$_{Caus}$ 追得] [$_{BecP}$ [我 $_i$][$_{Bec'}$[$_{Bec}$< 追得 >][$_{VP}$[Pro$_i$ 直喘气][< 追 >]]]]]]

　　　　　b. [$_{DoP}$[这孩子][$_{Do'}$[$_{Do}$ 追得] [$_{CausP}$[< 这孩子 >] [$_{Caus'}$[$_{Caus}$< 追得 >] [$_{BecP}$ [我 $_i$] [$_{Bec'}$[$_{Bec}$< 追得 >][$_{VP}$[Pro$_i$ 直喘气][< 追 >]]]]]]]

　　　　　c. [$_{DoP}$[这孩子][$_{Do'}$[$_{Do}$ 追得][$_{CausP}$[我] [$_{Caus'}$[$_{Caus}$< 追得 >] [$_{BecP}$[< 这孩子 >$_i$][$_{Bec'}$[$_{Bec}$< 追得 >][$_{VP}$[Pro$_i$ 直喘气][< 追 >]]]]]]]

　　(38c)跟(39c)之所以存在争议,从图示上也能清楚地看出,作为 Becomer 的 Doer 要跨越 Causer 长距离地移位,而其他两种意义都没有这种情况。

　　看来在解释上是没有问题的, 现在的问题是多选了个功能范畴 Do,在句法上会有什么样的反映呢? 如果仔细观察(39c)、(38c)、(33b)、(37)的话,很容易发现其中的役事(Causee,位于[Spec,Bec]的名词短语)需要强制性地显性移位且要跨越致事(Causer,位于[Spec,Caus]的名词短语)。这种移位在理论上是许可的,但不经济,最好避免,除非这种语言系统要求 Doer 做主语。汉语很显然没有这方面的要求,而且如果张伯江(2002)的观察正确的话,则汉语确实没有 Doer 做主语的强制要求。进而推之,汉语中为 Doer 的 Causee 可以移位到[Spec, Do],但由于不经济,有排斥倾向。其表现应该是,有的 CausP 能够扩展到 DoP,有的不行。事实确实如此(任鹰 2001):

(40)a. 酒喝醉了老王　　　　　老王喝醉了酒

　　　b. 衣服洗累了姐姐　　　　*姐姐洗累了衣服

(40a)中的 CausP 扩展到了 DoP,而(40b)没有扩展到 DoP。所以前者既有使动格局,又有自动格局;而后者只有使动格局,没有自动格局(任鹰的分类)。由于经济性原则具有可违反性,所以"在某些特殊的句法环境下可以带宾语"(李小荣,1994),她的例句是"你们背累了外语,休息时可以做几道化学题"。

2.5 动结式的论元跟其部分的关系

很多学者都想探明动结式的论元跟主动词与补语谓词之间的关系。在小句分析法一节,有个初始的印象,即补语谓词的论元全部实现,而且保留题元等级关系,例如:

(41)小王看懂了图纸　　　　　看[$_{SC}$ 小王 懂 图纸]

毋庸置疑,换成功能范畴假设之后,这种关系仍将保留,因为它跟小句分析法之间存在拓展关系。按功能范畴假设, 由 Bec、Bec-Caus、Bec-Caus-Do 扩展动词,则会有以下构型:

(42)a. [$_{BecP}$[NP$_2$] [$_{Bec'}$ [Bec　][$_{VP}$[R][V]]]]

　　　b. [$_{CausP}$[NP$_1$] [$_{Caus'}$[Caus] [$_{BecP}$[NP$_2$] [$_{Bec'}$ [Bec　][$_{VP}$[R][V]]]]]]

　　　c. Do [$_{CausP}$[NP$_1$] [$_{Caus'}$[Caus] [$_{BecP}$ [NP$_2$] [$_{Bec'}$ [Bec　][$_{VP}$[R][V]]]]]]]

如果动结式只有一个 NP 论元,则一定为补语谓词 R 的论元,且跟主动词 V 的主体格等同(记作:θ$_α$-θ$_1$,用 α、β 等标记补语谓词的题元,用 1、2 等标记主动词的题元)(小明学好了 / 奶奶站累了):

(43)[$_{BecP}$ [NP2 θ$_α$-θ$_1$] [$_{Bec'}$ [Bec　][$_{VP}$[R][v]]]]

如果动结式有两个 NP 论元,若补语谓词 R 有一个 NP 论元,则 NP$_2$ 为 R 的论元;若补语谓词 R 有两个 NP 论元,则皆为 R 的论元。然后主动词进行等同操作:

（44）a. $[_{CausP}[_{NP1}]$ $[_{Caus'}[_{Caus}]$ $[_{BecP}[_{NP2}$ θ $_α]$ $[_{Bec'}[_{Bec}$ $]$$[_{VP}[_R][_V]]]]]]$

　　　b. $[_{CausP}[_{NP1}$ θ $_α]$ $[_{Caus'}[_{Caus}]$ $[_{BecP}[_{NP2}$ θ $_β]$ $[_{Bec'}[_{Bec}$ $]$$[_{VP}[_R][_V]]]]]]]$

对（44a）而言，有三种情况，即：NP_2 跟主动词没有关系，或跟主动词的客体格等同，或跟主动词的主体格等同。跟主动词没关系的时候，主动词的两个论元都可能做 NP_1（张三吃坏了肚子／苹果吃坏了肚子／小红哭红了眼睛）。跟主动词的客体格等同的时候，则主动词的主体格做 NP_1（他送走了客人／这衣服你又洗脏了／我教会孩子数数／你怎么把孩子教笨了）。跟主动词的主体格等同时，则主动词的客体格做 NP_1（这一大盆衣服可把我洗累了）；如果主动词没有论元，则有可能附加一个论元（田间活儿累病了爷爷）。

对（44b）而言，只有两种情况，即：NP_2 跟主动词没有关系，或跟主动词的客体格等同（不可能跟主动词的主体格等同）。NP_1 概无例外地跟主动词的主体格等同。前者的例子为"小王玩忘了一件事／小王跑丢了一个钱包"，后者的例子为"小王看懂了图纸"。

对（44a）而言，如果 NP_2 跟主动词的主体格等同，NP_1 跟主动词的客体格等同，NP_2 则会利用（42c）进行移位：

（45）Do $[_{CausP}[_{NP1}θ_2]$ $[_{Caus'}[_{Caus}]$ $[_{BecP}[_{NP2}θ_α-θ_1]$ $[_{Bec'}[_{Bec}$ $]$$[_{VP}[_R][_V]]]]]]$
生成（40a）中的自动格局，如"老王喝醉了酒、老师讲烦了课"等。

R 无 NP 论元时，即指向主动词时，动结式的论元实现由主动词定。主动词为及物动词时，NP_1 与 NP_2 分别为主动词的主体格与客体格（这晚饭你又吃早了）；主动词为不及物动词时，实现的唯一论元为主动词的主体格（我走晚了）。

在功能范畴假设中，每个论元的句法实现都具有很强的预测性。原因可能在于动结式不是词库中的词，而是通过句法推导生成的句法复合词。词库中的词的题元信息没有很强的预测性，一般将它作为特异性记录在词库中。另外一点可能在于汉语动结式中的动词不必移位到 Do，也就是说动结式的主语可以不是施事，而[Spec, CausP]对论元的要求很低，可以是主动词的主体格，可以是主动词的客体格，甚至可以跟主动词在语义上没有关联（还可以是"活动"本身，这可解释"重动句"的生成）。动结式优先实现补语谓词的论元结构，然后主动词按照等同状况，实现其他的论元。

这种情况一方面跟由底向上的合并(merger)方式有关,另一方面也跟它所反映的事件结构(event structure)有关。动结式反映的事件结构一般由两部分组成,一个是活动(activity),一个是状态(state),后者是其核心子事件,而这种核心子事件(状态)正好需要由补语谓词来表达。如果观察正确的话,可以将补语指向名词性词组的动结式的扩展情况更简单地表示成:

(46)a. $[_{CausP} [_{NP1} \theta_\alpha][_{BecP}[_{NP2} \theta_\beta][\cdots]]]$

b. $[_? \quad [\quad][_{BecP}[_{NP2} \theta_\alpha][\cdots]]$

当 NP2 为 θ_α 时(46b),BecP 能否扩展到 CausP 是由词项集合(Numeration)决定。如果词项集合中选进了功能范畴 Caus 则可以扩展,反之则不能。当 θ_α 与 θ_1 等同($\theta_\alpha - \theta_1$)时,扩展情况存在语感差异。

3. 本节结语

动结式的论元实现是动态的,它由扩展主动词 V 的功能范畴 v 决定。当然,动态性是一种表现,因为动词能由什么样的功能范畴 v 进行扩展是由词库本身决定,不可预测。如果不求非常的一致性,小句分析法是一种较好的分析方法。但考虑到有的动结式由于其补语谓词指向主动词,不能投射成小句;有的动结式有"把"字句,但其宾语没有移位的动机[如(16)中的 "小王把图纸看懂了"];有的论元并非由动词指派题元角色 [如 Sybesma 引进 CAUS 处理(18)中的"这件事哭累了小王的眼睛"]。有鉴于此,本书采信"功能范畴假设",让功能范畴在句法操作中扮演更为重要的角色。这种处理一方面符合生成句法学的基本假设,即"语言具有普遍性,变异只在功能范畴",更重要的是能够融合小句分析法的研究成果,并且能够将小句分析法中的一些现象作更加一致的处理。

第二节　汉语动结式的核心

汉语动结式的核心,目前各种可能的说法都有人提出并论证,如动词说(大多数学者)、结果说(李临定,1984a;马希文,1987)、双核说(Gu, 1992)、"或为动词或为结果"说(任鹰,2001),对他们的评论,请看沈家煊(2003)、熊仲儒(2004c)、宋文辉(2004)。本节将从生成句法学的角度论证汉语动结式的核心为某个看不见的成分——功能范畴，即动词只是指示事件图景的词汇核心。本节分四个部分：第一部分谈核心理论的发展，介绍生成句法学与生成词法学的最新成果，即句法学认为句法核心是功能范畴，这种观点也得到认知语言学的响应(Taylor,1996)，而词法学的主流看法是右向核心规则；第二部分分别从词法与句法的角度考察动结式的核心，由于无法确认核心所含的重要信息，最后只好转到句法上进行探讨，得出核心为功能范畴的结论；第三部分简单地说明结论跟理论框架有关，并用实例证明功能范畴为句法核心的理论好处；最后一部分是结语。

1. 核心理论的发展

1.1 句法学的观点

结构主义语言学根据整体及其部分在形类上有无一致性将结构分成向心结构与离心结构。布龙菲尔德(1980)认为："每个句法结构都是我们看到两个(或者有时更多的)自由形式结合成一个短语，我们可以称之合成(resultant)短语。合成短语可能和一个(或更多的)成分一样属于同一个形类，(这样的合成短语)是一个向心结构。"关于形类，他的定义是"所有能占据某一特定位置的形式因而构成一个形类(form-class)"。根据我们的理解，他测定一个结构是否属于向心结构是看结构与其成分是否属于同一种形类，比如说："old woman"这一结构，它的形类是名词性的；并且其成分"woman"也是名词性的，由此判定这一结构为向心结构。跟整体同形类的组成为核心，所以向心结构有核心，而离心结构没有核心。但结构主义语言学并没有严格地按照形类标准，而是参照了句法分布甚至还有语义因素。比如说介词短语的直接成分是介词，按理是以介词为核心的向心结构，但布龙菲尔德(1980)则因为它可以做动词("sit beside John")与名词("the boy beside John")的修饰语，而认为它"具有一个跟两者都不相同的功能"，并因此而认为它是离心结构。霍凯特(1986)将"动宾结构"也处理成离心结构，他的理由是"visit Bill"的出现权范围既不像"visit"，也不像 Bill，如(1a-b)：

(1)a. Mary <u>visited</u> Bill   b. *Mary <u>visited</u>   c. Mary <u>laughed</u>

从生成语法来看，结构主义的看法是不对的，因为词库信息中除了范畴

（形类）之外，还有论元结构等句法信息。换句话说，"visit"之所以没有"visit Bill"的功能，不是因为形类不同，而是因为其词库中别的句法信息没有实现，单个儿动词如果词库中的句法信息获得满足，它就可以跟动宾结构的功能完全相同，如(1c)。当然，如果动词本身决定不了，或假定它决定不了论元信息的话，则另当别论。汉语学界一般将介词短语、动宾结构处理成向心结构，而结构主义的创始人则将之处理成离心结构，这是因为前者只考虑形类的相同与否，而后者还考虑功能。根据形类确定结构的向心性或离心性在生成语法的标准理论中也有体现，如：

（2）a. Sentence→NP+VP　　b. NP→T+N　　c. VP→Verb+NP

这些短语结构规则表明句子为离心结构，而名词短语、动词短语为向心结构，这跟汉语的主流看法一致。但随着理论的深入，学界提出了"可能的短语结构规则"这一概念，因为(2)可以抽象为(3a)，(3b)虽然符合(3a)这一抽象图示，但它们却不合法，如：

（3）a. $\alpha \rightarrow X$

　　　b. VP→N（PP）　　　NP→V(NP)(PP)　　　PP→N(VP)

从直觉的角度来说，(3b)的不合法是显然的，因为 VP 是动词短语，其中当然应该含有动词(V)；同样，NP 中应该含有 N，PP 中应该含有 P。换句话说，人类语言的短语结构应该具有"向心性"。为此发展出 X'- 理论，让所有的短语都是核心的投射，包括句子。在(2)中，句子是离心结构，在 X'-理论中，句子是向心结构，是以时制 T 为核心的 TP。

　　在早先，名词短语的核心是名词，但随着 DP 假说的提出，这种情况发生了变化，现在一般认为 D 是名词短语的核心。比如说，在 DP 假说之前，"the man"的核心是"man"；在 DP 假说之后，"the man"的核心是"the"。再比如说，"John's car"，在 DP 假说之前，核心为"car"；在 DP 假说之后，核心为"'s"。核心不是其中的词汇范畴而是其中的功能范畴，这已经成了生成句法学的共识，这种看法也得到了认知语法的认同(Taylor, 1996)。对于动词短语，也应该如此。在早先，动词短语的核心是动词，现在看来，其核心应该为功能范畴 v(或谓之"轻动词")。比如说 Chomsky(1995)为 VP 设置了这样的构型(4a)：

（4）a. v^{max}　　　　　b. DP

```
      v      VP           D      NP
             |                   |
           ···V···             ···N···
```

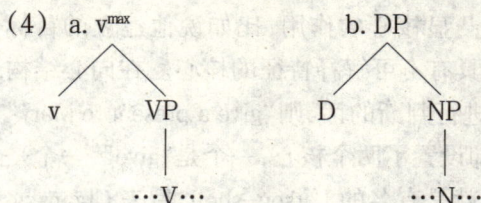

他指出外部论元要占据[Spec, v]，可以假定 v–VP 构型能用来表达外部论元的施事性角色或致使性角色。如果按照研究的趋势来看，v 应该是核心。它跟将 D 确认为核心的 DP 的图示完全相同，只是范畴标记不同，如（4 b）。既然 D 是核心，v 当然也应该是核心。所以，Taylor（1996）说："功能成分成为复杂表达式的核心，而其宿主为其补足语。"

当然，有人会依据标记 VP 说底层 VP 的核心是 V，即词汇成分，而非功能成分。话虽如此，但如果 VP 仅仅是个标记，而非句法成分的话，则 V 就谈不上句法核心了。事实确实如此。假定人类语言的计算方式完全相同，则 VP 内部的两个成分（V 与 O）或排列为 VO 或排列为 OV。VO 在英语中为句法成分，而在日语中不能为句法成分；OV 在日语中为句法成分，而在英语中不能为句法成分。而且，根据核查理论，没有经过功能范畴核查的 V 或 O 都有不可解释的形式特征，这些不可解释的形式特征也不能使其成为句法成分。如果言之成理的话，则词汇成分成为句法核心的可能性是不存在的。换句话说，只有功能成分/范畴才有可能成为句法核心。需要注意的是，这里所谈的 VP 跟传统意义上的 VP 不是一回事，比如说，汉语的"吃饭"，传统意义上的 VP 即为"吃饭"，而这里的 VP 或为"吃饭"或为"饭吃"，然后经过句法推导还原到"吃饭"。为简单起见，本书接受熊仲儒（2002a）的主张，认为词汇核心在后，所有扩展它的功能核心都在前，这样一来，"吃饭"可以指派如下的句法结构：

（5）···[_v][_{VP}[饭][吃]] → ···[_v 吃][_{VP}[饭][吃]]

"吃"核心移位之后就得到了"吃饭"。仔细观察（5），大概不难理解VP的标记作用，因为 VP 中的"饭吃"在汉语中根本不是句法成分。

核心在最简方案中具有极其重要的价值。在管约论中，利用管辖关系进行格位指派，使得主格由 I 向其指示语指派，宾格由 V 向其补足语指派，很不一致。所以 Chomsky 建立核心—指示语关系以统一核查格特征。

在 Chomsky(1999)中也仍在凸显核心的作用,比如说他建立的目标—探针协约关系,其中探针就是具有不可解释特征的核心。在向心结构理论中,如果仅仅根据形类标准进行判断的话,则"give a present to Mary"只有一个核心。但 Larson(1988)却设置了两个核心,一个是"give",一个是后来接受"give"移位的上层 V,这就是有名的 Larson-shell,后来 Chomsky 为取消 Agr 的核查功能,在二元谓词中也引进轻动词 v 以核查宾语的格特征,如(4 a)。如果我们接受熊仲儒(2004c)的"功能范畴假设"的话,则可能的核心会更多。

1.2 词法学的观点

词的核心判断较为困难,布龙菲尔德在复合词的向心结构的判别上就力不从心。他说 whitecap 这样的词,其结构正意味着这个事物不是中心成员所属同一种属,这些复合词的意义是事物,是具有某种特征(第一个成员)的某种事物(第二个成员)。因为他在考虑结构的同时,又参考了意义。霍凯特(1986),他纯粹从分布(出现权)上考虑,认为将"redcap"的结构划归为向心结构更可取。

在生成词法学中,也将复合词分成向心结构与离心结构。Williams(1981)对向心结构提出右向核心规则(Right Hand Head Rule),该规则认为复合词的核心是右边的语素。方立(1993)也指出:在形态学中,中心成分的位置十分固定,在英语中总在右侧,如"outlived"中的"lived"。Di Scuillo & Williams(1987)进一步认为复合词的核心决定复合词的范畴、复数等特征。词法核心的这种性质实际上跟句法核心的性质是一致的,都是将其特征向上投射。

2. 动结式的核心

2.1 从词法的角度看

首先可以肯定的是,动结式是词而非短语。

证据一:音韵上前重后轻。动趋式的趋向动词都读轻声(林焘,1957;赵元任,1968),例外是"起、进、出、回"在句尾时不轻读:"信被原封退回","这话如何说起"(吕叔湘,1980)。有的结果补语动词也读轻声。因此,沈家煊(2003)指出:典型的动补结构形成一个前重后轻的韵律格式,常作补语的词语音形式弱化后与前项动词结合成一个复合词。根据词重音和短语重音的对立分布,动结式确实只能处理成词。

证据二:句法行为上动结式不能扩展。如前面的动词不能带时态助词,后面的形容词不能受"很"修饰;可以整体并列等:

(6)a.时态助词不能加在动词之后,而只能加在整个动结式之后。

　　哭湿了手帕　　　*哭了湿手帕

　　送给了张三　　　*送了给张三

　　b.形容词性的补语谓词不能受"很"等修饰。

　　哭湿了手帕　　　*哭很湿了手帕

　　手帕湿了　　　　手帕很湿

　　c.在并列结构中,出现的是整个动结式或动介式而不是其中的动词。

　　那手帕不是洗湿的而是哭湿的　　不是躺在而是坐在床上

既然动结式是词,根据核心决定复合词的范畴、复数等特征,我们对汉语的动结式进行考察,发现动结式的核心情况较为复杂。动结式都是复合动词,其组成部分可以是动词和形容词,也可以是动词和动词,如:

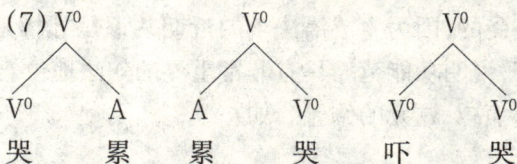

(7)　V⁰　　　　　　V⁰　　　　　　V⁰

　　／＼　　　　　／＼　　　　　／＼

　　V⁰　A　　　　A　V⁰　　　　V⁰　V⁰

　　哭　累　　　累　哭　　　吓　哭

"哭累",其中"哭"为动词,"累"为形容词,"哭累"为动词,所以"哭累"是向心结构而且核心在前;另一个"累哭"正好与之相反,为核心在后的向心结构;再如"吓哭",其中"吓"与"哭"都是动词,而"吓哭"是动词,如此一来,"吓哭"为双核心的向心结构。如果观察正确的话,则动结复合词有的核心在前,有的核心在后,有的为双核心。

这样的结果我们并不满意,可以说,除了分类以外,这样的结果没有任何实质性的意义,因为三种情况的句法行为完全相同。所以,Li(1993)对 Di Scuillo & Williams(1987)的理论作了发挥,他假定"核心的某些关键信息一定在复合词中保留",对动结式来说,就是核心决定动结式的题元信息。这种假设也会遭遇一定的困难,如:

(8)a. 主动词的题元角色在复合词中不一定实现。

张三吃坏了肚子　　　　梨子吃坏了肚子

b. 主动词的内部题元等级在复合词中不一定保持。

这首歌唱烦了张三　　　　那瓶酒喝醉了张三

c. 复合词的题元信息不一定与主动词及结果谓词等同。

<u>这件事乐坏了大家伙</u>　　　<u>长期无雨干死了所有的庄稼</u>

看来从词法的角度确定动结式的核心是一件非常困难的事。当然,Li 可以从别的方面对反例进行补救,比如说致使等级,不过这种补救也受到批评(Shi,1998;熊仲儒,2004c)。

2.2 从句法的角度看

如果动结式不是词库中的复合词,而是句法派生的复合词的话,则我们可以从句法的角度讨论其核心。根据 Chomsky 在动词短语中引进轻动词, 并由轻动词向外部论元指派题元角色的精神, 本书采信熊仲儒(2004c)的功能范畴假设:

(9)功能范畴假设

功能范畴不仅激发移位,而且决定合并,包括论元的选择与题元的指派。

这样的假设是可以接受的,因为生成语法学的近期共识是"语言具有共性、变异只在功能范畴",说明功能范畴具有非常重要的句法地位。经验上的证据是论元的增容与缩减,题元的倒置。如:

(10)a. 论元的增容

所有的庄稼干死了　　长期无雨干死了所有的庄稼

大家伙乐坏了　　　　这件事乐坏了大家伙

b. 论元的缩减

张三吃梨子　　　　张三吃坏了肚子

张三看资料　　　　资料看花了眼睛

c. 题元的倒置

张三吃饱了饭　　　　那碗饭吃饱了张三

张三喝醉了酒　　　　那瓶酒喝醉了张三

如果观察正确的话,论元的选择可能跟动词的关系不大。我们将根据功能范畴假设,认为论元的选择与题元的指派跟功能范畴有关,而动词只是指示事件图景。

在动结式中,如果扩展动词的功能范畴为 Bec 与 Caus,这两个功能范畴的语义大致可以表述成"达成"与"致使"。它们在动词所指示的事件图景中选择参与者做论元,如"吃"的事件中可以有施事、受事、工具、结果等参与者,假定 Bec 选择了"结果",则一定还会选择达成该"结果"的对象;如果还有 Caus,一定接着选择"致事"。可以简单表示成:

(11)吃 –Bec:(肚子, 坏)

　　　吃 –Bec–Caus:(张三, (肚子, 坏))

这在语义上也说得通,因为"张三吃坏了肚子"可以解读成"张三致使肚子达成坏的结果,通过吃",可以简单地翻译成:

(12)[张三 CAUSE [肚子 BECOME 坏]]/by 吃

　　需要着重指出的是,语感存在差异。比如说,有的句子如(10a)中的"资料看花了眼睛"、(10c)中的"那碗饭吃饱了张三"等虽然符合语义图式(12),但在一些人的语感中却怪怪的,甚至难以接受。对此,熊仲儒(2004a)从功能范畴假设的角度做过回答。其大意是语感存在差异:对于倾向有意愿主语的人来说,动词要是移位的话,就必须移到 Do 位置,否则不移位,不移位时留下的空位由功能成分填充(如:把);对于可以忍受无意愿主语的人来说,移位费力,最好别移。非意愿主语的语感差异实例有:

(13)a.沈家煊(1999a)

　　　茅台酒喝醉了他　　　　　青草吃肥了羊儿

　　　这顿饭吃得我倒了胃口　　这篇文章写得我头昏脑胀

　　b. 张伯江(2001)

　　? 阴雨困住了远道的客人　 ? 今天这顿饭吃倒了你的胃口

　　　阴雨把远道的客人困住了　今天这顿饭把你的胃口全吃倒了

如果以上讨论正确的话,则可以为动结式指派如下的句法结构:

(14)[$_{CausP}$[Spec][$_{Caus'}$[Caus][$_{BecP}$[Spec][$_{Bec'}$[Bec][$_{VP}$[R][v]]]]]]

		Caus		Bec		V
张三吃坏了肚子	张三	吃坏	肚子	吃坏	坏	吃－坏
这首歌唱烦了张三	这首歌	唱烦	张三	唱烦	烦	唱－烦
长期无雨干死了所有的庄稼	长期无雨	干死	所有的庄稼	干死	死	干－死

　　根据功能范畴假设,结果谓词 R 是功能范畴 Bec 为 V 选择的论元,

所以 R 不能成为 VP 的核心。如果 VP 诚如上文所说的临时性的标记,本身不能构成句法成分,则 V 也不能成为核心。R 是功能范畴 Bec 为 V 选择的论元,而且 Bec 也有自己的句法投射,所以我们将 Bec 等功能成分处理作句法核心。通过核心移位,所得结果如下:

(15)a.　　　　　　　　b. Bec　　　　c. Caus

$$\text{V} \qquad \text{V} \quad \text{Bec} \qquad \text{Bec} \quad \text{Caus}$$

$$\text{V} \quad \text{R} \qquad \text{V–R} \qquad \text{V–R–Bec}$$

由于 V 是被扩展的词汇核心,R 首先核心移位到 V,根据熊仲儒(2002a)"嫁接与移位同向假设",R 向右移位, 所以右向嫁接于 V, 生成 V–R (15a);接着 V–R 左向核心移位到 Bec, 所以左向嫁接于 Bec, 生成 V–R–Bec(15b);如果 V–R–Bec 再左向核心移位到 Caus,则左向嫁接于 Caus,生成 V–R–Bec(15c)。如果我们将观察点放在(15a),则动结式的核心为 V,这一点和汉语界的主流看法一致;如果我们考虑 R 是由功能范畴引进的,则 V–R–Bec 的核心是 Bec(15b),V–R– Bec–Caus 的核心是 Caus (15c)。推导过程如下:

(16)[$_{CausP}$[$_{Spec}$][$_{Caus'}$[$_{Caus}$][$_{BecP}$[$_{Spec}$][$_{Bec'}$[$_{Bec}$][$_{VP}$[$_R$][$_V$]]]]]]

→a. [$_{CausP}$[$_{Spec}$][$_{Caus'}$[$_{Caus}$][$_{BecP}$[$_{Spec}$][$_{Bec'}$[$_{Bec}$][$_{VP}$[$_R$ t $_i$][$_V$ V–R $_i$]]]]]]

→b. [$_{CausP}$[$_{Spec}$][$_{Caus'}$[$_{Caus}$][$_{BecP}$[$_{Spec}$][$_{Bec'}$[$_{Bec}$ [V–R $_i$] $_j$–Bec][$_{VP}$[$_R$ t $_i$][$_V$ t $_j$]]]]]]

→c. [$_{CausP}$[$_{Spec}$][$_{Caus'}$[$_{Caus}$ [[V–R $_i$] $_j$–Bec] $_k$–Caus][$_{BecP}$[$_{Spec}$][$_{Bec'}$[$_{Bec}$ t $_k$][$_{VP}$[$_R$ t $_i$][$_V$ t $_j$]]]]]]

这种核心移位是由核心的音韵特征驱动的。结果补语谓词 R 之所以向 V 核心移位,是因为汉语词汇有"双音节化"的趋向,反面证据是中古汉语的"隔开式"动结式,如"寡妇哭城颓"(《乐府诗集·懊侬歌》)。至于底层的核心成分向 Caus 发生的移位,也是由 Caus 的音韵特征所驱动的,换句话说,如果 Caus 能够通过别的方式(如插入"把")获得音韵实现的话,底层成分也是可以不必核心移位的,如:

(17)a. 张三　　　把　肚子吃坏了

b. 这首歌　　把　张三唱烦了

c. 长期无雨　把　所有的庄稼都干死了

由于功能范畴的不可见，(15)中3种图示的最终结果都是"VR"，但在核心的判定上我们倾向于选择功能范畴，虽然这不一定正确。这样处理不仅比较符合"只有功能成分才能成为句法核心"的主张，而且还有其他理论上的好处。

第一，符合 Williams 的右向核心规则。如(15b-c)中的核心 Bec、Caus 都在右。

第二，符合 Di Scuillo & Williams 的核心决定复合词的范畴特征的主张。如(15b)中核心的标记为 Bec 时，其母亲节点的标记也为 Bec。

第三，符合 Li 的核心决定动结式的题元信息的主张，因为功能范畴假设要求功能范畴选择论元并指派题元。

总之，如果把汉语动结式的核心确定为动词的话，则汉语动结式既不能适用于右向核心规则，汉语的核心在复合词中也不能保留重要信息，如范畴信息、题元信息。但如果将相应的功能范畴如 Bec、Caus 确认为核心，则动结式不仅适用于右向核心规则，而且核心也能在复合词中保留重要信息，包括范畴特征与题元信息，因为在功能范畴假设中论元的选择与题元的指派都由功能范畴决定。

功能范畴 Bec 与 Caus 分别对应着语义原子 Become 与 Cause，这给人的感觉似乎是功能范畴跟生成语义学中的语义原子相同。实际上它们并不相同。

首先，功能范畴是句法概念，而语义原子是语义概念。说功能范畴为句法概念，是因为它占有一定的句法位置，有语义，可能还有一定的语音形式。比如说，在汉语中 Caus 可以实现为"把"，Bec 可以实现为"得"。

其次，语义原子不一定有对应的功能范畴。像 McCawley 将 kill 分解成 CAUSE、BECOME、NOT、ALIVE 等语义原子。而对 Kill 进行扩展的功能范畴可能只有 Caus，顶多再考虑一个 Bec。至于 NOT、ALIVE 这些语义原子则不能与任何功能范畴对应。

最后，语义原子是谓词语义的一部分，而功能范畴是对词汇核心的扩展，不从属于谓词。国外有从词汇概念结构的角度研究系联理论的，对分布不同的词项标注不同的概念结构；我们将不同分布的词项标注上它由不同的功能范畴进行扩展,表面上是相同的,但立足点不同。词汇概念结构认为语义原子是词项的语义组成,而功能范畴假设认为功能范畴独立于词汇范畴而存在。比如说动结式在动词扩展到 Bec 的时候,它才有"达成"义;在动词扩展到 Caus 的时候,它才有"致使"义。关于这一点,请参见下文。

3. 理论后果

汉语界的主流看法是动结式的句法核心为"动词",而语义核心为"结果谓词",本节的结论却与此不同。这里不涉及谁是谁非、谁对谁错的问题。在我们看来,结论由理论框架决定。一个东西是什么,只能在特定的理论框架中说。比如说,动结式在汉语学者所接受的框架中是动补短语,而在生成句法学中则是复合词,尽管在属于哪种复合词上存在争议。再比如说,"昨天我们开了一个会"在朱德熙(1982)的框架中主语为"昨天",而在胡附、文炼(1982)的框架中"我们"才为主语。

在不同的理论框架中得出不同的结论不足为怪,但好的框架应该能给其所融合或放弃的框架一个适当的解释。如果我们不考虑论元的选择问题,仅仅从图示(15a)来看,动结式的句法核心确实是"动词"。换句话说,"动词"为动结式的核心的说法反映了推导阶段(15a)。顺便说句,结构主义语言学的经典说法认为动词不是动宾式的核心,从结构的平行性来说,动词也不应该是动结式的核心,如:

(18)a. 动结式: $\cdots [_{vP}[\text{Spec}][_{v'}[v][_{VP}[R][V]]]]$

b. 动宾式: $\cdots [_{vP}[\text{Spec}][_{v'}[v][_{VP}[O][V]]]]$

不同于结构主义①的是,我们认为动结式与动宾式都有句法核心,而且都是看不见的功能范畴,动结式是 R 与 V 融合之后跟 v 融合,动宾式是 V 直接与 v 融合。

句法计算由底向上进行,句法核心也一层一层地累积,呈现出一种动

---

① 陆丙甫(个人交流)说,所谓离心结构,英语为 exocentric,其字面意思是"外中心的",这就意味着结构之外有个隐含的核心。这个想法很有趣。如果正确的话,则布龙菲尔德等将动宾结构看作离心结构,实际上即暗含着其心在外。从本节的观点看确实如此,则是扩展它的功能范畴,如轻动词 v。

态的核心观。如果不考虑理论因素，单从结构上来看，动结式的核心由动词、Bec、Caus 等一层一层地组成。如果考虑功能范畴假设，则动结式的核心可能为 Bec 或 Caus。说动结式多核心可能给人莫衷一是的感觉，其实这是针对推导的不同阶段而言的，在特定的阶段只有一个核心，如只扩展到 BecP，则只有一个核心 Bec；如果扩展到 CausP，则也只有一个核心 Caus。换句话说，不同的核心在不同的层次。需要指出的是我们否定 V 为核心不是因为 VP 被 vP(BecP)包含，如果是这样的话，我们将会因为包含 vP 的 TP 的核心为 T 而否定 v 的核心作用。

在功能范畴假设中，只有功能范畴才是句法核心。这样处理不仅可以解释论元的句法实现，还可以解释语义结构及人们的语感。比如说：

(19)a. 张三哭累了

　　b. 那件伤心的事哭累了张三

这两个句子虽然都包含了"哭累"，但前者只表示"张三'达成'累"，而后者却表示"那件伤心的事'致使'张三'达成'累"。前者为自动变化事件，后者为致动变化事件，可以分别表示成(按沈家煊 2004 表达)：

(20)a. [张三 MOVE INTO 累]主事件 +[张三哭]副事件

　　b. [那件伤心的事 AMOVE 张三 INTO 累]主事件 +[张三哭]副事件

为什么两者的事件结构或概念结构不同呢？根据功能范畴假设，这是由所选择的功能范畴不同造成的。(19a)中选择了功能范畴 Bec，(19b)中选择了功能范畴 Bec 与 Caus。(19)可以指派如下的句法结构(无关细节忽略不计)：

(21)a. [Bec P 张三[[Bec][vP[累] [哭]]]]

　　b. [Caus P 那件伤心的事[[Caus] [Bec P 张三[[Bec][vP 累] [哭]]]]]]

说"动结式"在不同的扩展中有不同的句法核心，还可以解释吕叔湘(1948)的语感。在他看来，"把邓九公乐的拍手打掌"有致动义，而"邓九公乐的拍手打掌"没有致动义。他说："取消动词的致动（引按：吕译'causative'）义，把宾语改成主语(等于在原句里取消把字)，那是每一句都能办到的：'邓九公乐的拍手打掌'，'老婆子心疼的只念佛'。"原因就在于前者有 Caus 扩展，后者没有。吕先生说的虽然是"得"字句，但实际上动结式的情况也相同，如(19a)没有"致动义"，而(19b)有"致动义"。

　　说"动结式"在不同的扩展中有不同的句法核心，还可以解释王力对"使成式"概念的修正。王力(1944)曾提出了"使成式"的概念，即"凡叙述词和它的末品补语成为因果关系者，叫做使成式"。但后来他做了修正，他(1980)说："我在《中国语法理论》上册第十一节里认为，内动词带内动词('饿死')和内动词带形容词('站累')这两种结构也是使成式。现在我认为使成式的第一成分应该限于外动词，这样才和一般所谓 causative 相当，所以这里不把这两种结构归在使成式内。"根据功能范畴假设，"饿、站"只能扩展到 BecP，而不能扩展到 CausP，无 Caus 无致使，所以王先生将它们排除在使成式之外。顺便说句，使成式的第一个动词也可以为内动词，如：

　　(22)a. 妹妹哭醒了　　　　　b. 妹妹哭醒了爸爸

　　(22a)为非"使成式"，而(22b)为"使成式"。根据功能范畴假设，后者可以受 Caus 扩展，经验证据是"妹妹把爸爸哭醒了"。

4. 本节结语

　　学界之所以对动结式的核心问题争论纷纭，可能在于真正核心(无形态无语音形式的功能范畴)的不可见；而大多倾向于将动词确认为动结式的核心，可能在于动词为指示事件图景的词汇核心。本节将核心论证为扩展动词的功能范畴，不仅可以对动结式的句法行为作出非常一致的解释，如论元的句法实现、动结式跟动宾结构的平行性、动结式的句法复合词身份，而且可以跟词法学的结论一致，如右向核心规则、核心的信息在复合词中保留等。更重要的是：不会因为范畴的不同，而寻找不同的证据来论证核心。比如说，有学者为证明动词为动结式核心而采用体标记、反复问句、否定等方式进行测试，但这些测试没有一样可以自由地运用于证明名词为名词短语的核心的情形。功能范畴，它可以适用于所有短语核心的确认，因为根据功能范畴假设，所有的词汇范畴要想成为短语都必须接受功能范畴的扩展。将功能范畴确认为句法核心，则所有的短语都达到一致，这大概也是"跨范畴的平行性"的一种表现。强调了功能范畴的核心作用，有人担心会由此忽视词汇范畴的核心作用。这种担心是多余的也是没有必要的。VP 中的 V 是词汇核心，无论结构扩展到哪个层次，这一点都无法改变,换句话说,V 在 VP 中是词汇核心,在 TP 中仍旧是词汇核心,即使到 CP 也依然如此。我们不是否定 V 这样的词汇范畴的核心作用,而是否定它是动结式的核心。V 作为词汇核心,其核心作用在于"指示事件图景"。严格地说,核心是什么并不十分的重要,重要的是处理作什么之后有什么理论上的好处。

第三节　汉语被动句句法结构分析

被动句,在生成语法界几乎成了推动语言理论建设的杠杆,可以说每个模型的酝酿与论证都离不开它的帮助。被动句帮助我们建立了一种语言观,我们的语言观又反过来推动了对被动句的研究。一切相当完美的时候,接应代词(resumptive pronoun)与保留宾语(retained object)作为不速之客突然出现,打乱了原有的秩序。我们想从接应代词入手探讨汉语被动句("被"字句)的句法结构。本节共分五个部分:第一部分谈在管约论(GB)中的可能处理方法及其所存在的问题;第二部分是我们解决问题的理论基础,在这一部分我们介绍 Chomsky(1999、2001a)的协约操作(Agree);第三部分是我们对问题的处理,在这一部分我们论证了汉语"长被句"与"短被句"结构相同,都是由 v* 引导 VP,区别在于主动词(matrix verb)的外部论元(external argument)的语音形式,所以句法后果并不相同,若有语音形式则可以留接应代词,反之则不可以;第四部分我们处理保留宾语;最后一个部分是结语,谈谈我们为什么选择 Chomsky(1999)为理论框架及这项研究的价值。

1. 对策与问题

在管约论框架里,格理论(Case theory)是一个相当重要的理论模块,它决定着名词短语的句法分布,为名词短语的移位提供了一个重要的动机。需要注意的是:Chomsky 的格理论与 Fillmore 的格理论不同,前者谈的是句法格,处理的是抽象格(abstract Case)的指派及其形态实现;后者谈的是施事、受事之类的语义格。在 Chomsky(1986)的格理论中,格是由格的指派者指派给名词短语的,其方式或是结构指派(structurally)或是固有指派（inherently），所以，格有结构格（structural Case）与固有格（inherent Case）之分。结构格的指派是在管辖（Government）及邻接（adjacent）的条件下实现的。能指派结构格的是限定句的有时态的 I [+TENSE]、动词、介词。具体地说：

主格由 S- 结构中的 [+TENSE] 指派给主语：He disappeared.*He to disappear.

宾格由 S- 结构中的 V 指派给补足语（宾语）：I liked him.

旁格由介词在 D- 结构指派给介词的补足语（宾语）：She gave the book to him.

属格由 D- 结构中的结构[NP[NP＿＿]]指派：Barry's book

也就是说：名词短语必须有格，所以管约论中有个重要的"格过滤式"（Case Filter），即"*NP,当 NP 有语音形式而没有格"。"格过滤式"能解释很多语言现象，包括被动句的生成，如：

（1）a. was broken the window

　　　b. the window$_i$ was broken t$_i$

（1a）是 D- 结构，（1b）是 S- 结构。（1a）中"broken"是动词"break"的过去分词，过去分词相当于一个形容词，不能指派格。这样一来，"broken"的补足语"the window"就没有了格，根据"格过滤式"，没有格的名词短语不能成立，"the window"为了生存，它必须移位，移到一个能给它格的地方。移走之后在原来的位置留下一个语迹（trace,常记作 t）。语迹没有语音内容，不受"格过滤式"的限制。这样就很简单地解释了被动句的生成，汉语能不能这样分析呢？

（2）a. [被消灭]了敌人

　　　b. 敌人[被消灭]了 t

仿照（1）的分析，我们把"被消灭"当个整体，分析成形容词，但这不太符合语感。所以只好另外想办法，将"被消灭"分开，其中"消灭"为形容词（由于汉语缺乏形态标志，这样分析是可以的），而"被"相当于英语的"by"，其经验证据是：

（3）a. [被我们]消灭了敌人

　　　b. 敌人 [被我们] 消灭了 t

50

这样分析的好处是能解释所谓的隐性被动句（无标记被动句）的存在，如：

(4)敌人消灭了 / 饭吃完了 / 房子烧了 / 嗓子喊哑了

在做句法分析的时候，不能就此为止，还要想想这样做有没有理论上的缺陷，有没有经验上的反例，前者简单，后者麻烦（得发掘语料）。从理论上来做，首先要问自己：(2)中的"被"是不是介词，如果是，如何解释"介词悬空现象"(Huang，1982)。有两种对策：(1)仍旧承认"被"是介词，然后描写一部分介词容许介词悬空，一部分介词不容许介词悬空；(2)把"被"分成"被$_1$"、"被$_2$"，"被$_1$"为介词，"被$_2$"不是介词。相对而言，(1)简单，(2)有后遗症。在传统语法里，只能将"被$_2$"处理为助词，但这样一来，又无法解释下面的现象：

(5)张三被狠狠地批评了一顿

　　敌人被完全消灭了

　　房子被全部烧光了

"被"的词类问题暂且不论，棘手的问题是被动句中的"形容词"（被动动词）并没有失去赋格能力，这些年来讨论较多的句子是"张三被李四打了他一下"(石定栩，1999a；冯胜利，1997a；吴庚堂，1999、2000)，除此之外，汉语还有：

(6)张三被绞去了头发

为解决这个问题，我们大概可以有四种对策：(1) 利用 Chomsky(1981、1986)的格传递说，让"张三"将格传递给"头发"；(2)利用 Belletti(1988)的直接赋格说，让"绞去"在 D- 结构中给"头发"赋部分格(partitive case)；(3)假设被动动词本来失去了赋格能力，后来又恢复了赋格能力；(4)假设汉语的被动句与英语不同。Chomsky 的格传递说已经被 Chomsky(1991、1993、1995、1999)放弃了，这里不予讨论。Belletti 的直接赋格说还被一些人所接受，但要注意的是，部分格是无定的、是部分的，如芬兰语：

(7)a. Han pani kiriat　　　　　　　　　　　　poydalle

　　他　放　书(定指并带宾格标记的复数)　　在桌子上

　　"他把书放在桌子上"

　　b. Han pani hirjoja　　　　　　　　　　　poydalle

他　放　书(不定指并带部分格标记的复数)　在桌子上

"他放了一些书在桌子上"

(8)a. Poydalla　　　on　　　　hirjoja.

桌上　　　　　　是　　　　　(些)书(部分,复数)

"桌上有一些书"

b. Helsingisa　　　tulee　　　kirjerita.

Helsingisa　来　　　(些)信(部分,复数)

"Helsingisa 来了一些信"

Belletti（1988）因为观察到非宾格动词之后的名词短语具有不定指性质,所以她认为非宾格动词能够指派部分格。部分格的不定指的性质最为重要,因为定指效应(definite effect)是其立论基础。我们现在来看看汉语例子:

(9)张三被李四绞去了他的头发　　　李四被炸弹炸断了他的右腿

(10)张三被绞去了所有的头发　　　王五被烧光了所有的房子

(9)中的保留宾语具有定指特征,(10)中的保留宾语具有遍指特征,由此看来用直接赋格说还是不太好解决问题(当然,我们可以假设汉语被动动词能赋格,但不是 Belletti 的部分格,应该说怎么假设都没关系,关键是能否解决问题)。第三种对策纯属玩弄概念。第四种对策看来是最好的选择,因为语言与语言之间肯定有所不同。但必须注意的是,在生成语法中,语言的变异范围是极其有限的,主要局限于功能范畴(functional category)上(Chomsky,1995),功能范畴有 C、T、v(v、v*)、D 等 ,与本节讨论关系最为密切的是 v(轻动词 light verb)。

2. 理论基础

2.1 合并操作

20 世纪 90 年代,Chomsky 提出最简方案,其基本思想是如何做到最经济,最重要的操作是合并。如何合并,我们基本遵从 Larson(1988)所提出的映射原则的精神。

映射原则:

如果动词 α 决定题元角色 $\theta_1, \theta_2, \cdots, \theta_n$,那么题元等级中最低的题元角色被分派给成分结构中最低的论元，次低的题元角色给次低的论元，如此一直进行下去。

题元等级：

施事(agent) < 客体(theme) < 目标(goal) < 旁体(obliques)

从引用材料可以看出，如果有旁体，则旁体在成分结构中是最低的位置，即处于动词的补足语位置，换成现在合并的说法，则是动词首先与旁体合并。旁体是什么东西呢？是介词短语，甚至可以是副词短语。

2.2 协约操作

Chomsky(1999、2001a)提出层阶式推导(derivation by phase)，他认为结构格是一致的反映，并将 phi- 特征(人称、数、性等)提到了一个相当重要的位置。他花了大量的笔墨在协约(Agree)操作上。协约是 α 与 β 之间的关系，其中 α 有可解释的形态特征，β 有不可解释的形态特征，α 与 β 在匹配以后通过协商约定消去 β 的不可解释的形态特征。其中匹配是指两者有相同的特征，特征值可以不同。假定语言 L 生成了带有标记 LB(K)的句法体 K，标记 LB(K)是句法体 K 的核心，它有着不可解释的形态特征，所以它是激活协约操作的唯一成分，使得它能在 LB(K)的域内搜索匹配目标 G(goal)，这样它自己也就成了搜索目标 G 的探针 P(probe)。在操作中有两点要注意：第一，为应用协约操作，探针 P 与目标 G 必须活跃(活跃是指其有着不可解释的形态特征)；第二，为消去与之配对的匹配成分 β 的不可解释的特征，α 必须有完整的 phi- 特征集。

"格的指派与核查(消去)由 T 与 v* 进行"，它们有着完整的但不可解释的 phi- 特征集，作为探针 P，它们只需要寻找有相同的 phi- 特征集的目标 G，匹配时经过协约给各自的不可解释的特征指派特征值并将它消去，指派特征值让其进入语音部分，消去特征值让其进入语义部分(LF)。对于格－一致系统，不可解释的特征是探针 P 的 phi- 特征与目标 G 这一名词 N 的结构格，名词 N 的 phi- 特征是可解释的，所以名词 N 只有当其有结构格的时候才活跃，一旦格的特征值被确定了，名词 N 就不再进入一致关系，并且只能在凝固的位置上(frozen in place)。结构格不是探针(T, v)的特征，但如果探针合适，即具有完整的 phi- 特征，则在协约操作中消去。具体应用如下：

（10）[C[β T are [α PRT [catch [DO several fish]]]]]

对 α 部分，Chomsky（1999）的分析是这样的：PRT 是形容词性的，它的 phi- 特征集可能由数、性组成，但没有人称。PRT 的 phi- 特征集与 DO 匹配，产生协约操作。DO 的 phi- 特征集完整，所以对于 PRT 来说，它的数与性特征接受了 DO 的值，并消去。但 PRT 与 DO 的格没有被定值，故相互不能赋格。由于拼读（spell-out）发生在强的层阶（phase），所以 PRT 的 phi- 特征集虽然消去但在 β 层阶仍可见，它将在强的层阶 CP 里消失，并随之传递到语音部分。在 α 部分，PRT 的 phi- 特征通过 PRT-DO 的匹配而被定值。在下一个层阶，探针 T 与仍可见的目标 PRT 匹配，给其格特征定值；探针与目标 DO 匹配，给 DO 的格特征及自身的 phi- 特征定值（由于 DO 的 phi- 特征集在 β 层阶完整）。在 CP 层阶，现在被定了值的不可解释的特征从狭义句法（narrow syntax）中擦去，并且该句法体被传递到语音部分。

如果轻动词 v 的 phi- 特征集不完整（phi-incomplete）（如：被动句），则动词 V 是有缺陷的（Chomsky 1999）。有缺陷（defective）的动词，其论元结构不完整。所以推导是：

（11）[α [v PRT] [discover [DO a proof]]]

discover 移进 v 位置，a proof 移进 [spec，v] 位置，得：[a proof discovered]，然后与 be、T 合并，其结果就是：

（12）[TP T be [a proof discovered]]（Chomsky 2000）

为了构拟上面的生成结果，我们推测 a proof 移位的原因可能在于 Rothstein(1995)的谓词限制（Prediction Condition），v 要求一个主语，所以它就移位了①。"a proof discovered" 与 be 合并的原因在于 PRT 的形容词性。如

（13）[C [TP[a proof][[T] [vP[a proof][[was][APvP[a proof][[discovered][vP[discover] [a proof]]]]]]]]]

在（13）中，"discover"首先向 PRT 核心移位，生成具有形容词性的短语；因

---

① "谓词限制"是说"Every syntactic predicate must be syntactically saturated"。现在想起来，实际上就是说谓词的 EPP 特征，可以并入 Chomsky(1999)，当谓词有 EPP 特征时就要求与之匹配的成分移进其 Spec 位置，即要主语。

英语形容词性短语不能作谓语,所以它接着接受"be"动词的扩展,最后接受 T 的扩展。因谓词限制的要求,"a proof"首先移位到 AP/vP 的指示语位置,接着可能移到以"be"为核心的 vP 的指示语位置,也可能因 T 的 EPP 要求而直接移位到 T 的指示语位置。汉语的情形怎么样呢?如果不考虑接应代词和保留宾语,则汉语的被字句的生成与英语大致相同;但如果考虑的话,则有很大不同。

3. 汉语接应代词

3.1 长被句

"长被句"、"短被句"是针对"被"后名词短语的实现情况而言的。由于"长被句"中有接应代词,它与"被"前名词短语同指,我们假定它是由"被"前名词短语移位所留下的语迹。当然,事实可能并非如此,像冯胜利(1997a)就假设它是由空运符移位所留下的语迹。另外我们把"被"处理为表示被动的轻动词,这条也可作其他假设。值得指出的是,这两条假设是相关的,第一条假设可由第二条推导出来(顺便说一句,由于汉语缺乏形态标记,能改变词序的也主要是轻动词 v,也就是说移位也证明了"被"是一种轻动词),其原理是上文中的"谓词限制",所以我们在上文中构拟了Chomsky(2000)的生成过程。如果有人指出"谓词限制"也不正确,那就只好假定"被"有 EPP 特征(这也未尝不是一种办法,只是就事论事);有人说可用 T 要满足其 EPP 特征,故吸引它的提升(raising),但这在这里不行。所以解决方法最终是"被"是轻动词与"谓词限制"。"被"如果是轻动词,它就可以引导动词短语。有两种动词短语,一为 v*P[1],一为 vP[2]。假设了"被"为轻动词,就不能再假设它引导哪种短语了,所以接下来要分两种情况讨论。

3.1.1 v*P 情形

如何解决汉语接应代词的来源问题,我们从实例入手:

---

[1] 由 v* 引导的动词短语,v* 有完整的 phi-特征集,它能给宾语论元的格特征定值,如此一来,移位宾语是有格的,也就是说其移位动机不是为了格,而是由"谓词限制"所要求的。

[2] 由 v 引导的动词短语,v 的 phi-特征集不完整,它不能给宾语论元的格特征定值,如此一来,移位宾语的移位动机是为了格要求

(14)张三被李四打了他一下

这一句的主动词显然或假设是"打",它首先与补语("旁体")"一下"合并,组合成 V',V'再与"张三"合并,组合成 VP,VP 与功能范畴 v* 或空槽位合并,组合成 v*',v*'与"李四"合并,组合成 v*P,用下图表示如下:

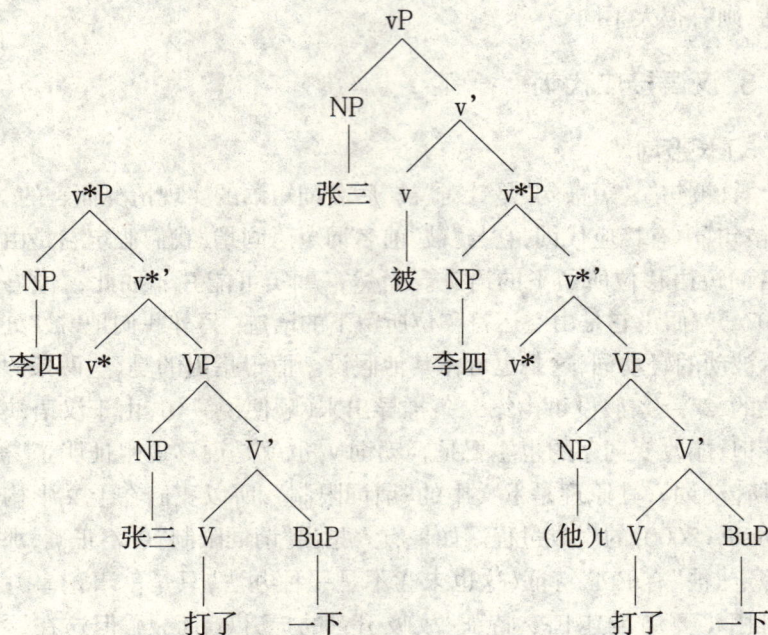

由上图可以看出:从"打"开始合并,到合并完成,得一个 v*P,然后它作"被"的补足语,与"被"合并,得一个 vP。在 v*P 层阶(Phase)(见右图)中,v* 的 phi- 特征集完整(phi-complete),v* 可以给"张三"的宾格定值。v* 本身也需要实现,其途径可通过移进动词或插入有语音的轻动词(把),或其他手段,手段依词汇阵列(lexical array)而定。在下一个层阶 [β 被 [α 李四 [v*] 张三 打了一下]中,"被"的主语要求可以通过三种整理方式(依词汇阵列而定)获得满足(为阅读简单,用表格形式表达):

句法结构	NP	v	NP	v*	NP	V	BuP
填　词		被	李四		张三	打了	一下
"整理一"	张三$_i$	被	李四	打了$_j$	t_i	t_j	一下
"整理二"	张三$_i$	被	李四	把	他$_i$	打了	一下
"整理三"	张三$_i$	被	李四	打了$_j$	他$_i$	t_j	一下

"整理一"、"整理二"、"整理三"入句之后得到的形式可分别表示为：

(15) a. 张三被李四打了一下

　　　 b. 张三被李四把他打了一下

　　　 c. 张三被李四打了他一下

三种"整理"都采用了移位的方式，"整理一"移得干干净净，了无痕迹（严格地说，痕迹当然是有，我们称之为"隐性语迹"），相对其他两种方式来说最经济（动词"打了"可能是隐性移进 v*）；"整理二"与"整理三"都留下了痕迹（称之为"显性语迹"）。假设显性语迹（接应代词）有不可解释的格特征，由有完整的 phi- 特征集的 v* 给显性语迹赋格，由于音韵上的考虑，"整理二"采用插入法将"把"与结构合并；"整理三"采用了动词提升的方法，相比而言，"整理二"比"整理三"省力。省力序列可以表示成①：

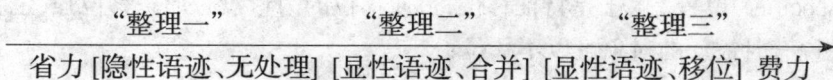

|　　　"整理一"　　　　　　"整理二"　　　　　　"整理三"　　　　→|

省力 [隐性语迹、无处理] [显性语迹、合并] [显性语迹、移位] 费力

从以上描写显然可以看出：汉语动词并没有丧失赋格功能（从管约论来看）或者说汉语是由 v* 引导 VP 的（从层阶式推导来看），名词的移位是由谓词限制要求的。假设动词丧失了赋格功能（从管约论看），它就无需提升到 v* 处（如"整理三"），因为提升过去毫无价值（Larson, 1988），但事实证明有价值。这里也排除了接应代词本身有没有格的问题，因为如果显性语迹（接应代词）没有格（从管约论看），也就无须让动词提升或与"把"合并（Larson, 1988），其结果是：

---

　　① 这可能（能够）解释出现的频率，(15c) 很少出现在国内汉语论著中，可能是因为其出现频率过低。

（16）*[张三]ᵢ被李四[他]ᵢ打了一下

很显然接应代词无格的假设不成立。有人或许会批评说，你所做的解释都是根据你合并的次序，当然能自圆其说，假使它的合并次序不是这样呢？比如说：

（17）李四打了张三一下

张三ᵢ被李四打了[tᵢ]一下

张三ᵢ被李四打了[他ᵢ]一下

在这里我们为什么不可以同 Chomsky 假设小句无格一样假设接应代词无格呢？我们的看法是：做假设是可以的，关键在于能否解决问题，而不是"头疼医头，脚疼医脚"，因为我们除此之外，还有下句：

（18）张三ᵢ被李四把[他ᵢ]打了 [tᵢ] 一下 （同上假设，即"张三"在"打了"之后）

既然接应代词无格，那无格的接应代词为什么要移位呢？移位就移位吧，为什么还得与"把"合并呢？我们的说法是显性语迹（接应代词）有着不可解释的格特征。

主动词并没有失去赋格能力或者说汉语是由 v* 引导 VP 的，名词短语的移位是为了满足"谓词限制"的要求，具体说是应"被"的特征要求，"被"含有强烈的 [+ 被动] 特征，它要求有个被动的对象在其指示语（specifier）位置。由于是特征移位，迫使移位的力量没有形态移位强，也就是说有时被动的对象可以不移位：

（19）a. 他早知道被谁拿走了那本书

b. 他早知道那本书被谁拿走了

（20）a. 他早知道被老师派学生拿走了那本书

b. 他早知道那本书被老师派学生拿走了

吕叔湘（1965）也举过差不多的例子，他对这类（F 类）句子的感觉是"最特别"：

（21）a. 如今虽然被他们争回这个面子，我心里倒害怕起来。

b. 被他这一句话害死了两条性命。

"最特别"的原因大概就是"被"与 v*P 合并后的 v' 也需要与被动的对象合并（内部合并 internal merge）的愿望没有实现。通俗地说"被"要指示语。

指示语一般是受事论元,或在层级上与受事接近的论元,甚至可以是附加语(adjunction)移位或其他成分。简单地说:它只是强烈地要指示语,至于这个指示语是什么,它是不论的①。当然,被选择的成分一定要或多或少与主动词有些相关,另外,外部论元是做不成指示语的,因为它没有[+ 被动]特征,无法与有[+ 被动]特征的"被"匹配(外部论元常是施动者或致动者)。

3.1.2 vP 情形

这里还有一个问题(上文留下的),即我们假设"被"与 v*P 合并,现在我们假设汉语与英语一样,即:[vP[v PRT][张三[打了]一下]],首先是"被"插入 v,接着"张三"应谓词限制移进[spec, v]位置,得 "张三被打了一下",如果再插入"李四"(其实是没有句法位置插入"李四"的),得"张三被李四打了一下",这个假设的结论似乎很好,但是它解释不了接应代词的存在。因为,如果"张三"在"打"的左边合并,其结果是"* 张三ᵢ 被他ᵢ 打了一下";如果"张三"在"打"的右边合并,其结果是"* 张三ᵢ 被打了他ᵢ 一下"。所以假设 vP 是不成立的。我们还可以假设"被"引导vP,得:

(22)被 [ᵥₚ[ᵥ PRT][张三[打了]一下]]

由于 v 的 phi- 特征集不完整,造成 V 的论元结构不完整,其结果是"李四"无法进入句法结构,换句话说"张三被李四打了一下"是生成不了的。所以我们说,汉语被动句中的主动词并没有失去赋格能力,而名词短语移位是谓词限制要求的。承认这点很重要,它能使"存现句"、"供动句"的处理变得很简单,这里不详谈。

3.2 短被句

为什么"长被句"有接应代词,而"短被句"却没有接应代词呢?

(23)a. 张三被李四打了他一下

  b.* 张三被打了他一下

这个问题的回答有两种策略:一种策略是认为"长被句"与"短被句"一样,只是外部论元的实现不同,前者是有语音形式的名词短语,后者是无语音形式的 e;另一种策略是认为动词的论元结构不完整,如此一来只能由带

---

① 从理论上来说应该如此,实际上是否如此还要考虑移位的限制。

不完整的 phi- 特征集的 v 来引导。我们先来看第二种情况：

（24）[vP 张三[[v 被][vP[< 张三 >]][[打了][一下]]]]]

由于 v 的 phi- 特征集不完整，它不能给"张三"的格特征定值；即使假定"张三"移走后留下的接应代词没有不可解释的格特征也不行，由于结构中没有位置容许"打了"移进，或许可以假定"打了"移进"被"的位置与"被"嫁接（adjunction），但这种可能性不切语言实际，如：

（25）a. 张三被狠狠地打了一下

　　　 b. * 张三被打了狠狠地一下

现在看看第一种策略，假设与长被句相同，则其合并结果如下：

（26）[被[v*P e [v*][张三 打了 一下]]]

整理的方式也应该三种，其结果是：

	NP	v	NP	v*	NP	V	BuP	结果
填　词		被	e		张三	打了	一下	
留隐性语迹	张三$_i$	被	e	打了$_j$	t$_i$	t$_j$	一下	合格
留显性语迹	张三$_i$	被	e	打了$_j$	他$_i$	t$_j$	一下	不合格
留显性语迹	张三$_i$	被	e	把	他$_i$	打了	一下	不合格

面对这种情况，我们可以认为留隐性语迹与主动词的外部论元的语音形式有关，如果主动词的外部论元有语音形式则可以留隐性语迹，反之则不可以。这似乎也有语言事实上的证据：

（27）a. [那个人]$_i$ 我以前见过[他]$_i$ 吗？

　　　　*[那个人]$_i$ 以前见过[他]$_i$ 吗？

　　　 b. [张三]$_i$ 我送[他]$_i$ 一本书

　　　　*[张三]$_i$ 送[他]$_i$ 一本书

　　　 c. [John]$_i$ I haven't seen [him]$_i$ for a long time

　　　　*[John]$_i$ haven't seen [him]$_i$ for a long time

但细加分析，这种语言事跟上面的"短被句"并非一回事。

（28）a. * 张三被打了他一下

　　　 b. *[张三]$_i$ 送[他]$_i$ 一本书

（28b）的不合法，是由于语义关系不清楚。在语流中，"张三"只能是施事，而"他"只能是与事,而解释上却强制性的要求它们语义关系一致。(28a)虽不合法,但它的语义关系较清楚,"张三"在指称上肯定与"他"相同。所以说(28a)的不合语法一定要从句法上找原因。(28b)的不合语法是语义上的原因,语义关系一旦清楚,这类句子就没有了问题,至于"张三送她一本书"能讲,是因为"张三"和"她"在特征上不一致,不会理解为同标。

(29)a. That trunk, put it in the car.

b. 那件事,最好还是忘了它吧。

就语言事实(局部的)而言,我们似乎必须选择第二种处理方案(短被句由 v 引导 VP,与长被句不同),但如果再深入的考虑的话,我们又得改变看法。

(30)a. [C[T[vP 张三ᵢ 被[v*P 李四 打了[他ᵢ]一下]]]]

b. [C[T[vP 张三ᵢ 被[[tᵢ]打了一下]]]

根据 Chomsky(1999),(30a)中 v* 给"张三"及其显性语迹"他"指派宾格,而(30b)中的"张三"则为主格,由于 v 的 phi- 特征不完整不能赋格,只能由 T 赋格。说"长被句"与"短被句"的主语的格不同,难以找到语言上的证据,更为重要的是"短被句"都能变成"长被句"(这点极为关键,若被证明并非如此,我们得重新考虑结论),所以我们还是选择第一种处理方案,即"短被句"与"长被句"相同,都是由 v* 引导 VP 的,留不留显性语迹跟主动词的外部论元有无语音形式有关。现在我们再反过来解释(28b):

(28)b. *[张三]ᵢ 送[他]ᵢ 一本书

假设运算进行到:

(31)a. [C [T e [v*P 送张三一本书]]]

"张三"移位得:

(31)b. [C [张三]ᵢ [T e [v*P 送[他 张三]ᵢ一本书]]]

由于外部论元 e 的不可见,所以"*[张三]ᵢ 送[他]ᵢ一本书"。由此看来,(28b)类句子的不合法,并非是由语义造成的,而是跟(23b)这类"短被句"一样是由句法的原因造成的。

3.3 小结

局部的看,"长被句"与"短被句"作不同的分析好:

（32）长被句:[[NP₂]被[NP₁[[v*][他 <NP₂>] V　BuP]]]]

短被句:a.[[NP₂][v 被][[他 <NP₂>] V　BuP]]

b.[[NP₂]被[e [[v*][他 <NP₂>] V　BuP]]]]

从上面的分析中可以看出:"长被句"比"短被句 a"多了一个空位[v*],让 V
移进,所以"长被句"有能力将接应代词置于动词之后(如:张三被李四打
了他一下);而"短被句 a"想将接应代词置于动词之后,其唯一的途径是
通过核心词移位让 V 与"被"嫁接,但事实上语言不让它们嫁接[如(25)],
所以短被句 a 决不能有接应代词(* 张三被打了他一下)。表面看来,这样
的分析是严格的,但也留个问题:既然没有空位,"被"也不是粘着语素,那
么 V 凭什么提升呢? 另外考虑到如果这样分析,那么 NP₂(移位宾语)在两
种句中的格特征不同及"短被句"都可以补出主动词的外部论元的事实,
我们采用了弱分析(短被句 b),即主张"短被句"与"长被句"的结构相同,
区别在于主动词的外部论元的语音形式,有语音形式,移位宾语就有可能
留显性语迹(接应代词);反之则不可以。这样分析虽然牺牲了严格性,但
也是有所回报的,即我们可以从形式的角度排除"*[张三]ᵢ送[他]ᵢ一本书"
这样的句子(由于外部论元的无语音形式,使"张三"在语流中被感知在 T
的指示语位置,造成对约束准则的违反)。哪种分析更好,主要看它能解决
多少问题。

从理论上说"张三被李四打了他一下"中的"张三"为宾格,这是由 v*
定的值。"张三"最后提升到[Spec,T],能擦去 T 的 EPP 特征(T 的不可解释
的 phi- 特征,由"李四"定值),因为"对 PH_1(强层阶)的解释 / 定值是在
PH_2(下一个最高的强层阶)","张三"的不可解释的格特征虽在 v*P 中消
去但在 CP 中仍可见。也就是说,"张三"虽在主语位置但为宾格,跨语言
上的证据如下[(33a)是乌克兰语,(33b)是威尔士语]:

（33）a. Cerkv-u　bulo zbudova-n-o v 1640 roc'I

church-acc/f was-imp built-PASS-imp in 1640

"the church was built in 1640"(教堂建于 1640 年)

b. Lladdwyd dyn（gan ddraig）

Kill-imp man by dragon

"a man was killed（by a dragon）"[那人被(龙)杀了]

Ouhalla(1991)指出,在以上两例中,特别是在乌克兰语例中更清楚地表现出,宾语是带着宾格标记出现的。这跟英语很不相同。

在"张三被李四打了他一下"中,我们根据理论推导出"李四"为主格,可能不符合一般人的直觉,汉语虽无具体格,但人们还是觉得"李四"应是宾格或旁格。我们的证据是:(1)"被"在我们的处理中没有当作"介词",不是英语的 by,既然如此,它当然不指派旁格。其直接证据是"被"容许介词悬空(对比:窗户被 __ 打破了;*the window was broken by __)。"被"也可能不是主动词,也就无所谓指派宾格的说法。(2)"被"是对整个 v*P 进行操作,在"张三被[v*P 李四打了他一下]"中我们可以说是"被李四"(因为打张三的是李四),而在"张三被[v*P 财主放狗咬伤了]"中我们就很难说是"被财主"(因为咬伤张三的不是财主)[①]。(3)理论上的旁证[②]:在冯胜利(1997a)中"李四"也是主格,下面是冯的处理:

(34)[张三 T 被[CP OP [TP 李四 T 打了他一下]]]

在这里"张三、李四"都是主格,"他"是宾格。我们根据 Chomsky(1999)推导出"张三"及其显性语迹"他"为宾格,"李四"为主格,"张三"为宾格的情形有跨语言的证据,"李四"为主格有没有证据我们还不清楚。

3.4 长被句的例外

吴庚堂(1999)说下句不合法,原因不明:

(35)? 小李被小张打了他

我们的看法是可能与时体(aspect)有关(注意:这种图只有描写价值):

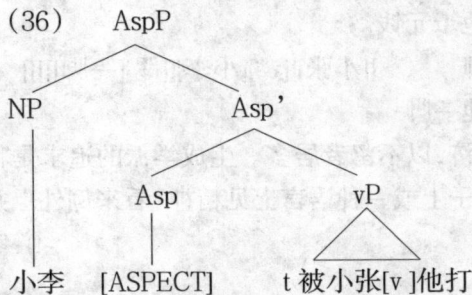

(36)

```
          AspP
         /    \
        NP     Asp'
        |      /   \
        |   Asp     vP
        |    |       △
       小李 [ASPECT]  t 被小张[v]他打
```

---

① "张三被财主放狗咬伤了"中"财主放狗"属致事,其基础结构是"被[v*P[财主放狗][v*'[v*][VP[张三 咬伤了]]]]"。

② 因框架不同,不足以为直接证据,故为旁证。

在句中，Asp 是核心词，它对自己的补足语是有语义选择（S-Select）的，不是任何一个 vP 都可以做它的补足语的：

（37）ASPECT [+ 了] NP +[＿＿＿vP]
$$\alpha$$
[+ 过] NP +[＿＿＿vP]
$$\beta$$

为了慎重起见，我们用 α、β 分别表示具有[+ 了]、[+ 过]特征的 ASPECT 的补足语的语义特征，这就很清楚了，上句不符合语感是由于通不过 ASPECT 的核查：

（38）a. ？张三被老师批评了他　　　　张三被老师批评过他
　　　　张三没被老师批评过他

　　　b. ？小李被小张打了他　　　　小李被小张打过他
　　　　小李没被小张打过他

上例中用"过"换"了"，虽好一点，还是不及尾加数量，但并非不合语法，如："小李被张三打了他之后就失踪了"。孔令达（1994）从信息论方面对此做过解释（比较：？他吃了饭／他吃了三碗饭）。用"了"最合适的结构应该是动词应有补足语[表示或蕴含终点 delimitation（Tenny,1994）]，且动词能自由的移进轻动词位置，因为动词短语嵌套结构是完成（accomplishment）结构（Rapoport 1999），如：

（39）a. 警察罚了小偷十元钱　　[[警察][v*][小偷][罚[十元钱]]]]
　　　b. 小偷被警察罚了他十元钱

（40）a. 小张踢了小李一脚　　[[小张][v*][小李][踢[一脚]]]]
　　　b. 小李被小张踢了他一脚

前文说过，留显性语迹很不经济，以不留者居多。生成学派的追求是将特殊化为一般，所以常在一个句子上或一种语言上见精神。看来例外也并非真正的例外。

4. 保留宾语

如果以上分析站得住的话，它就应该有普适性，所以我们想用它来分析"小张被小李把他踩伤了一只脚"，这里涉及到保留宾语，所以得考察一下保留宾语是怎么一回事。

（41）小李踩伤了小张的一只脚

（42）小张被小李踩伤了一只脚

（43）小张的一只脚被小李踩伤了

一般认为（42）与（43）都是由（41）转换得来的，其实这是有问题的，请看 Shi（1997）的例子：

（44）a.他被警察没收了执照　　→b.他的执照被警察没收了

（45）a.他被公安人员戴上了 808　→×b.他的 808 被公安人员戴上了

（46）a.那堆柴火被他添了几捆　→×b.＊那堆柴火的几捆被他添了

（44）中的 a、b 可认为由相同的 D- 结构转换而来的；而（45）中的 a、b 就不大好认为由相同的 D- 结构转换得来的；（46）简直是对转换说的最大打击。保留宾语与移位宾语之间有的可以建立起"NP+ 的 +NP"的关系，有的很难，甚至是不可能建立起"NP+ 的 +NP"的关系。再如：

（47）水被我浇了花　　　　花被我浇了水

（48）那块肉被我炒了肉丝　　那块肉被我炒了青椒

（47）中的"水"与"花"、"花"与"水"很难有领属关系，（48）中的"那块肉"与"肉丝"、"那块肉"与"青椒"更是不可能有那种领属关系。

在管约论框架中，保留宾语的格问题一直困绕着学界，如果我们采用 Chomsky（1999），这个难关也是很容易绕过的。

我们认为（42）（43）两句的合并不同，与之相关的还有"小张被小李把他踩伤了一只脚"，其推导过程大致可以表示成：

（49）

```
                v₁P
          ┌──────┴──────────────────────────────┐
         NP                v₁'                    伤
                    ┌────────┴──────┐      ┌───────┴────────┐
                   v₁            v*P      Pro（小张）          伤
                          ┌──────┴──────┐            ┌────────┴────────┐
                         NP          v*'            伤              一只脚
                               ┌──────┴──────┐
                              v*           VP
                                     ┌──────┴──────┐
                                    NP            V'
                                             ┌────┴────┐
                                            V        BuP
```

小张的一只脚　　被　　小李　　踩伤　t_{小张的一只脚}　＜踩伤＞　　　　＜伤＞
　小张　　　　　被　　小李　　踩伤　　t_{小张}　＜踩伤＞　＜伤＞一只脚
　小张　　　　　被　　小李　　把　　他_{小张}　　踩伤　　＜伤＞一只脚

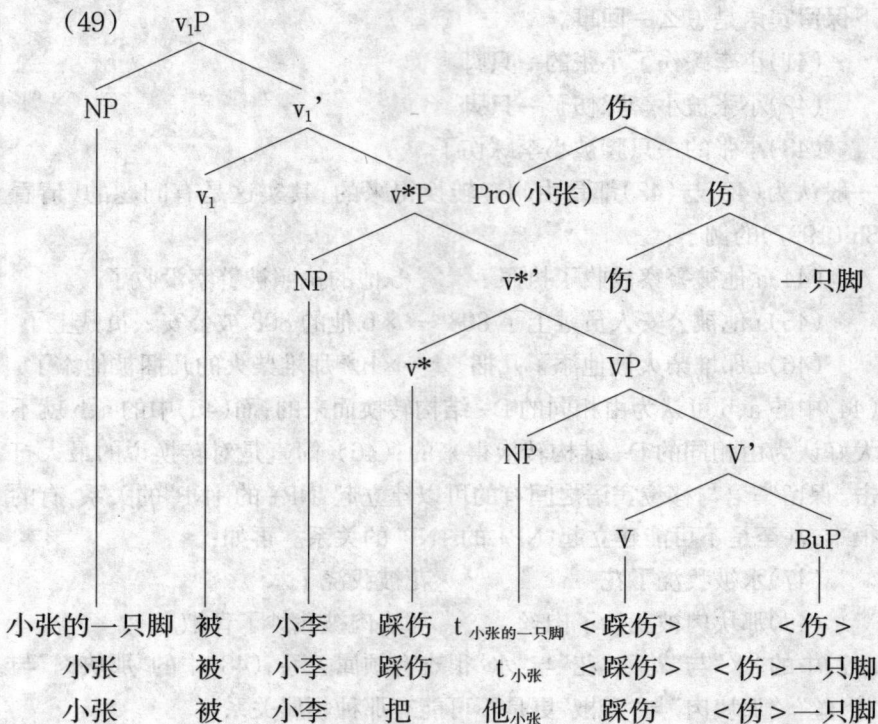

　　这样处理的理论证据是：（1）遵守了"左分枝条件"（left branch condition）。左分枝条件要求"当一个名词短语处于更大的名词短语左侧时，不能移位"。"小张的一只脚"的句法结构是"[NP[NP 小张的]一只脚]"，从结构上看"小张"处于左侧，故不可以移位。（2）符合"完全解释性原则"（FI）。在管约论理论初期，题元准则的要求特别严格，后来慢慢地就暴露了一些问题，Chomsky（1986）对其作了一些修改并提出完全解释性原则。到了最简方案时期，Chomsky（1995）就完全放弃了题元准则，让所选出的词项在 LF 上获得完全解释。"踩"有两个论元（小李，小张的一只脚），"伤"的论元结构是（小张的一只脚），如此一来，"小张的一只脚"就要负载两种题元角色，按题元准则，这是不许可的，融通的办法是将"踩伤"处理为一个词项，但这样一来，词库更庞大了。幸亏 Chomsky 放弃了题元准则。（3）符合推导经济性原则。Chomsky 认为合并优于移位（merger over

66

movement）。（4）也能证明部分语言学者的看法，如 Shi（1997）认为移位宾语由动词和保留宾语共同选择，这从上面的树形图可以清楚的看出，区别在于我们没把动词与保留宾语处理成合成动词。（5）保留宾语与移位宾语的格问题由 v* 定值：

　　（50）a. [[v 被][小李[[v*][小张踩伤了一只脚]]]]

　　　　　→[小张[[v 被][小李[[v*][[他小张]踩伤了一只脚]]]]]

　　　　b. [[v 被][e[[v*][苹果削了皮]]]]

　　　　　→[苹果[[v 被][e[[v*][苹果削了皮]]]]]

根据 Chomsky（1999），保留宾语与移动宾语的不可解释的格特征都是由 v* 定值，其可行性在于"对 PH1（强层阶）的解释／定值是在 PH2（下一个最高的强层阶）"。

5. 本节结语

　　在这一节里，我们谈选择 Chomsky（1999、2001a）的动机及这项研究的实际价值。选管约论的初期理论，就要严格地按照题元准则（θ–criterion）的要求进行投射，但这难以解决移位宾语何以从左分枝的位置移出的理论问题；若选择 Chomsky（1986）与 Larson（1988）的框架，虽然能解决上面的问题[①]，但对显性语迹（接应代词）的格问题仍难以解决；若选择 Chomsky（1993、1995）的理论，格问题能很简单的解决。我们知道 Chomsky（1993、1995）中有个自利原则（Greed Principle），它要求"在推导过程中，只有当 α 自身的形态特性（范畴特征、phi– 特征、格特征等）无法得到满足的时候，移位操作才能提升 α，否则不提升"，简单地说移位是为了自己的形态特性，否则不移位。据此，我们可以假设：移位宾语的"格"特征很强，而其显性语迹（接应代词）的"格"特征很弱，所以在狭义句法中前者移位而后者不移位，即留在原位。这样，格问题就消失了，因为它在从词库到词项集合（Numeration）的选择（select）过程中就已解决了。但我们还是不采用 Chomsky（1993、1995），因为它的规定性较强，基本上可以说词项集合已经决定了一切操作。另外，Chomsky 也在发展自己的理论。

　　[①]移位宾语与保留宾语并不在同一个大的名词词组里面，所以并不存在违反左分枝条件的问题。

Chomsky(1998)用自杀性自利原则(Suicidal Greed)取代了自利原则,强调了吸引操作(Attract-F),将视角从移位成分转移到了移位目标(target),移位成分的特征的强弱不是关键问题了,移位目标的特征才重要,只要移位目标的特征与移位成分的特征匹配就可以执行操作,而不在乎移位成分的特征的强弱,在此基础上,Chomsky(1999)正式提出协约操作。如此一来,我们就不需要规定移位成分与其隐性语迹的格特征的强弱,而格特征是由其范畴特征所决定,两者之间有衍推关系,只需要取其一。可能正因为如此,Chomsky放弃了范畴特征,所以我们认为Chomsky(1999)更精简,再也用不着规定移位宾语与其隐性语迹的格特征的强弱了,该怎样就怎样,一切由操作自身决定。不过,用协约操作,有个结论可能让人觉得不可接受,即移位宾语的格为宾格,但这是理论使然,笔者也没有办法,在普通话中难以证实,好在有跨语言的资料作佐证。有人可能要问:作这样的分析有什么价值呢? 除了理论上的价值以外,可能还有教学上的价值,比如说下面两组句子:

(51)a. 我被一张所谓的"海外关系"的大字报关进了牛棚

　　b. *一张所谓的"海外关系"的大字报关进了牛棚

　　c. *一张所谓的"海外关系"的大字报关我

(52)a. 不上一个月小运华就被牛奶喂胖了。

　　b. *牛奶喂胖了

　　c. 小运华喂胖了

从上例可以看出:被字句是移位生成的,"被"后的成分不是合法的句法体(或者说结构),说明它至少还有一个必有论元没有实现;移位宾语不是由动词选择的(*一张所谓的"海外关系"的大字报关我),而是由 V'(动词及其旁格)选择的(小运华喂胖了、我关进了牛棚)。这样被字句的结构就很简单了:

(53)a. [____ 被[一张所谓的"海外关系"的大字报[ ][我关进了牛棚]]]

　　b. [____ 被[牛奶[ ][小运华喂胖了]]]

原理懂得了,就好告诉学生这到底是怎么一回事。在汉语研究中,就会自觉地注意语法的各种构件(有形的、无形的)及构件之间的关系。

　　最后,我们再说一下被动句的句法结构是:[C[T[vP[v 被][v*P]]]],"长被句"与"短被句"的区别在于主动词的外部论元的语音形式的实现方式不同,有显性语音形式则可以留显性语迹(接应代词),为隐性语音形式时则留隐性语迹。留显性语迹之后,语言还得调整(为音韵计,核心词移位是为了音韵的特性),不经济(见前文中的三种调整),故不留显性语迹者居多。至于有没有"[C[T[vP[v[+被动]][v*P]]]]"这种隐性被动句,我们目前的看法是不存在[①]。

第四节 汉语被动范畴"给"

"给"的句法行为比较灵活。它既能用作"被动"(衣服给雨淋湿了),又能用作"致使"(雨给衣服淋湿了)。前者相当于"被",后者相当于"把"。"给"还能分别跟"被"、"把"共现,如"衣服被雨给淋湿了"、"雨把衣服给淋湿了"。"给"甚至还能跟"被"、"把"同时共现,如"衣服被雨把它给淋湿了"。在语义上,各家的表述也并不一致。如何解释"给"的句法行为与描述"给"的语义呢?我们准备分四个部分进行探讨:第一部分根据功能范畴假设构拟"给"的句法位置,确定"给"为被动范畴(Pass);第二部分探讨"给"的语义,说明作为被动范畴的"给"的语义是"被动",至于学者们的与此不同的结论,我们将借助功能范畴进行说明;第三部分将"给"同其他被动范畴作比较,说明"给"与"被"等扩展的动词短语并不相同,另外还比较了"给"与"get";最后是结语。

1. 句法结构

我们先来观察以下的句子:

(1)a. 衣服给淋湿了　　　衣服被淋湿了

　 b. 衣服给雨淋湿了　　衣服被雨淋湿了

初始的印象是"给"与"被"相同。研究不能到此为止,还要充分观察。比如说:

(2)a. 雨把衣服给淋湿了　　b. *雨把衣服被淋湿了

---

① 所谓的隐性被动句实际上是役事为受事的达成句式,即动词在论元层只接受达成范畴Bec扩展的句式,请参见本章第一、二节。

这时却发现"给"与"被"并不相同。"给"到底是什么呢？英语中的 get-被动句可能（能够）给我们提供一些思考线索：

（3）a. John got blamed for the mistake（by Bill）.

　　 b. Mary got John blamed for the mistake（by Bill）.

（3a）中"get"有被动义，（3b）中"get"有致使义。汉语的"把"有"致使"义，吕叔湘（1956）曾说，"'把手绢儿哭湿'，并不是哭手绢儿，只是使手绢儿因哭而湿"，还有，"'把邓九公乐的拍手打掌' 即可等于 '邓九公乐的拍手打掌'，用一种不正规的说法，这个把字只有'使'或'叫'的意义，倘若不是完全没有意义"。"给"也有跟"把"相同的用法，如：

（4）a. 雨把衣服淋湿了　　　　b. 雨给衣服淋湿了

如果可以类比的话，则"给"和"get"具有差不多的性质，既有"致使"义又有"被动"义。Huang（1999）为（3）指派了如下的句法结构，：

（5）a. $[_{VP3}[_{NP}$ Mary$][_{V'}[_{V+cause}][_{VP2}[_{NP}$ John$_i][_{V'}[_V$ got$][_{VP1}[_{NP}$ PRO$_i][_{V'}$ blamed t_i for the mistake（by Bill）]]]]]]]

　　 b. $[_{VP2}[_{NP}$ John$_i]$ $[_{V'}[_V$ got$][_{VP1}[_{NP}$ PRO$_i][_{V'}$ blamed t_i for the mistake（by Bill）]]]]]

在 Huang 的处理中，get 是个被动范畴，所谓的"致使"义是 get 移位到具有 [+cause]特征的核心位置后所负载上的。我们能不能也通过核心移位的方式生成汉语相应的"给"字句呢？ 比如说：

	被/[]		把		给	
衣服淋湿了						衣服 淋湿了
衣服给淋湿了			衣服	给		$t_{衣服}$ 淋湿了
雨把衣服给淋湿了		雨	把	衣服	给	$t_{衣服}$ 淋湿了
衣服被雨把它给淋湿了	衣服	被	雨	把	它$_{衣服}$ 给	$t_{衣服}$ 淋湿了
衣服给雨淋湿了	衣服	给	雨	$t_给$	$t_{衣服}$ $t_给$	$t_{衣服}$ 淋湿了

关于句法结构和移位限制，我们接受"嫁接与移位同向假设"，该假设的结果是词汇核心都是核心在后，所有扩展词汇核心的功能范畴都是核心在前（熊仲儒，2002a）。关于论元的句法实现，我们接受"功能范畴假设"，该假设认为功能范畴不仅激发移位，而且决定合并，包括论元的选择

与题元的指派(熊仲儒,2004b)。比如说,在"雨淋湿了衣服"中,假定扩展"淋"的功能范畴为 Bec 与 Caus,则可以建构如下的句法结构:

(6)[CausP 雨[Caus'[Caus][BecP 衣服[Bec'[Bec][vP[A 湿][v 淋]]]]]]

功能范畴 Bec 选择的论元为"衣服"与"湿",表示"衣服<u>达成</u>湿这种结果状态";Caus 在此基础上再选择论元"雨",表示"雨<u>致使</u>衣服达成湿这种结果状态";主动词"淋"指示的是一个事件图景①。关于"了"的句法位置,我们接受 Tang(1998)的主张,认为汉语的形态语素是在句法推导中与动词组合的,假定"了"为 Asp 的话,其句法位置将为:

(7)[CausP 雨[Caus'[Caus][AspP[Spec][Asp'[Asp 了][BecP 衣服[Bec'[Bec][vP[A 湿][v 淋]]]]]]]]

功能范畴 Asp 的引进不仅可以安置"了",它还能解释接应代词的存在:

(8)a. 一个人把这夫人恰待要勒死<u>他</u>,恰好撞着小人

　　b. 还把身心细认<u>之</u>

　　c. 船者乃将此蟾以油煎<u>之</u>

如果没有 Asp,则无法解释接应代词,因为(8a)中的"这夫人"在(6)中无处可去,而在(7)中可以移进[Spec,AspP]位置。留接应代词(显性语迹)毕竟不经济,所以很少留(熊仲儒,2003b)。其中的"把"位于 Caus 位置,它是功能范畴 Caus 的语音形式,所以许多研究者认为"把"字句有"致使"义,并有学者如吕叔湘先生甚至认为"把"本身就有"致使"义(见上文引用)。如果以上讨论正确的话,我们现在来看看"给"的句法位置:

(9)a. 把李成娘的气给平下去了

　　b. 他俩把指战员激愤和焦灼的情绪全给带来了

这说明,"给"在"把"之下与"了"之上的某个句法位置(不可能在 Bec 位置,否则动词无法跟"了"融合),暂定为"F"位置,所以句法结构可以简单地表示成(10a):

---

① 关于这一点可借助事件结构或词汇概念结构进行理解,虽然功能范畴跟语义原子或抽象谓词并不是一回事。Levin & Rappaport(1988)用"[x CAUSE [y BECOME (AT) z]]BY [x 'wipe' y]"表示"wipe the floor clean"。相应地,"雨淋湿了衣服"可表示成"[雨 CAUSE [衣服 BECOME 湿]] BY [雨 '淋' 衣服]"。

(10) a. FP   b. PassP

```
        FP                          PassP
       /  \                        /    \
    Spec   F'                   Spec    Pass'
          /  \                         /    \
         F   AspP                    Pass   AspP
         给                          给
```

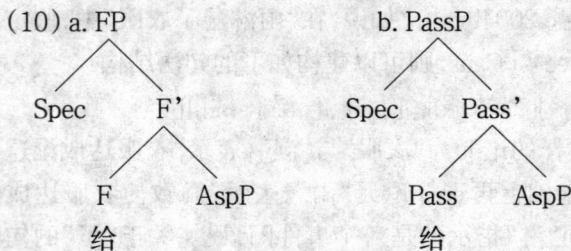

如果仔细观察的话,会发现前面的"把"可以不出现,例如:

(11)a. 李成娘的气给平下去了

  b. 指战员激愤和焦灼的情绪全给带来了

这里的"给"有被动的意味,所以可以认定功能范畴 F 为被动范畴 Pass,如(10b)。关于这一点,我们还可以引李珊(1994)为证:

(12)a. 看来,林伶是给"熊"醒了

  b. 青灰色的城砖给日头晒暖了

把"给"定为被动范畴,"给"字悬空现象就好解释了[①]。按 Huang (1998)的观察,汉语的介词不容许悬空(stranding),而"给"后可以没有名词短语,如:

(13)a. 子夜时分,屋里二十几个"成员",都被他这一嗓子给喊醒了

  b. 这颗心竟然被贼给偷走了

也许有人以否定(11)中的被动意味是由"给"带来的,说下面的句子也有"被动"意味:

(14)a. 李成娘的气平下去了[②]

  b. 指战员激愤和焦灼的情绪全带来了

----

① "给"似乎有些特殊,如"放下水桶,刚要去端饭碗,二太太叫他去给买东西",其中的"给"也允许介词悬空。

② 在句法上用没有语音形式的被动范畴激发移位,以获得"被动"解从理论上说当然是可以的,但由于没有句法上的证据,我们放弃被动范畴的选择。而且,按照 Fukui&Takano 的观点,这样操作不经济。请读者对以下句子进行比较:

ⅰ.a. The cup broke. b. The cup was broken.

ⅱ.a. 杯子打破了。 b. 杯子给打破了。

如果我们的语感正确的话,则 a 句表示自动变化,b 句表示被动变化。

即使(14)真的有"被动"意味,也不能否定"给"为被动范畴,因为我们完全可以假定该被动范畴没有获得语音实现。这样一来"给"的身份似乎难以证伪,这没有关系,关键看这样处理是不是能多解决一些问题。

2."给"的被动义

如果"给"确实是被动范畴 Pass 的语音实现的话,则它应该是"被动"义。但上文中说"把"有致使义,而"给"也有"把"的用法,这给人的感觉是"给"也有"致使"义:

(15)微风仿佛会给那点微光吹到我的心上来,使我想起过去。(把那点微光吹到我的心上来)

对此我们的解释是"给"仍旧表示"被动","致使"是功能范畴 Caus 的语义,由于 Caus("把")处在 Pass("给")的上一个位置,这里发生了核心移位(无关细节忽略不计):

(16)[$_{CausP}$ 微风[[$_{Caus}$ 给][$_{PassP}$[那点微光][[$_{Pass}$< 给 >][$_{AspP}$[< 那点微光 >]][$_{Asp}$ 吹到我的心上来……

如果选择了"把",则会阻止"给"的移位,所以其结果是:

(17)[$_{CausP}$ 微风[[$_{Caus}$ 把][$_{PassP}$[那点微光][[$_{Pass}$ 给][$_{AspP}$[< 那点微光 >]][$_{Asp}$ 吹到我的心上来……

　　(微风把那点微光给吹到我的心上来)

"给"不仅能够移到 Caus 位置,而且还能够移到更高的 Pass("被")的位置[1],例如:

(18)而董卓可是的确给貂蝉害死了。(而董卓可是的确被貂蝉害死了。)

a.[$_{PassP}$ 董卓 [$_{Pass}$ 给][$_{CausP}$ 貂蝉[[$_{Caus}$< 给 >][$_{PassP}$[t]][$_{Pass}$< 给 >][$_{AspP}$[t]][$_{Asp}$ 害死了……

b.[$_{PassP}$ 董卓 [$_{Pass}$ 被][$_{CausP}$ 貂蝉[[$_{Caus}$ 给][$_{PassP}$[t]][[$_{Pass}$< 给 >][$_{AspP}$[t]][$_{Asp}$ 害死了……

正因为"给"可以移位到 Caus,甚至可以移位到上层的 Pass,所以

---

[1] 在近代汉语中"把"也可以提升到 Pass 位置,如(转引自李珊 1993):这明明是天赐我两个横财,不取了他的倒把别人取了去。(元曲《杀狗劝夫》二折)李珊说,例中"把"意即"被",可用"被"替换(倒把别人取了去)。用我们的说法,就是"把"移进了 Pass 位置。这是个很有趣的现象,如果下文关于空间上(南北)存在移位差异正确的话,则时间上(古今)出现差异也就很好解释了。我们可以进一步推论,古汉语核心移位比现代汉语要高。

"给"字句有可能被理解成"把"字句,也有可能被理解成"被"字句(李珊 1993):

(19)a. 孩子们给大人捆起来了

i. 孩子们被大人捆起来了　　　ii. 孩子们把大人捆起来了

b. 他给人送走了

i. 他被人送走了　　　　　　　ii. 他把人送走了

为了解释"弟弟把杯子给打碎了"和"* 弟弟把杯子被打碎了"的对立,Tang(2001)认为"杯子给打碎了"不是短被句,其中的"给"为"受影响"(affectedness)的标记。他说:"普通话的这种'给'字句跟处置句相似,'给'的功能就像[20a]中的'把',唯一的分别就是'把'后面的代词不能省略,就像[20b]。"

(20)a. 张三被你把他骗得团团转转。

b. * 张三被你把骗得团团转转。

"杯子给打碎了"中也不容许(接应)代词存在,如"* 杯子给它打碎了",对此,他的解释是"给"后面其实是有跟"把"一样的代词,"只不过'给'后面的代词进行了语音合并,并入了前面的'给',在表面上消失了"。如果"给"是引导不完整论元结构的动词短语的被动范畴,按照熊仲儒(2003b),则不但移位的名词组不能留接应代词,而且也只能在"把"下的句法位置。换句话说,在功能范畴假设中,Tang 的观察可以自动地获得解释,而不需要额外的假设,如语音合并。

如果功能范畴假设正确的话,"弟弟把杯子给打碎了"中的"杯子"的"受影响"可由功能范畴 Caus 进行解释(熊仲儒,2004a)。"杯子给打碎了"没有受影响的意味, 只表示被动地达成某种状态。"被动"由功能范畴Pass("给")表现,"达成"由功能范畴 Bec 表现。不过 Tang(2001)说"受影响的论元跟状态的变化相关",如果确实这样的话,则可由功能范畴 Bec解释,因为在"弟弟把杯子给打碎了"中,Bec 选择两个论元,一个是结果状态(如"碎"),一个是达成这种结果状态的对象(如"杯子")。王彦杰(2001)认为"把……给 V"句式的语义重心是表达一种结果意义。其实,这也只概括了功能范畴 Bec 的意义。Li & Thompson(1981)的"给""有增强处置的作用"(to strengthen the disposal function),也可由被动范畴"给"进行解释,因为"弟弟把杯子打碎了"表示"弟弟打杯子"致使"杯子碎了",即"杯子达成碎这样的状态";加了个被动"给"之后,表示"杯子被动地达成碎这样的状态",强调达成的被动以强化"处置作用"。各家的语感描述可如下表所示:

	Pass	Caus		Pass		AspP	BecP
	被动	致使		被动			达成
衣服淋湿了						衣服 淋湿了	衣服淋湿
衣服给淋湿了				衣服	给	t_{衣服} 淋湿了	衣服淋湿
雨把衣服给淋湿了		雨	把	衣服	给	t_{衣服} 淋湿了	衣服淋湿
衣服被雨把它给淋湿了	衣服 被	雨	把	它_{衣服}	给	t_{衣服} 淋湿了	衣服淋湿
衣服给雨淋湿了	衣服 给	雨	t_给	t_{衣服}	t_给	t_{衣服} 淋湿了	衣服淋湿

因为有被动范畴"给",这种句式强调的是"被达成某种结果状态"。王还(1984)说:"北京话通常不用'给'代替'被'字表示被动。'给'一般和'被、叫、让'配合,直接加在动词前面以强化被动语势。""强化被动语势"就是因为存在两个被动范畴("被"与"给"),至于"给"为什么需要跟"被、叫、让"配合使用,下文再做点解释。

3. 被动范畴

3.1 "给"与"被"

根据熊仲儒(2003b)的研究,"被"引导的是完整的论元结构,换成功能范畴假设的说法,大概可以表述成动词被功能范畴充分扩展,如被 Bec 扩展的 V 如果还能被 Caus 进行扩展, 则须扩展到 CausP 才为充分扩展, 这时候的 V 才算带有完整的论元结构;如果仅仅扩展到 BecP,则只能算是带有不完整的论元结构。"给"与"被"虽都为被动范畴,但前者扩展带有不完整的论元结构的动词,后者扩展的却是带有完整的论元结构的动词。所以,在句法位置上,"被"高于"把",而"把"又高于"给",证据是:

(21)a.* 弟弟把杯子被打碎了　　　　(* 把 > 被)

　　b. 弟弟把杯子给打碎了　　　　(把 > 给)

　　c. 杯子被弟弟把它打碎了　　　(被 > 把)

　　　d. 杯子被弟弟把它给打碎了　　（被 > 把 > 给）

　　表面上，"杯子被打碎了"与"杯子给打碎了"都能说。其实，两者的句法结构是不同的。前者扩展的是 CausP，后者扩展的是 AspP。可以分别表示成：

　　（22）a. [$_{PassP}$ 杯子[[$_{Pass}$ 被][$_{CausP}$ e [[$_{Caus}$ 打碎了][$_{AspP}$ t $_{杯子}$……

　　　　　b. [$_{PassP}$ 杯子[[$_{Pass}$ 给][$_{AspP}$ t $_{杯子}$ [[$_{Asp}$ 打碎了]……

　　既然"被"与"给"都是被动范畴，而且用"给"与不用"给"都不会影响词序，那为什么还要连用呢？从语义上说，可能是为了强化结果状态的被动达成，"强化被动语势"（王还 1984）；从句法操作上讲，可能是为了满足推导的经济原则，由于合并优先于移位，用"被"可以让"给"的移位路径短些（比较 18a、b），所以"被"、"给"连用较符合经济原则。据邓思颖（2003a）研究，粤语动词移位较普通话动词要高，如果确信的话，可推广成南方语言中核心移位比北方语言中核心移位要高。这可以得到证明，李珊（1994）说："现代语言材料显示'给'字用来直接表示被动，多出于南方人的笔下，确有地域性的倾向。"他又说："地道的北京话通常总是不单用一个'给'表被动。'给'用于被动句总是和'被/叫/让'配合，组成'被（叫/让）…给'式。"独用"给"示被动，则"给"须移位很高；用"被……给"表示被动，则"给"不需要移位很高。所以"北京话通常不用'给'代替'被'字表示被动。'给'一般和'被、叫、让'配合"（王还 1984），所以"在'被（叫、让）''给'中，[给]地位是不稳固的，可以有可以没有"（李珊 1994）。比如，下面句子中"给"就是可选的：

　　（23）a. 既心疼钱，又恨自己这样的不济，居然会被一场雨给激病，他
　　　　　　不肯喝那碗苦汁子
　　　　　b. 最大的损失是被雨水激病

　　（24）a. [王五]头上有块疤——据说小时候被驴给啃了一口
　　　　　b. [祥子]脸上永远红扑扑的，特别亮的是颧骨与右耳之间一块不
　　　　　　小疤——小时候在树下睡觉，被驴啃了一口

　　汉语中除了"被"以外，还有"叫（教）、让"也是被动范畴的语音形式，它所处的位置也比"给"高：

　　（25）a. 先前，我教恶霸给打怕了，不敢出去。

　　b. 准备去了就叫他给骂出来。

　　c. 你们真是让什么给迷糊了。

　　d. 天晓得，悄悄话让他给听见了！

跟"被"一样，"叫(教)、让"只能引进具有完整论元结构的动词短语，而且所处位置跟"被"相同：

　　(26)a.* 杯子叫弟弟被打碎了

　　b. 杯子叫弟弟给打碎了

3.2 英语中的"get"

语言研究要探讨共性的东西。我们已经处理了"给"，现在再来看看"get"。它大概有两种处理方式：一种是将其看作被动范畴，如(27)；一种是将其看作主动词，如(28)。

　　(27)a. John got cheated.

　　　　[$_{PassP}$[John][[$_{Pass}$ got][$_{vP}$[t $_{John}$][[$_v$ cheated]]]]]

　　b. John got Bill cheated.

　　　　[$_{vP}$ John[[$_v$ got][$_{PassP}$[Bill][[$_{Pass}$ t $_{got}$] [$_{vP}$[t $_{Bill}$][[$_v$ cheated]]]]]]]

　　(28)a. John got cheated.

　　　　[John [[v got][$_{TP}$…[$_{PassP}$[t$_{John}$] [[$_{Pass}$ cheated][$_{vP}$[t $_{John}$][[$_v$ t $_{cheated}$]]]]]]]]

　　b. John got Bill cheated.

　　　　[$_{vP}$ John [[$_v$ got][$_{TP}$…[$_{PassP}$[Bill] [[$_{Pass}$ cheated][$_{vP}$[t $_{Bill}$][[$_v$ t $_{cheated}$]]]]]]]]

把"get"处理成主动词的好处是能够统一地处理带被动句的补足语与非被动句的补足语的"get"：

　　(29)a. John got Bill cheated.

　　　　[$_{vP}$ John[[$_v$ got][$_{TP}$…[$_{PassP}$[Bill] [[$_{Pass}$ cheated][$_{vP}$[t $_{Bill}$][[$_v$ t $_{cheated}$]]]]]]]]

　　b. John got his students to work on another topic.

　　　　[$_{vP}$ John[[$_v$ got][$_{TP}$[his students to work on another topic]]]]

它们在范畴选择上都是选择[–Tense]的 TP。但这样处理也不是没有问题，假定 Bill 与 his student 由"got"指派格位，则必须回答(27a)中的 John 为什么不能从"got"处获得格位。最后只能一个是例外格结构(27b)，一个是主语提升结构(27a)，这样一来，一致处理的努力又失败了。所以我们倾向于 Huang(1999)的处理，将"got"看作被动范畴，如(5)。有没有必要

将"get"扩展被动范畴,如(30a):

(30)John got cheated.

  a. [$_{PassP}$ John[[$_{Pass}$ got] [$_{PassP}$[t $_{John}$] [[$_{Pass}$ cheated][$_{vP}$[t $_{Bill}$][[$_v$ t $_{cheated}$]]]]]]]

  b. [$_{PassP}$[John][[$_{Pass}$ got][$_{vP}$[t $_{John}$][[$_v$ cheated]]]]]

大概也没有必要,按照 Chomsky(1995),英语动词是带着形态进入句法操作的,换句话说,英语的被动动词不是在句法中生成的而是在词项集合(Numeration)中生成的。所以被动动词(cheated)只需要在句法中进行特征核查即可,Pass 的音韵特征由 "got" 进行核查。从推导经济性角度讲,(30b)也比(30a)更经济,因为前者的移位少。我们选择(30b)的另一个理由是被动范畴"get"与"–en"扩展的短语不同。

(31)a. Mary was followed by a little lamb.

  b. *Mary got followed by a little lamb.

Taranto (2001) 认为 get– 被动句的主语致使性地受影响(Causally Affected),他对"致使性地受影响"定义如下:谓词 P 的论元 y 致使性地受影响,如果它经历了状态的变化,而且这种变化是由相同谓词 P 的论元 x 的活动所造成的。

如果这种看法正确的话,则按照功能范畴假设,y 是由 Bec 所选择的论元。换句话说,get 扩展的是 BecP。有趣的是汉语被动范畴"给"扩展的也是 BecP,许多学者对"给"字句的解释也都暗含了"致使性地受影响",如 Tang(2001)的"受影响"、王彦杰(2001)的"结果意义"。

英语中的被动范畴 –en 不能引进完整的论元结构,所以被动范畴 got 也就不能像"给"一样可以移进更高被动范畴。至于 Huang(1999)认为汉语中没有对应于英语的致使 – 被动句,那是因为他考虑的是"被"字句:

(32)a. John got Bill cheated.

  b. 张三被李四骗了

Bill 为动词 cheat 的受事,而"李四"为动词"骗"的施事,这两句确实没有相似之处。但如果我们考虑"给"的话,可以找出某种对应关系。例如:

(33)a. 李四给骗了

  b. 张三把李四给骗了

  c. 张三给李四(给)骗了

4. 本节结语

语法研究要符合母语说话者的语感。对于"给",初始的印象是觉得它与"被"相同,如例(1),但更多材料的发掘又使研究者(母语说话者)怀疑自己的语感,觉得它与"被"不同,如例(2)。如何来描写与解释母语说话者的语感呢? 我们主张让句法结构说话。通过句法结构,我们发现它是个被动范畴,但它扩展的是动词所投射的不完整的论元结构。前者使它跟"被"相同,后者又使它跟"被"区别。对于"给"的语义描写,也要从结构的角度考察,如果它是被动范畴,则当然有"被动"义。至于学者们的非"被动"阐释,不宜简单否定,要找出其根由。

第五节　现代汉语与方言中差比句的句法结构分析

在现代汉语及其方言中,差比句大致有两类语序差异,一是比较基准与形容词的语序差异,一是比较主体与比较基准的语序差异。如:一般是比较基准前于形容词,而粤语等方言却是形容词前于比较基准;一般是比较主体前于比较基准,而天台话中却是比较基准前于比较主体。本节将从生成句法学的角度考察汉语的差比句,尝试从功能范畴的角度对汉语各种类型差比句的内部语序做出解释。最简方案认为语言的差异由功能范畴的形式特征决定,这为我们的探讨提供了理论基础。

1. 理论背景

关于差比句,Greenberg(1963)指出:"当差比句的惟一语序或语序之一是'基准—比较标记—形容词'时,该语言为后置词语言;如果惟一语序是'形容词—比较标记—基准'时,大于偶然性的绝对优势可能是该语言为前置词语言。"后来,Dryer(1992)进一步将差比句的语序简化为两个要素:形容词和基准。他发现 OV 型语言基本上都取"基准—形容词"的语序,VO 型语言则一律用"形容词—基准"语序。对此,管约论可通过参数的设定进行解释。Chomsky & Lasnik (1993)指出:"特定语言的短语结构系统在很大的程度上受限于参数的设定,这些参数决定了核心—补足语、核心—附加语、

79

指示语—核心的次序"。在很大程度上,核心在前语言,补足语与附加语都在后;核心在后语言,补足语与附加语都在前。可简单图示为:

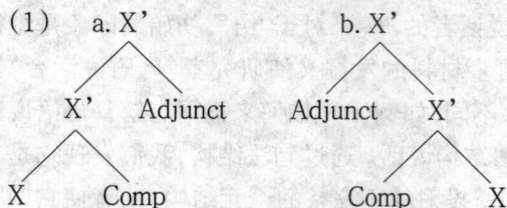

(1)　　a. X'　　　　　　　　　　b. X'

X'　　　Adjunct　　　Adjunct　　　X'

X　　Comp　　　　　　　Comp　　　X

这可参考 Li & Thompson(1981:18)关于语序关联(word-order correlation)的总结,如下表:

VO 语言	OV 语言
Head / Modifier	Modifier / Head
动词 / 副词	副词 / 动词
名词 / 形容词 *	形容词 / 名词
名词 / 关系小句	关系小句 / 名词
名词 / 领有者 *	领有者 / 名词

所以在比较句中,如果形容词是核心,而基准是附加语的话,也是能够遵守核心参数的。如核心在前语言,即 VO 语言或前置词语言,采用"形容词—基准";核心在后语言,即 OV 语言或后置词语言,采用"基准—形容词"。

在经验上,核心参数理论具有极大的方便,但也有一些问题。所以,Dryer(1992)试图用分枝方向理论(Branching Direction Theory)取代核心—依存理论(Head-Dependent Theory)。但对于汉语的差比句,无论哪种理论都很困难, 除非接受汉语正在经历着由 VO 型语言向 OV 型语言演变的思想(Li & Thompson,1974、1975)。如用早先的 VO 型解释粤语所呈现的"形容词—基准",用演变而来的 OV 型解释现代汉语所呈现的"基准—形容词"。但这在经验上也存在问题,据 Sun & Givon(1985)研究,现代汉语是典型的 SVO 语言,OV 是语篇分布很受限制的一种表示对比或强调的手段。在生成句法学界,学者们也在试图探讨参数的决定因素,如 Wexler & Manzizi (1987) 提出的词汇参数化假设 (Lexical Parametrization Hypothesis),这一假设认为参数的值与特定的语言无关,而与语言中的特定词项有关。Fukui(1988)在此基础上进一步提出参数的值只与功能范畴有关,即"功能范畴参数化假设"(Functional Parametrization Hypothesis),这一看法基本为学界所接受(Chomsky,1995)。对形容词,Abney(1987)曾采用功能范畴 Deg 进行扩展。如:

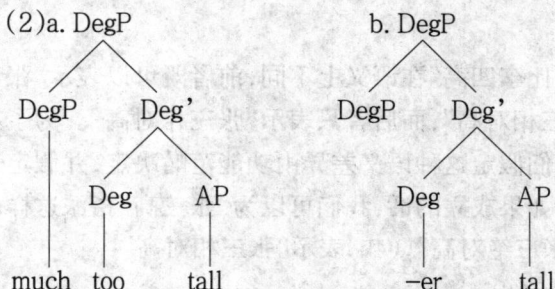

(2)a. DegP b. DegP

```
(2)a.    DegP              b.     DegP
        /    \                   /    \
     DegP    Deg'            DegP     Deg'
            /   \                    /   \
          Deg    AP               Deg    AP
           |     |                 |      |
         much   too    tall       -er    tall
```

Bhatt & Pancheva(2004)也设置了 Deg 以容纳 -er,不过他们将 Deg 的最大投射 DegP 放置在 A 的指示语位置,然后将 DegP 右向嫁接于辖域位置(scope position),最后让包含比较基准与比较标记的量级小句(degree clause)与 Deg 合并,从汉语的角度我们不打算这么处理。

Lin(2001)发现轻动词这样的功能范畴在汉语中起着非常重要的作用,他并因此认为汉语的动词没有论元结构(参见他的词汇化参数 lexicalization parameter)。为了解决论元的选择,他提出"汉语句子中的论元是 VP 的指示语,由主谓关系允准"的假设。比如说"这把刀切肉",他可以让"切"选择"肉",功能范畴 USE 选择"这把刀",指派如下结构:

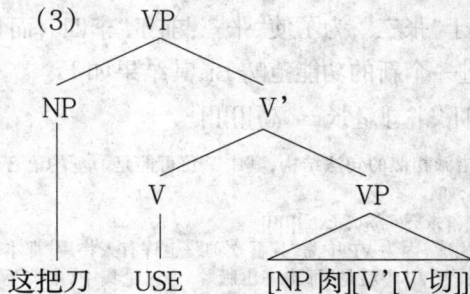

```
(3)          VP
            /   \
          NP     V'
                /   \
               V     VP
               |      
    这把刀    USE    [NP 肉][V'[V 切]]
```

Lin 之所以这样处理,是因为他认为汉语是一种戴维森特征(Davidsonian character)的语言,即组成短语结构的句法谓词跟组成事件结构的事件谓词之间具有一一对应的关系。是否完全对应,本节不想探讨,但如果能让句法谓词(功能范畴)解释意义则最好。所以本节接受 Lin 的核心思想,用功能范畴选择其论元,以探讨现代汉语的差比句的句法结构。

2. 现代汉语中的差比句

2.1 结构构拟

"张三高"跟"张三比李四高"在语义上不同,前者既可以表示"张三绝对高"又可以表示"张三相对高",而后者只表示"张三相对高"。为了刻画这种语义上的差异,我们假定这种语义差异由功能范畴决定,并假定这一功能范畴为 Deg(ree),如果成立的话,我们可以为"张三高"指派这样两种句法结构,(4a)表示"张三绝对高",(4b)表示"张三相对高":

(4)a. [$_{AP}$ [$_{DP}$ 张三][$_A$ 高]]

　　b.[$_{DegP}$[$_{Deg}$] [$_{AP}$ [$_{DP}$ 张三][$_A$ 高]]]

根据 Abney(1987)、Bhatt & Pancheva(2004),Deg 表示相对量级,在英语中可实现为 –er 等,如:

(5)a. is [$_{AP}$ [$_{DP}$Tom][$_A$tall]]　　　　　　→Tom is tall

　　b. is [$_{DegP}$[$_{Deg}$ –er] [$_{AP}$ [$_{DP}$Tom][$_A$tall]]]　→Tom is taller

如果以上讨论成立的话,"张三比李四高"也应该指派含(4b)的句法结构,因为它也有"张三相对高"的语义。为引进"李四",根据 Lin(2001),我们再引进一个新的功能范畴,比如说 F,其结构如下:

(6)[$_{FP}$[李四][$_{F'}$[$_F$] [$_{DegP}$[$_{Deg}$][$_{AP}$张三 高]]]]]

这一结构的线性序列是"李四"前于"张三",为了使"张三"前于"李四",而且为了安置"比",我们还准备再引进一个新的功能范畴 Bi,其结果如下:

(7)[$_{BiP}$[ ][$_{Bi'}$[$_{Bi}$ 比][$_{FP}$[李四][$_{F'}$[$_F$] [$_{DegP}$[$_{Deg}$][$_{AP}$张三 高]]]]]]]①

---

① 像"张三比李四更喜欢王五"也能指派相似的句法结构,其中"更"可能是 Deg 的语音形式,当然也有可能为附加语,这里不做研究,如:

[$_{BiP}$张三][$_{Bi'}$[$_{Bi}$ 比][$_{FP}$李四][$_{F'}$[$_F$] [$_{DegP}$[$_{Deg}$更][$_{VP}$张三 喜欢王五]]]]]]]

该结构可以阻止"＊我狗比猫喜欢"的生成,因为 VP 中为"我喜欢狗"。也许有人将用"那本书比这本书早出版"来质疑,但这不是反例,因为 VP 中就是"那本书出版"。为讨论集中,本节不涉及动词的投射及话题化情况,如:

东西,我比你好　　　我,东西比你好

实际上它们都可以设计如下的句法结构:

CP … [$_{XP}$我][$_{X'}$[$_X$] [$_{BiP}$[东西][$_{Bi'}$[$_{Bi}$ 比][$_{FP}$你][$_{F'}$[$_F$] [$_{DegP}$[$_{Deg}$][$_{VP}$东西 好]]]]]]]]]

然后实施移位即可。

　　→[BiP[张三][Bi'[Bi 比] [FP[李四][F'[F 高] [DegP[Deg 高][AP[张三 高]]]]]]]

在 Bi 的 EPP 特征的激发下,"张三"移进 Bi 的指示语位置。图示中,有潜在的两个位置安置"比",一是将"比"放置在 Bi 位置,一是将"比"与"李四"合并构成 PP 之后放在 F 的指示语位置。后种选择,可以不引进功能范畴 Bi,"张三"的线性前于"李四"可认为是由它直接移位到 TP(时制短语)的指示语位置得到的。但我们不做这种选择,而是选择将"比"放置于 Bi 位置,即将"比"看作功能范畴 Bi 的语音实现,而不是当做介词。理由之一是"比"与其后的名词短语不能放在或移到句首,如:

　　(8)*比自行车,汽车快。　　　　　*比春风,人情更温暖。

　　　　*比我,他大一点儿。

这是因为"比 DP"不是句法成分,由图示(7)可以看出。还有一个理由在下文讲出。

　　在最简方案中,每个功能范畴都应该有意义(Chomsky,1995)。在比较句中,Deg 表示量级(degree),F 表示比较(comparative)。而 Bi 表示什么,我们并不清楚,有点像下图中的 target,其作用是激发某个成分移位:

　　(9)[TargetP[Spec　　][Target'[Target][YetP[yet][Yet'[Yet][ComplP[completely][Compl'[Compl] …

(9)是为了解释副词的线性序列。跨语言的研究中发现副词的语序较为严格,大致遵循着语气(Mood)到时制(Tense)到情态(Modal)到时体(Aspect)的次序,但有的时候语序又似乎很自由(Cinque,1999),如:

　　(10)a. He hasn't yet completely ruined it.　　　　yet > completely

　　　　b. *He hasn't completely yet ruined it.　　　　completely > yet

　　　　c. He hasn't completely ruined it yet.　　　　completely > yet

根据(10a)、(10b),"yet"应该前于"completely",但(10c)却允许"yet"后于"completely"。假定"yet"前于"completely",且副词在指示语位置,则可指派句法结构(9)。在(9)中,"completely"位于副词性 Compl 的指示语位置,"yet"位于副词性 Yet 的指示语位置。因为"yet"前于"completely",所以得(10a);因为 ComplP 的拖带移位,生成(10c)。由于"completely"要求 XP 移位,所以就没有(10b)。为了清楚地表示差比句中每个功能范畴的意义或作用,我们指派如下的结构:

　　(11)[TargetP [　][Target'[Target 比][ComlP[李四][Com'[Com] [DegP[Deg][AP[张三 高]]]]]]]

功能范畴 Target 只起激发移位的作用，即内部合并（IM）。对于内部合并，它可以产生诸如旧信息、殊指性、辖域效应等与话语相关的属性（Chomsky,2005）。我想 Target 大概也是为了凸显"比较主体"这样的旧信息，因为它的选择并非为产生广义的论元结构（generalized argument structure）而进行的外部合并（EM）（Chomsky,2005）。重要的是,天台话中并没有选择 Target。

2.2 经验证据

Deg 在现代汉语中也有语音实现形式,如"过"。根据李蓝(2003)的文献调查,现代汉语中存在"A 过式"的差比句。他说,在老舍、王朔、刘心武、汪曾祺等 17 位现当代作家的文学作品中,以"大、高、多、强"等四个形容词为例,"A 过式"比较句共有 23 例,其中,"高过"有 16 例。如(转引自李蓝,2003)：

(12)a.人还能<u>大过</u>天去吗？

b.秦干事详细地在纸上列下了王景的合适与不合适,结果不合适的这边文字要<u>多过</u>数倍。

c.台下掌声一潮<u>高过</u>一潮。

d.他弯着腰,低着头,袖着双手,顶着一阵<u>强过</u>一阵的西北风,踏着深雪,艰难地朝粮店的方向走去。

因为"过"是 Deg 的语音形式,而且 Deg 是 C- 统制 A 的核心,按照核心移位限制,A 可以核心移位到 Deg,与 Deg 融合,所以得到"A- 过"。

Deg 是表示量级的功能范畴,接受 Deg 扩展的程度形容词, 如 tall, Abney(1987:309)曾给出如下的语义描写：

(13)tall(e) & Meas(m, e) & Theme(x, e)

即 tall 指示事件图景 e,m 为该事件中的量度（Measure）,x 为该事件的客体(Theme)。在 Lin(2001)框架里,客体由形容词允准,量度由 Deg 允准。Lin 也指出句法结构中出现的谓词可以不选择论元,如他举的例子"这辆车修得大家满身油污"中的"修"就没有。Deg 在差比句"张三高过李四"中也没有选择论元, 不过在有的时候它也可以在其指示语位置直接引进量度短语(MP),如"This butterfly is (3 cm) bigger than that one",汉语的情况与此相同,如：

（14）a. 张三比李四高三厘米[1]

b. [TargetP][Target'[Target 比][CompP[李四][Com'[Com] [DegP[三厘米][Deg][AP[张三 高]]]]]]

→[TargetP[张三 i][Target'[Target 比][CompP[李四][Com'[Com 高] [DegP[三厘米][Deg< 高 >] [AP[ti < 高 >]]]]]]]

（14）中 Deg 选择了论元"三厘米"，该图示反映了汉语确实具有（新）戴维森事件语义学的某些特征。有趣的是，如果 Target 没有语音实现，形容词"高"会不断地核心移位，直到移进 Target 位置，如：

（15）a. 张三高李四三厘米

b. [TargetP][Target'[Target][CompP[李四][Com'[Com] [DegP[三厘米][Deg][AP[张三 高]]]]]]

→[TargetP[张三 i][Target'[Target 高] [CompP[李四][Com'[Com< 高 >][DegP[三厘米] [Deg< 高 >][AP[ti < 高 >]]]]]]]

这种核心移位在"张三高过李四"中也有发生，如：

（16）a. 张三高过李四

b. [TargetP][ ][Target'[Target][CompP[李四][Com'[Com] [DegP[Deg- 过][AP[张三 高]]]]]]

→[TargetP[张三 i][Target'[Target 高过] [CompP[李四][Com'[Com< 高过 >] [DegP[Deg< 高 – 过 >][AP[ti < 高 >]]]]]]]

（15-16）的存在说明功能范畴 Target 的设置是有经验上的证据的。一则有语音实现，如现代汉语中的"比"；二则可以容纳提升到此的核心成分，如（15）中的"高"与（16）中的"高过"；三则可以为"张三"提升创造动因。

一个词能不能接受 Deg 的扩展，这是词库行为，但多少也具有一些预测性。一般说来，像状态形容词，它本身具有程度很高、量度固化的属性，不能显示程度的差异，没有程度变化的空间，很难接受 Deg 的扩展，如：

（17）a. * 她的皮肤比以前煞白。　　* 张三比李四胖墩墩。

* 这间屋子比那间干干净净。

b. 她的皮肤比以前白。　　张三比李四胖。

这间屋子比那间干净。

---

① 本节现代汉语的语料或内省或摘抄于文学作品与研究文献，不再一一标明。

像绝对形容词也因为不能显示程度差异而不能受 Deg 扩展,如:

（18）* 你说得比他对。　　　　* 这句话比那句话真。

　　　* 这个瓶子比那个瓶子空。

在比较的时候,级差性形容词大体都能接受 Deg 的扩展,这也跟 Abney 所描述的概念结构一致,如(13)。但在构成名词性短语时,只有正向级差性形容词可以,如:

（19）a. 他有五尺高　　　　　* 他有五尺矮

　　　b. 他比张三高五厘米　　他比张三矮五厘米

Com 的设置是为了引进比较论元(基准),换句话说,似乎只有理论上的证据,而没有经验上的证据,实际上并非如此,它在方言中有语音实现,下文在讨论天台话时再论证。

3. 方言中功能范畴的语音实现

由现代汉语差比句构拟的句法结构基本上可以推广到各种方言,只是各种功能范畴在语音实现上可能存在差异,并由此产生了各种类型的差比句。

3.1 Target 的语音实现

Target 在现代汉语中实现作"比",而在别的方言区可实现作别的语音形式,如宁夏同心的"赶"(张安生,2000)、湖北大冶的"把"(汪国胜,2000)、山东中部的"伴、皮、被"(钱曾怡 等,2001)、河北定兴的"凭"(陈淑静、许建中,1997),如:

（20）a. 这个赶那个攒劲 这个比那个攒劲。

　　　b. 我把渠长 我比他高。

　　　c. 他伴你个子高 他比你个子高。| 他皮我能干 他比你能干。| 你被他大 你比他大。

　　　d. 他凭我强 他比我好。

3.2 Com 的语音实现

Com 的设置主要是为了引进比较的对象, 在现代汉语中没有语音实现形式,但在天台话中可实现作"是",如:

（21）a. 小王是小李长(= 小李高)　　b. 倒阿是坐阿好(= 坐着舒服)

赵金铭(2002)根据语义指向,通过跨语言比较,认为这种差比句中的"是"

不是比较标记,而是一个比较格标记,与藏缅语中的比较格标记属同一类型。李蓝(2003)对比较格标记存在"疑心",并列举了三个理由,其中最具说服力的是理由二,即带标记的比较基准在句法位置上可以自由,如"在同一个句子中,把比较基准标记放在哪一个比较项后面,哪一个比较项就成为比较基准,不管这个比较项在句子中居于什么位置。"从本节的观点看,"是"确实不是跟"比"一样的"比较标记",因为它并非 Target,如果它是 Target 的话,它应该位于比较基准(如"小王"或"倒阿")之前,而且它还会激发比较主体移位到比较基准之前;它也不会是"比较格标记",除非比较主体"小李"跟比较基准"小王"在语序上比较自由,跟藏语相似(藏语例句请参见赵金铭 2002),即李蓝的理由二。李蓝认为(21a)是(22)中两个分句构成的泛比句删并的结果,如:

　　(22)和小王比起来,还是小李长

这当然是一种解释,而且(4b)也说明了没有"比"时,即使不出现比较基准,"小李长"也可以表示"小李相对长",但删并解释在生成语法中难以接受。因为,如果删并是语言的一种操作机制的话,现代汉语中也应该有"小王是小李长"的表达,但实际上没有。所以,在本节的理论框架里,我们将"是"确认为 Com 的语音实现,是它阻止了"小李"的移位[除非天台话中 Target 有语音实现,Target 才能强制地吸引"小李"移位,如(23c)]。这种情况跟"把"字句与"被"字句有些类似,如:

　　(23)a. 小王把小李批评了　　　→? 小李,小王把 ___ 批评了

　　　　b. 被[小王把小李批评了一顿]_{D-S}

　　　　　→小李被[小王(把他)批评了一顿]_{S-S}

　　　　c. 小王是小李长　　　　→* 小李,小王是 ___ 长

按熊仲儒(2004c)的研究,"把"是功能范畴 Caus(e)的语音形式,它能阻止其下层指示语的移位(如 23a),除非其上层的功能范畴的形式特征特强(如 23b);作为功能范畴 Com 的语音形式的"是",阻止其下层指示语"小李"的移位大概也是有可能的(如 23c)。对于功能范畴的设置大概有两种看法,一种是设置必要的,一种是设置可能的。根据前者可为天台话的差比句指派(如 24b);根据后者可为天台话的差比句指派(如 24c):

　　(24)a. 小王是小李长

b. [CompP[小王][Com'[Com 是] [DegP[Deg][AP小李　长]]]]]

→[CompP[小王][Com'[Com 是] [DegP[Deg 长][AP小李　长]]]]]

c. [TargetP][Target'[Target] [CompP[小王][Com'[Com] [DegP[Deg][AP小李　长]]]]]]]

→[TargetP[小李][Target'[Target 是][CompP[小王][Com'[Com 是][DegP[Deg 长][AP小李 长…

这两种观念都有道理,至于谁是谁非,可能需要大量的语料来检验。如果将(24c)最终位置的成分显现出来并将"是"换成"比",其结果跟现代汉语相同。浙江武义话中差比句的句法结构跟天台话相同,只是 Com 没有语音实现,所以其语序跟天台话完全相同,如:

(25)小姑大姑好_{大姑比小姑好。}　金华义乌兴_{义乌比金华兴旺}。(傅国通,2002)

3.3 Deg 的语音实现

据李蓝(2003)报道,"A 过式"是汉语里差比句的优势句型。根据上文的研究,"过"实际上就是 Deg 的语音实现。在大多方言中,"过"都跟 A 进行融合,而在广东梅县却仍有不融合的现象,如:

(26)a. 狗比猫过大_{狗比猫大}。(李新魁,1994)

b. [TargetP][Target'[Target 比] [CompP[猫][Com'[Com] [DegP[Deg 过][AP[狗　大]]]]]]]]

→[TargetP[狗][Target'[Target 比] [CompP[猫][Com'[Com] [DegP[Deg 过][AP[狗　大]]]]]]]]

融合主要在于两个核心的音韵特征或者说形态特征,一般 A 跟"过"融合而不跟"比"融合,说明"过"已经成为粘着语素或者音韵特征不完整,而"比"是自由语素或者说音韵特征完整。同样,在广东梅县,可以假设其"过"还是自由语素。

按照差比句的结构构拟,"较"、"恰"也很像功能范畴的 Com 或 Deg 的语音实现,如:

(27)a. 广东丰顺(客家话):梅县比汤坑较冷_{梅县比汤坑冷}(高然,1999)。

b. 福建泉州:我比伊较肥_{我比他胖}。(林连通,1993)

c. 福建大田(闽语):伊比我恰悬_{他比我高}。(陈章太、李如龙,1991)

d. 福建大田(闽语):我比汝恰大汉_{我比你高壮}。(陈章太、李如龙,1991)

因为"比"已经占据了 Target 位置,"较"、"恰"则只能占据低于 Target 的 Com 或 Deg 位置。从理论上说,如果"左向嫁接假设"(Kayne,1994)正确的话,则"较"或"恰"为任何一个功能范畴都很麻烦,因为核心 A 移位之后都只能嫁接于高层核心的左侧为"A-较/恰",只能像组成"A-过"的"过"与A一样,除非"较/恰"跟"比"或跟客家话中的"过"一样是自由的核心,阻止A的核心移位。但事实上,"较/恰"为自由的核心的可能性是一点也没有,比如说:

(28)a. 福建泉州:我较高伊_{我比他高}。(林连通,1993)

b. 福建大田(闽语):伊恰悬我_{他比我高}。(陈章太、李如龙,1991)

c. 闽南话:今日较寒昨日_{今天比昨天冷}。(周长揖,1991)

(28a)中"较高"介于"伊"与"我"之间,这表明"较高"或其中的"高"位于Target位置,据此可推断要么"较高"是词,要么其中的"较"是修饰性副词。"较高"不可能是词,因为"高"位于"较"的右侧,违反了"左向嫁接假设"。所以唯一的处理办法是"高"核心移位到Target,而"较"是附加语,是副词。从理论上说,作为附加语的副词可出现也可不出现。如果"较/恰"等真的是副词的话,则这些方言应该存在无"较"、"恰"的对应句式。确实如此,比如说:

(29)a. 福建泉州、惠安:我勇汝_{我比你健壮}|伊大汉我_{他比我高大}。(陈法今,
1980)

b. 闽南话:我矮伊_{我比他矮}。 (周长揖,1991)

c. 福建福清:伊比汝悬_{他比你高}。 (冯爱珍,1993)

d. 福建连城:龙岩比连城(较)远。 (项梦冰,1997)

将"较"处理成"副词"还有个额外的好处,因为有的方言既存在"过"又存在"较",如果说A向"过"移位遵守"左向嫁接假设",则A向"较"移位也应该遵守这一假设,否则不一致。但如果"较"是副词,就可以避免这种不一致的现象,如广东丰顺客家话(高然,1999):

(30)a. 梅县较冷过汤坑。 b. 梅县冷过汤坑。 c. 梅县比汤坑较冷。
这三句都表示"梅县比汤坑冷"。(30b)与(30a)都表明"冷"向"过"移位能够遵守"左向嫁接假设",(30c)与(30a)表明"冷"或"冷过"向"较"移位不能遵守"左向嫁接假设"。所以,从一致性角度考虑,将"较"处理作副词较好。

如果正确的话,我们可以说Deg的语音形式是"过",也可以是无语音形式(如28),"较"、"恰"等不是功能范畴,而仅仅是个副词,赵金铭

(2002)也说"'恰'是个表比较义的副词"。就像 Target 可以采用多种语音形式一样,Deg 也可以采用多种语音形式,如:

(31)a. 湖南益阳用"咖":他高咖你蛮多_{他比你高很多}。（徐慧,2001）

b. 福州话用"啊":我好啊汝_{我比你好}。（梁玉璋、冯爱珍,1996）

c. 江西的都昌和余干（李如龙、张双庆,1992）、安徽皖西（孟庆惠,1997）、湖北黄冈（何洪峰,2001）和湖北鄂东地区（陈淑梅,2001）的比较标记是"似"。都昌:口_这只大似口_那只｜余干:口_这个大似口_那个｜皖西赣语:牛大似猪_{牛比猪大}｜黄冈:一个拐似一个_{一个比一个坏}｜他好似他老子_{他比他父亲要好些}。

d. 福建建宁用"子":口介大子口介_{这个比那个大}。（李如龙、张双庆,1992）

e. 湖北黄梅地区多用"子",相当于表示超过的"似":我的笔多子你_{我的笔比你多}。（陈淑梅,2001）

f. 山东大部分地区（罗福腾,1992、2001）用"起、的、似"等:我高起他_{我比他高}。｜打针强的吃药_{打针比吃药好}。｜瘦死的骆驼大似马_{瘦死的骆驼比马大}。

g. 福建福州话用"去",例如:伊悬去我_{他比我高}。（袁家骅 等,1989）

这些 Deg 在接受 A 核心移位的时候都遵守"左向嫁接假设"。

4. 方言中差比句的语序推导

李蓝（2003）将汉语方言中差比句的语序类型分为八类,除去受蒙语影响的青海方言以外还有七类。由于"较"、"恰"等是副词,所以可以根据功能范畴语音形式的有无分成两大类,然后又根据各实现了哪个功能范畴将有语音形式的分成三小类,如:

	有语音形式			无语音形式
	Target 为"比"类	Com 为"是"类	Deg 为"过"类	
无副词	我比你高（Ⅰ）	我是你高（Ⅶ）	我高过你（Ⅱ）	我高你（一头）（Ⅵ）
有副词	我比你较高（Ⅴ）		我较高过你（Ⅳ）	我较高你（Ⅲ）

注:Ⅰ、Ⅱ等是李蓝分类的标号。

4.1 有"较"类副词的差比句

含"较"类副词的差比句的方言较少。据李蓝(2003)报道,"Ⅲ型目前只见于福建闽语,Ⅳ型和Ⅴ型……目前只见于广东境内的客家话"。这三种类型的差比句实际上就是采用副词"较"的差比句(见上表),这可能跟"较"的语义特性有关,据赵金铭(2002)报道,在方言描写著作中,一般都注明这种格式中"恰""较"等大多表示程度,语义上约略相当于"更";而且,用不用都可以,但用时语气更重些。在现代汉语中,"较"也作副词,如"张三成绩较好",只不过不能用于差比句而已。人们之所以将方言中"较"看作比较标记,可能是因为"比"、"较"语义相近。在现代汉语中虽然不存在Ⅴ型,但可以用其他副词,如"更"、"更加"、"还"、"越发"等。例如:

（32）a. 您这一番指教,比送我的这束花,更珍贵呢。

　　　　b. 最后,两个人,不知怎样的,又见了面;比往常更加亲热。

　　　　c. 您比作官的还厉害呢!

　　　　d. 条件比以前越发好了。

尽管如此,但没有人会将(32)看作Ⅴ型差比句,因为"更"、"更加"、"还"、"越发"等跟"比"在语义上差距极大。在我们的处理中,"较"、"恰"等不是"羡余成分"或"语气助词",而只是副词。

4.2 各种类型的差比句

4.2.1　功能范畴无语音形式的差比句

功能范畴无语音形式的比较句也很少,如"[不含'量度'的]Ⅵ型目前只见于闽语和西南官话",说明差比句需要标记。但"如果在[Ⅵ]型差比句的比较基准之后加上数量词,则是一种很常见的差比句,广泛出现于书面语及各地的汉语方言中"。这说明功能范畴需要某种标记显现其存在。Deg可以通过自身的语音形式,也可以通过其指示语位置的"量度"来标记。所以这种带"量度"标记的差比句"很常见",如:

（33）现代汉语:哥哥大我三岁。

　　　　福建连城:我大尔_你三岁。（项梦冰,1997）

　　　　福建泉州:我大伊_他五岁（林连通,1993）

　　　　江西客家话:我大渠_他三岁。（刘纶鑫,1999）

　　　　安徽皖西赣语:佢_他大我一岁。（孟庆惠,1997）

湖南吉首:他轻我颗颗儿_{他比我略轻了一点}(李启群,2002)

湖南常宁:佢_他冇_{没有}高你一点。(吴启主,1998)

赵日新(2002)注意到绩溪的"渠_他尔_你高些",并指出"些"是重要的成句因素,如果没有"些",这一类句子就站不住。"些"这样的"量度"实际上就是标记 Deg 的存在。现代汉语中也有用"(一)些/点"这样的少而不定的"量度",其中数词限于"一",有时可省略。如:

(34)山沟里比别处都暖一点,地上的干叶闻着有股药味。

地狱也许比这儿还热闹点儿!

汉语的发音比英语难一些。

小城市有些地方比京城要自由些。

浙江武义话好像是个例外,如(25),其中并没有一个功能范畴获得语音实现,但它可以通过副词"还"标记 Com 的存在,如(傅国通,2002):

(35)a. 小姑还大姑好_{大姑比小姑好。}　　小姑大姑好_{大姑比小姑好。}

b. 金华还义乌兴_{义乌比金华兴旺。}　　金华义乌兴_{义乌比金华兴旺。}

4.2.2　功能范畴有语音形式的差比句

从理论上来说,Com 实现为"是"的Ⅶ型差比句的生成方式最经济,大多成分只需隐性移位即可,请参见(24)。按理,经济的方式应该为众多方言所选择,但实际上Ⅶ"只见于吴语和徽语"(李蓝,2003)。对此,我们的解释是跟上层功能范畴 Target 有关,大多方言的 Target 有着很强的形式特征,它激发着核心移位与/或短语移位,而Ⅶ型差比句的 Target 的形式特征很弱,既不能激发下层的核心"是"的移位,又不能激发下层短语"比较主体"的移位。正因为如此,Ⅶ型差比句选择了比较基准前于比较主体的模式,而别的方言选择了比较主体前于比较基准的模式。如:

	主体ᵢ	Target	基准	Com	量度	Deg	主体ᵢ	A	
								高	张三(较)高李四
主体—基准						过-		高	张三(较)高过李四
			比			过		高	张三比李四过高
			比					高	张三比李四(较)高
基准—主体				是				高	李四是张三高

核心移位层层设卡。首先是高于形容词的核心 Deg,如果它没有语音实现而又要求获得语音实现,则形容词可以顺理成章地移进该位置,如Ⅵ型差比句;如果它有语音实现,而实现的词项又强烈地吸引下层形容词,形容词也能核心移位,否则不能移位,如Ⅱ型差比句,这产生了Ⅱ型差比句内部的差异,如广州话为"你高过我",而梅县客家话为"你比我过高"。其次是高于 Deg 的核心 Com,其要求同 Deg,所以天台话中的"是"像广东梅县话中的"过"一样阻止下层核心的移位。最后是高于 Com 的 Target,其要求同于 Com 与 Deg。当 Target 实现为"比",则阻止下层核心的移位,如Ⅰ型差比句;当无语音实现时,则吸引下层核心的移位,如Ⅱ、Ⅵ型差比句。形容词能否位于比较基准之前,关键看 Target 位置能否吸引形容词及其可能融合的功能范畴。在汉语中形容词能够位于比较基准之前的差比句不多,一是功能范畴没有任何语音实现的,一是"A 过式"。如:

	主体ᵢ	Target	基准	Com	量度	Deg	主体ⱼ	A	
形容词—基准								高	张三(较)高李四
						过—		高	张三(较)高过李四
		比				过		高	张三比李四过高
				是				高	李四是张三高
基准—主体		比						高	张三比李四(较)高

至于一种方言实现几个功能范畴或实现哪个功能范畴以及哪些功能范畴能够接受下层核心的移位,从理论上来说这是不可预测的,因为它属于词库信息。如果将上图与地域联系起来是有趣的,地域上从南到北,句法上从下到上依次实现功能范畴的语音形式,而且下层功能范畴最有可能接受下层核心的移位。一般将"季氏富于周公"中的"于"分析为介词,在本节所采用的框架里,也可分析为功能范畴 Deg 的语音形式。太田辰夫(1987)注意到唐诗中有"贫于扬子两三倍,老过荣公六七年(白居易《送刘五司马赴任硖州兼寄崔使君》)"的诗句,其中"于、过"对举,说明"于、过"都是 Deg 的语音实现。如果可信的话,则现代方言中的"过"就是古代汉语中"于"的词汇代替形式。如果地域上的南北平行于时间上的古今,则"过"

93

最先实现,最先实现的最先融合(A– 过)也就不足为奇了。

5. 本节结语

我们通过现代汉语中的差比句构拟出三个功能范畴 Deg、Com、Target,对照汉语方言,发现这三个功能范畴在不同的方言区域有着不同的语音实现,如 Deg 在南方话中为"过",Com 在天台话中为"是",Target 在北方话中为"比"。各种方言一般都会采用语音去实现其中某一个或几个功能范畴, 但这不是必需的, 因为功能范畴并没有描写性内容(descriptive content),所以存在"只见于闽语和西南官话"的 VI 型差比句。语序的差异可从两个角度考虑,一是核心移位,一是短语移位,前者跟核心的音韵特征有关,后者跟核心的 EPP 特征有关。现代汉语中的差比句中形容词与比较基准的语序跟功能范畴 Target 的音韵特征有关, 如果 Target 实现作"比"而又缺乏较强的形式特征的话,就会阻止形容词包括可能融合的"过"的核心移位(如Ⅰ、Ⅴ、Ⅶ型差比句);如果 Target 没有语音实现而又有较强的形式特征的话,则吸引形容词包括可能融合的"过"的核心移位(如Ⅱ、Ⅳ、Ⅵ、Ⅲ型差比句)。比较主体与比较基准的语序跟功能范畴的 EPP 特征有关,大多方言 Target 的 EPP 特征较强,所以比较主体在前;只有Ⅶ型天台话的 Target 的 EPP 特征弱,所以其比较基准在前。可能正因为如此,最简方案认为语言具有共性,变异只在功能范畴。

第二章　名词短语内部的功能范畴

第一节　零成分与汉语"名物化"问题

"名物化"问题是个老问题,也是个难问题,国外有,国内也有。像英语的动词与名词,Jersperson(1924)认为无论是以形式、意义、功能三者中的任何一个为标准,还是以三者的结合为标准,都无法截然将其分开;Ross(1972)为了寻求理论上的解决,建立"动 / 名连续统",但仍旧有许多问题不能解决。国内自朱德熙等(1961)发表《动词形容词"名物化"的问题》以后,学界争鸣有些平息。到了 80 年代,"名物化"问题又重新成为汉语语法研究的热点,这有其理论上的原因,一方面是为了解决词类与向心结构的关系问题,如施关淦(1988)、朱德熙(1984)、胡裕树、范晓(1994);另一方面是为了解决词类与认知、功能的关系问题,如陈宁萍(1987)、郭锐(2000);还有程工(1999a、1999b)为了解决语言的共性问题。

词类与向心结构问题是结构主义语言学的内部问题,如"这本书的出版",如果坚持"出版"的词性不变,则与向心结构的定义矛盾,最后只能改变向心结构的定义,或放弃向心结构理论;如果认为"出版"的词性改变,则会造成词无定类。这方面的评述请参看程工(1999b)。陈宁萍的论文是在 Ross 的启发下对汉语词类的重新观察,在汉语界很有影响,她也认为汉语的名词在扩大。程工从跨语言的角度论证:从现象上看,在任何一种语言(包括汉语)里,只有[+N]性或非[−V]性成分才可以担任主语,而[+V]性成分则不能担任主语。他根据"DP 假说"论证"他的笑"具有[+N]的性质,但其中的"笑"保留了原来的性质,并没有名词化①。郭锐为了论证表述功能与词性的一致性,他认为词性应区分为词汇层面的词性与句法层面的词性,在词汇层面词性没有发生变化,动词仍为动词,只是到句法层面才发生变化。理论上任何方向的探讨(形式的,功能的;语言内部的,语言外部的)都是有益的,都给人一些启发,都是下一步研究的起点。本节将论证"名物化"问题是一种虚构,我们不同意名物化的说法,在这点上我们回到朱德熙。本节的理论基础是经典的转换生成语法,并从结构主义语言学那儿得到证实。我们认为:虽然旧理论在不断地离我们而去,但理论本身的生命没有终止。

1. 转换平面与零成分

在《句法结构》这本书中,乔姆斯基(Chomsky)强调了一个重要的思想, 即语言是多平面的。首先他分析了语素平面与词组结构平面的局限性,即不能对语言做充分的描写,如:

(1)a. the shooting of the hunters

b. the growling of the lions

c. the raising of flowers

在词组结构平面,以上所有的词组都是以"the −V + ing-of +NP"为代表,无法解释(1)的歧义。如果放在转换平面,就可以有一个清楚而自动的解释。国内学界虽然也能区分下句的歧义:

(2)山上架着炮

但采用的是 Harris 的变换分析,而没有放置在 Chomsky 的转换平面上进行分析。

采用的语言平面低了,不同的东西会看成相同的东西,相同的东西却会看成不同的东西。如:

---

① 程工的理论能说明"DP"中的"VP"词性没变,对句首的所谓"VP",我们不知他如何处理,如果处理成名词性短语,则仍不能有效的阻止名词的扩大,希望没被处理成名词短语,如:

(1)a.笑有益于健康　　　　b.演说开始了　　　　　　　[范晓例]

(2)a.人的笑有益于健康　　b.代表们的演说开始了　　　[范晓例]

(3)a.这本书的出版是好的　b.出版是好的　　　　　　　[杨成凯例]

杨成凯(1991)的话挺有意思的,他说(3a)中不妨说做主语的"这本书的出版"是名词性的,这个名词性是挂在定语上的,其中的"出版"仍是动词,而在(3b)中没有定语,它的主语的名词性就没有着落。这确实值得深思! 在我们的处理中,我们认为其词性不变。

(3)a. He flies a plane.

b. To fly a plane is easy.

c. Flying a plane is easy.

从词组结构平面可以看出：在(3a)里，flies 在谓语位置上，用的是限定形式。在(3b)和(3c)里，to fly a plane 和 flying a plane 在主语位置上，分别用不定式形式和分词形式。(3a-3c)里的 flies a plane、to fly a plane、flying a plane 用汉语说出来都是"开飞机"。

(4)a. 他开飞机

b. 开飞机容易

在词组结构平面，我们只能说：汉语动词和动词结构不管在哪里出现，形式完全一样。而英语却不同，句子的谓语部分必须有一个由限定式动词充任的主要动词。词组里是不允许有限定式动词的，词组里要是有动词的话，只能是不定式形式或者分词形式，不能是限定形式。在词组结构平面，我们也只能说：汉语与英语的构造原则不同，如果不这样说，肯定是不会观察。现在我们转到转换平面进行重新观察，希望能有所发现。首先看其生成前的情况，用短语结构规则生成各自的前核心句(画得很简单，只想突出"fly")：

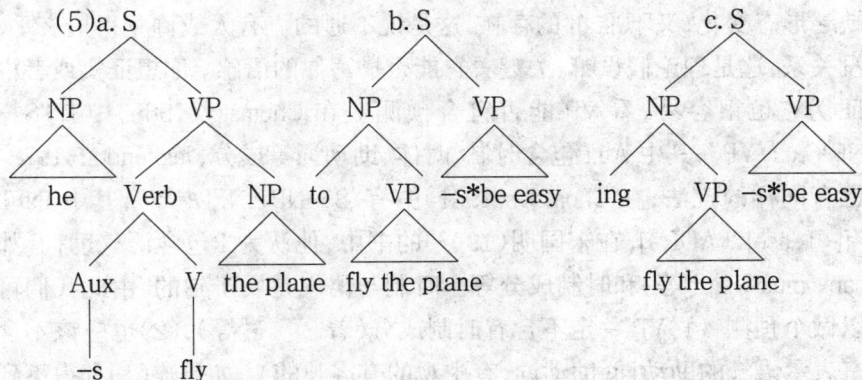

(5)a. S　　　　　　　　b. S　　　　　　　　c. S

NP　　VP　　　　　NP　　VP　　　　NP　　VP

he　Verb　　NP　to　VP　–s*be easy　ing　VP　–s*be easy

Aux　　V　the plane　fly the plane　　　fly the plane

–s　　　fly

经整理得：

(5)a. * he * s * fly the plane*

b. * to * fly the plane * s * be * easy*

c. *ing * fly the plane * s * be * easy*

在转换平面上，我们又发现："fly the plane"不管在哪里出现，形式完全一样。英语与汉语一样，其内部构造原则在转换平面上又获得了一致性，而只是到词组结构平面才表现出差异。

英语的主语位置，得是个名词性短语，所以乔姆斯基为此制定了一条规则：

$$(6)\quad NP \to \left\{ \begin{array}{c} ing \\ \\ to \end{array} \right\} VP$$

如果抽象一下可以写成：

（7）$NP \to Af + VP$（其中 $Af \to ing, to$）

汉语的主语位置会不会也要求名词性短语呢？程工通过跨语言的比较，答案为"是"，程工的答案是对的，不过我们认为其方法没必要，而且可能不可信，因为欧洲的天鹅是白色的，不能保证天下的天鹅都是白色的。唯一可行的办法是：在理论上我们可以先做这样的假设，然后看其解决的问题多还是造成的问题多，最后做个取舍。仿乔氏，我们做：

（8）$NP \to Af + VP$（其中 $Af \to \phi$）

"$Af \to \phi$"的经验依据和理论依据是：汉语缺乏形态变化。如果说汉语缺乏形态变化，又不准 ϕ 的存在，这是说不通的。有人或许觉得挺玄乎，没关系，这是理论假设嘛，关键看它能否描写你的语感。你想证实或者说证伪它也很容易，看 VP 能否符合预测。在 Chomsky（1965）中有"S→NP+Aux+VP"，其中 Aux 包含时制、时体、助动词等成分，Jackendoff（1972）也有同样的说法；在 Chomsky（1981）中有"S→NP+INFL+VP"，其中 INFL=[[+Tense],（AGR）]；在宋国明（1997）的书中，他认为 I 包含语气助词（如 can, must, will 等）和时制成分等。时制与语气是属于句的，由此我们可以做个预测：（1）VP 一定不含有时制成分（着、了、过等），（2）也应该不含有表示语气的助动词（助动词，有主观的有客观的）。如果连（1）都得不到满足，我们的方案肯定就是错误的。很多人对汉语有无时制表示怀疑，如果把时制分成绝对时制与相对时制（Comrie，1985），问题就可以迎刃而解。另外汉语时制与时体（aspect）也有着千丝万缕的联系。退一步说，时体总该是有的。从形式语义学观点看，时制、时体、模态等都从属于命题，而非谓词所有。所以更抽象的说法是：VP 中应无表示时制、时体、模态等的成分。

2. 零成分与词类

Croft(1991)从类型学角度出发，观察世界语言在词类上的普遍现象。他把词类与语义、语用功能联系起来，认为三者有关联性：

(9)

词类	语义类	语用功能
名词	事物	指称
形容词	性质	修饰
动词	动作	陈述

从传统的观点看，汉语似乎有些特殊：其名词性成分有陈述功能，其动词性成分却有指称功能。如：

(10)a. 小王黄头发

　　b. 这本书的出版

在(10)里，"黄头发"有陈述功能；在(11)里，"出版"却有指称功能。我们的解释是：

(11)a. S　　　　　　　　　　b. NP

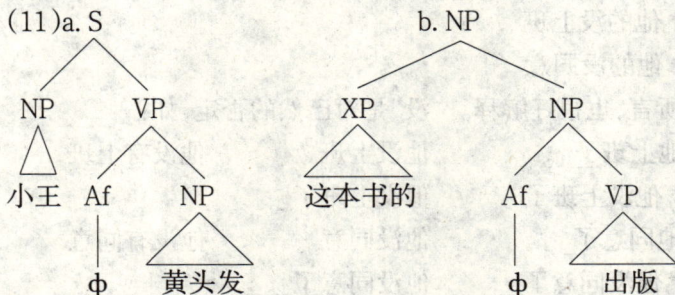

名词或名词性短语，动词或动词性短语，它们不论在较低平面或较高平面，其性质或范畴不变。"出版"在"这本书的出版"中似乎由动词变成了名词，这种直觉是对的，但"这本书的出版"里的"出版"并非名词而是由"φ"与"出版"组合而成的名词性短语。试想如果"出版"名物化了的话，我们是很难解释下列现象的：

(12)a. 这本书的不出版

   b. 这本书的及时出版

因为名词前是很难加副词的,但如果没有动词的名物化就可以解释了:

(13)a. [NP[XP 这本书的][NP[Af φ][VP[AdvP 不][V[V 出版]]]]]

   b. [NP[XP 这本书的][NP[Af φ][VP[AdvP 及时][V[V 出版]]]]]

对下句又该如何解释呢?

(14)* 这本书的出版了

我们的解释是:"了"跟时间有关,表示时制(tense)。在转换语法中,时制是句子(sentence 或 IP)的现象,由"I(+tense)"给予或核查,VP 无权赋予,所以"这本书的出版了"不合法。正因为如此,张伯江(1993)觉得下面两个例子"在语感上很不自然":

(15)a. 我的忽然又想起了祭书,自然也有自己的原因。

   b. 有纪律的约束着,不能出去会朋友,也无心上街,就在屋子里边静候时间悄悄流过去。

对于(15a),他说:"动词'想'后边既有表结果的趋向补语'起',又有'了',十分罕见。"他还举了一个例子,挺有趣的:

(16)a. 李铠的不进后台——

   b. * 他的没上班

   c. * 他的没同意

如果确如张所言,也很好解释。"没"是对已然的否定,如:

(17)a. 他上班了₁   他没上班   他没有上班

   * 他没上班了₁ 他没上班了₂

  b. 他同意了₁   他没同意   他没有同意

   * 他没同意了₁ 他没同意了₂

在这里我很踌躇,我觉得"没"与"没有"之间有一点微妙的差别。请读者判断下列两句:

(18)a. 他的没上班   b.他的没有上班

(19)a. 他的没同意   b.他的没有同意

两组中的 b 句一定不合法。"没"与"没有"常被看做交替形式,王士元指出"没有"实际上是一个语素复合体,由一个体标记(注:有)组成的序

列,而不仅仅是"没"的未简化形式。至于下面的句子,其身份有点难定:

(20)a. 学习很重要

　　b. 开飞机容易

(20a)里 ,"学习"是由动词"学习"和"φ"组合成的名词短语还是小句中的动词,很难确定;但"φ－开飞机"一定是名词短语。因为:

(21)a. ？[$_{CP}$[$_{IP}$[$_{V-}$学习过]]]很重要

　　b.*[$_{CP}$[$_{IP}$[$_{V-}$开过]飞机]]容易

当然也有另外一种可能,即"开飞机"是小句中的动词短语,"开"后有隐性时制成分。到底它是小句中的动词短语还是名词短语"φ－开飞机"并不重要,本节的主要目的是证明词类不变、向心结构理论合理。在这里我们倾向于把它们处理成隐性名词短语。我们坚持词有定类,只有如此,才能对这些现象做出合理解释。否则,既解释不了上面的现象,也解释不了"N 的 V"中的"V"为什么能前加状语、后带宾语、前加一般的助动词等现象,具体例句可参见张伯江(1993)。有人可能认为:"NP 的 VP"是名词性短语,已不具有谓词性结构常常体现的时间义和情态义,那么作为该结构的核心成分失去一些表示这样意义的特征是理所当然的事。我们正好相反,我们认为 VP 无权拥有时间义和情态义,它得靠 Aux 或 INFL 赋予,所以应该说:在"NP 的 VP"中,由于 VP 没有时间义和情态义,造成整个短语没有时间义和情态义。

名物化论者只能指出一种现象,即:有时间性的动词如果丧失了时间性,就名物化了(孰不知时间性属句子所有),如果再问他,动词为什么丧失了时间性, 他可能解释说因为它名物化了, 这就堕入了可怕的循环之中,但愿他不会这样回答。虽如此,动词名物化后仍属于动词集,这一点可能为名物化论者所始料不及的。第一,动词名物化后只是由核心向边缘漂移,而没有最终逸出动词圈,否则解释不了"这本书的不出版"何以有"不"修饰"出版";第二, 动词名物化后若成为名词也与普遍蕴涵相抵牾,"如果主语是动词,则谓语一定不是名词。(否则为动宾关系)",这一普遍蕴涵覆盖了四种情形:

(22)a. 主语是动词,谓语是动词　　　学习重要　　　演讲开始了

　　b. 主语是动词,谓语是名词　　　　　＊　　　　　　＊

   c. 主语是名词,谓语是动词 我们学习 他们来了

   d. 主语是名词,谓语是名词 今天清明 明天国庆

  (22a、c、d)恰好在汉语中都存在,其中(22a)表明动词可做主语,并未变为名词。如果这样,名物化仍解释不了向心结构理论。形式主义者认为,主语是派生概念,为名词性短语;动词本身无时间性,它的所谓的时间性是从它的母亲节(S)那儿继承来的。显然只有坚持词类不变,并引进零成分概念,才能做出比较合乎语感的解释。

  从意义上定词类是行不通的,Chomsky(1995)曾针对 Grimshaw 的 CRS 指出:语言中一般有 destruction 这样的名词指称着动作,同样也有 be 这样的动词并不指称动作;朱德熙先生也指出:"战争"是名词,而"打仗"则是动词。再比如 explode 与 explosion 在意义上是定不了词性的,靠什么? 靠的就是形态,实质上就是语法功能或分布。

  原型范畴有两个定义,其一指范畴中的一个或一组核心成员,其二指范畴的概念核心的图式表征。一般倾向于取后者。这里有个问题,即取什么样的特征,Wittgenstein 说:"重复一遍:不要想,[用眼] 看!"(Taylor,1989)看什么? 判断词类时,看它的形式,看它出现于什么样的环境。

  只有站在转换平面上,才会真正地坚持词组结构平面①,才会把主语与名词性短语 NP 或小句 CP,谓语与动词性短语 VP 对应起来了。我们不同意关于主语与名词、谓语与动词相对应的观点,因为名词、动词属于词平面,而主语、谓语属于句平面,中间隔了个词组平面②。我们更不同意 Croft 关于名词与指称、动词与陈述相对应的观点,在我们看来名词、动词本身并没有指称、陈述功能,只有我们人将其配置在话语中,它才被话语赋予表述功能。如果硬要将句法范畴、表述功能、句法功能对应起来的话,可将名词换成名词性短语、动词换成动词性短语。

---

  ① 坚持转换平面并非坚持词组结构平面的必要条件。汉语界虽无转换平面,但她有词组本位思想,是会坚持词组结构平面的,尽管有时有词本位思想在不自觉地作祟。

  ② 在句子中我们认为只有短语才能充当句子的成分(grammatical function),平时常听人说,名词作主语、动词作谓语,其实这并不精确。在我们看来:动词作不了主语,名词作不了谓语;甚至名词也作不了主语,动词也作不了谓语。作主语的是名词性短语或小句,作谓语的是动词性短语。简单地说:因为只有短语才是句子的直接成分,可参见 Chomsky(1965)。

3. 零成分与向心结构理论

向心结构,布龙菲尔德的定义没错。从理论上讲,一个结构整体功能与其某一直接成分的功能只有两种可能性,要么相同,要么不同;是前者则为向心结构,是后者则为离心结构,如果还有第三种可能性,则或为向心结构或为离心结构,不能啥都不是。当然了,理论上没问题也并不能保证操作上没问题。布龙菲尔德在复合词的向心结构的判别上就力不从心[①],在具体操作上,布龙菲尔德与霍凯特、朱德熙也有分歧[②]。朱德熙曾试图修改布龙菲尔德的定义,到最后他对自己的定义也不满意,他说:

严格说起来,"N 的 V"和"QV"并不符合上文给向心结构下的定义。因为这两类格式的中心语与整体语法功能不同。此外,就"N 的 V"来说,修饰语"N 的"不能离开中心语独立存在。换言之,"N 的"不能指代"N 的V"("木头的房子"可以光说"木头的","技术的进步"可不能光说"技术的"),因此也就谈不上修饰语和整体受到相同的语义选择。

这确实是一个难题,如果不引进"φ",是不可能做出一个令人满意的解释的。在"技术的进步"中,如果把"进步"看成是一个由动词"进步"和"φ"组合而成的名词短语"φ-进步",就可以把它解释成向心结构。在"这种谦虚"中,如果把"谦虚"看成是一个由形容词(或广义动词)"谦虚"和"φ"组合而成的名词短语"φ-谦虚",那也不难将之解释为向心结构。其余像"我的穷"、"这本书的出版"等等诸如此类的结构都可以解释成向心结构。

---

① 可参见布龙菲尔德(1980:294–295)。布龙菲尔德在考虑结构的同时,又参考了意义(这点与朱德熙相同)。他说 whitecap 这样的词,其结构正意味着这个事物不是中心成员所属同一种属,这些复合词的意义是事物,是具有某种特征(第一个成员)的某种事物(第二个成员)。霍凯特(1986:266),他纯粹从分布(出现权)上考虑,他认为将"redcap"的结构划归为向心结构更可取。

② 在 whitecap 与 redcap 这样的复合词上,布龙菲尔德与霍凯特有分歧;在主谓结构,布龙菲尔德与朱德熙有分歧,前者认为是离心结构,后者认为是向心结构。

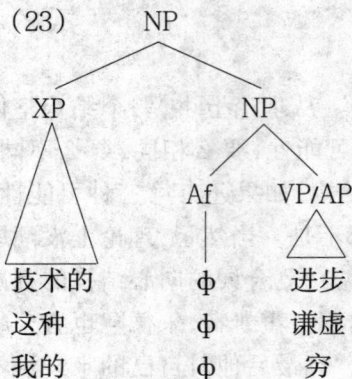

（23）　　　　NP

　　　　XP　　　　　　NP

　　　　　　　　　　Af　　VP/AP

　　技术的　　　　φ　　进步
　　这种　　　　　φ　　谦虚
　　我的　　　　　φ　　穷

4. 本节结语

值得一提的是："φ"不是转换生成语法的专利，很早就在布龙菲尔德等一代结构主义语言学家的著作中存在①，在他们那儿只是种理论假设，不过挺管用。在乔姆斯基手里，能描写人的语感。本节采用乔姆斯基的早期理论，是考虑到他那时离结构主义还不远，接受起来有一种相识之感。

对范畴的认识有过变化，从特征范畴到模糊范畴再到原型范畴，是认识的进化。这个进程的本身也告诉人们交接面的模糊是有限的，从本质上来说，范畴具有离散性。如：

（24）a. The old need a great deal of attention.

　　　　b. The older need a great deal of attention.

　　　　c. The extremely old need a great deal of attention.

从名物化的角度看：（24a）中的"old"用名物化好解释，（24b）、（24c）用名物化是解释不通的。从连续统的角度看：（24a）中是词"old"向名词游移，而（24c）中却只能说是短语"extremely old"向名词性游移。从零成分（zero

---

① 在布龙菲尔德的著作中有很多这样的字眼：零成分（P298-299）、零形式（P299）、零式交替形式（P268）、零特征（P315）。在 Hockett 的著作中也有零复指（P321-322）、零系连成分（P245）。在索绪尔的著作中就有零符号（P126）、零后缀（P262）、零词尾（P259）。难能可贵的是布龙菲尔德在那个时候就指出了我们可以利用零成分在内的各种变化方式派生出大量动词，如由形容词到动词（to smooth）、由形容词比较级到动词（to lower）、由名词到动词（to age）。

element）"φ"的角度看："the"之后的"old"、"older"、"extremely old"其实就是"φ-old"、"φ-older"、"φ-extremely old"这样的名词短语，而"old"自身的词性并没有发生变化。零成分似乎很神秘，你可以拒绝，但从理论本身和你的语感直觉，我想你又无法抗拒，这就是它的魅力所在①。我无法证明它的存在，但乔姆斯基（1981）曾在别的例子上证明它确实存在。如：

(25)a. they wanna visit Paris

b. they want Bill to visit Paris

c. *Who do they wanna visit Paris

d. Who do they wanna visit

你（a native speaker, not a linguist）说"这本书的出版"中的"出版"是名词，我说你是对的，不过不精确，应该说"φ-出版"是名词性短语；你说"这本书的出版"是向心结构，我说对，它是以名词短语"φ-出版"为其核心；你说"出版"在主语的位置"名物化"，我还认为你对，不过我们有更好的处理。

词类是词的分布特性，根据其分布确定其词类。在这一点上，我们坚持词有定类。由分布确定的动词，当它出现在"N/NP+ 的 +＿"或主语的槽位，我们建议考虑零成分，因为"零成分"是 20 世纪语言学的宝贵财产。更重要的是它能描写语感，解释"N/NP+ 的 +＿"为向心结构，能解释为什么"V"能前加状语、能后带宾语、能前加一般助动词，而且能解释为什么"V"没有时制。理论只有在逻辑上具有一致性，才无需 "头痛医头、脚痛医脚"。 在我们看来：语言学的理论可信不可信，全在看它能不能描写人的语感直觉②。语言学的理论好不好，全在于它是不是很简约。

---

① 布龙菲尔德（1980）把基础的自由形式分为实有的和理论的，关于什么是理论上的基本形式，霍凯特（1986）说，在某些实例中基本形式比它的替换形式少见得多，甚至在某些实例中，最方便的办法是承认实际上从来也不出现的形式为基本形式。两位结构主义大师告诉我们，理论上的形式可以是少见的甚至可以是不存在的。我想这对我们接受"零成分"的思想有一定的帮助，更重要的是能描写语感。

② 描写语感与描写语感的方法是两回事。 描写语感是要求理论符合母语说话者的语感直觉，至于语言学家采用哪种方法是不拘的，可采用形式的也可以采用非形式的。不过我们倾向于形式的。

第二节 以"的"为核心的 DP 结构

汉语学界对"这本书的出版"中的"出版"的词类问题,以及由此而带来的理论问题如 Bloomfield 的向心结构理论一直较感兴趣。为解决这些问题,国内生成句法学界也做过一些努力。程工(1999b)根据 DP 假说,假设"这本书的出版"以零成分 D 为核心的 DP 结构,该结构以动词或形容词的投射(VP/AP)为补足语,以"这本书的"为指示语。司富珍(2002b)根据 CP 假说,将"这本书的出版"分析做句子 CP,其中"的"为标句词 C 的语音形式。两种分析都维持了"出版"的词类不变与向心结构理论。不过,它们都不能解释"出版"的名词性(不能带时制或时体标记等,如"* 这本书的出版了"),也不能解释为什么学界将"出版"看作核心。两种分析虽然所凭借的假说不同,但结果基本相同。这可能不仅在于句子(CP 是 IP 的扩展)与名词短语(DP)具有平行性,而且在于司富珍假定 C 具有名词性范畴特征。为解释"出版"的动词性与名词性以及"出版"为"这本书的出版"的核心,熊仲儒(2001)根据标准理论引进词缀 Af,在该分析中,动词性是由词库所决定,名词性由 Af 所决定,向心性由"出版 –Af"的名词性所决定。但熊仲儒(2001)也有理论问题,如"NP→Af+VP"中的 NP 不是 N 的句法投射,违反了"语言结构的递归性"(沈家煊,1999a)。从生成句法学的角度看,这个问题还有必要做下去,以期更自然地解释"这本书的出版"中的"出版"的动词性、名词性、向心性及整个结构的名词性,并由此解决一些相关的问题。

本节分四个部分来写。第一部分准备将"的"确认为功能范畴 D,这种确认只是一种类比式的确认,如 Chomsky(1995)曾将英语中的 –s 确认为 D,其更大动机是想说明名词短语跟句子之间的平行性;第二部分探讨"的"这个功能范畴 D 的范畴选择(c-selection),表面看来各种范畴的短语都可以,但为了解释"出版"的名词性,我们引进功能范畴 n,这样一来,D 的范畴选择为 nP,为此我们还提供了一些相关证据;第三部分探讨的是移位后留存于 nP 的成分,并由此探讨了"X 的"的转指问题;最后是余论。

1. "的"的范畴

1.1 英语中的's

英语的名词短语与句子之间存在某种平行性,如:

(1)a. the enemy's destruction of the city

　　b. the enemy destroyed the city

(2)a. the city's destruction (by the enemy)

　　b. the city was destroy (by the enemy)

为了描写这种平行性,Chomsky(1970)提出 X'- 理论。该理论不仅可以解决名词短语与句子之间的平行性,而且可以解决各种不同范畴的平行性。但受当时的技术手段的限制,结构描写还不是非常的"平行"。为了追求非常的"平行",还有其他的理论动因,Abney(1987)提出 DP 分析,如(3a)(无关细节忽略不计):

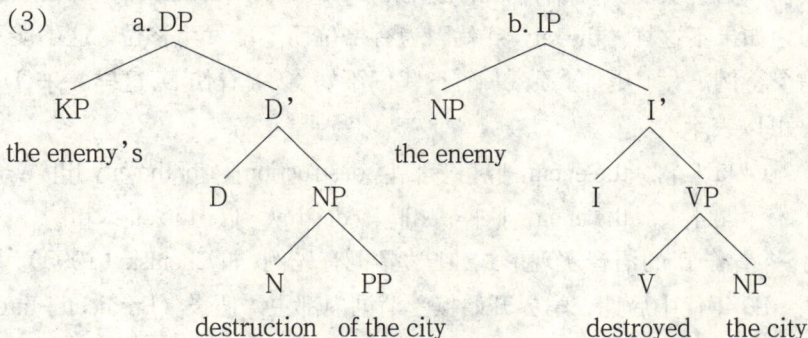

(3)　　　　a. DP　　　　　　　　　b. IP

KP　　　　　　D'　　　　　NP　　　　　　I'

the enemy's　　　　　　　　the enemy

　　　　　　D　　　NP　　　　　　I　　　VP

　　　　　　　　N　　　PP　　　　　　V　　　NP

　　　　destruction　of the city　　　destroyed　the city

句子(IP)是功能范畴 I 对动词短语 VP 的扩展,名词短语(严格地说,应是限定词短语 DP)是功能范畴 D 对名词短语 NP 的扩展。在这里,"destruction"可以像"destroy"向"the city"指派题元角色一样向"the city"指派题元角色;同样,NP 可以像 VP 向"the enemy"指派题元角色一样向"the enemy"指派题元角色。当"the enemy"受到贬抑时,在 IP 中,"the city"可以移到 I 的指示语位置;同样,在 DP 中,"the city"可以移到 D 的指示语位置,如(2)所示。

　　Abney(1987)将 –s 处理作后置词 K(postposition),充当格标记

(case-marker)。其理论动机是:历史上,–s 是格语素;共时上,–s 处理作格标记,他觉得可能比分析做限定词更符合语感。另外,从语言共性上来说也有利,因为有的语言中领有者与词汇限定词共现,如果 –s 占据 D 位置,则很难容纳词汇限定词,因为词汇限定词是天生的 D。其实,如果类比的话,I 是赋格者,则 D 也应该是赋格者,从这点来看,把 –s 处理成 D 更有利,这也跟 –s 的历史来源更紧密。所以他的第一点理由并不充分。第二点是具体的处理问题,如果多设置几个 D 位置即可解决,如 Oosthuizen & Waher(1994)的处理(Taylor, 1996)。可能正因为如此,Abney(1987)说,没有证据能清楚地表明格标记分析比限定词分析好,也没有证据能清楚地表明限定词分析比格标记分析好,所以他基于某种考虑,将 –s 看作格标记。如果细心观察的话,会发现 Abney 给了 –s 一个特殊的标记 K,和一般的格标记——附着词(adposition)不同的范畴,这种标记是没有办法的办法——为解决名词短语内部的被动[the city's destruction(by the enemy)],因为如果不这样,"the city's"就因为有格位而不能发生移位。这不能不说是个特例。为了更加一致和平行,我们不妨将 –s 看作 D,这样一来,DP 与 IP 可以表示成:

(4)a. [$_{DP}$[$_{Spec}$ the enemy][$_{D'}$[$_D$ s][$_{NP}$[$_N$ destruction][$_{PP}$ of the city]]]]

b. [$_{TP}$[$_{Spec}$ the enemy][$_{T'}$[$_T$ –ed][$_{VP}$[$_V$ destroy   ][$_{NP}$ the city   ]]]]

将 –s 看作 D 的语音实现形式,在学界也有先例,如 Chomsky(1995)。

80 年代中后期,学界开始接受谓词内部主语假设(Predicate-Internal Subject Hypothesis)。即认为主语在 VP 或 NP 内部生成,然后由于某种原因,提升到功能范畴 I、D 的指示语位置,如:

(5)a. [$_{DP}$[$_{Spec}$ the enemy][$_{D'}$[$_D$'s][$_{NP}$[$_{Spec}$ <the enemy>][$_{N'}$[$_N$ destruction][$_{Comp}$ of the city]]]]]

b. [$_{TP}$[$_{Spec}$ the enemy][$_{T'}$[$_T$ –ed][$_{VP}$[$_{Spec}$< the enemy>][$_{V'}$[$_V$ destroy][$_{Comp}$ the city]]]]]

对于 VP 的内部结构,现在的看法又有了新的变化,如 Chomsky(1995)引进功能范畴 v 以核查宾语的形式特征。遵从 Chomsky(1995)关于功能范畴 v 向外部论元指派题元角色的构想,熊仲儒(2003c、2004c)提出功能范畴假设①，该假设认为功能范畴不仅决定移位，而且决定合并，包括论元的选择与题元的指派。在句法结构的建构上，熊仲儒（2002a）根据"嫁接与移位同向假设"提出词汇核心都是核心在后，所有对它进行扩展的功能核心都是核心在前。如果成立的话，原来的 NP、VP 可以重新表示成：

　　（6）a. [$_{nP}$[$_{Spec}$ the enemy][$_{n'}$[$_{n}$][$_{NP}$ [$_{Comp}$ of the city] [$_{N}$ destruction]]]]

　　　　 b. [$_{vP}$[$_{Spec}$ the enemy][$_{v'}$[$_{v}$][$_{VP}$[$_{Comp}$　 the city] [$_{v}$ destroy]]]]

如果正确的话，D 的补足语为 nP，或者说 D 扩展的是 nP。由于扩展 N 的 n 向论元指派题元角色，可以想见功能范畴 n 不同，则论元间的关系也不相同。

1.2 汉语中的"的"

　　不同的范畴在一种语言内部呈现出平行性，在别的语言里，这种平行性可能会仍然存在。比如说，汉语的名词短语与句子之间也存在这种平行性：

---

　　① "功能范畴假设"是为了解释论元结构的增容与缩减及题元倒置等句法现象而提出的。如果该假设正确的话，则暗含着"不含功能范畴的词汇范畴就无法合并，也就不能形成短语结构"，换句话说，短语标记（ⅰ）中的 LP 不是短语结构。在功能范畴假设中确实如此，只有功能范畴的中间投射（F'）和最大投射（FP）才是短语结构。这在最简方案中大概也说得通，假定人类语言的计算方式完全相同的话，则 NL（如 OV）在一种语言中为短语结构，就会在另一种语言中不为短语结构。如果是这样，倒不如认为 NL（即 LP）在所有的语言中都不是短语结构。这跟 Chomsky（1995:353）似乎不同，他为动词短语指派的短语标记为（ⅱ）。其实他的 VP 也只是在英语等语言中为短语结构，而在日语等语言中不为短语结构，因为日语宾语在动词之前。所以 VP 或者说 LP 是不是短语结构，问题不大，而且我们也倾向于认为 LP 只是暂时的标记。关于 LP 不是短语结构的理论后果，请参见第一章第二节。

　　（ⅰ）[$_{FP}$ [M][$_{F'}$[F][$_{LP}$ [N][L]]]]

　　（ⅱ）[$_{vP}$[Subj][$_{v'}$[v][$_{VP}$[V][Obj]]]]

　　一般是只让功能范畴引进外部论元，在功能范畴假设中让有的论元都由功能范畴选择，功能范畴自然也多了。对此，Chomsky（2001:7）也不排斥。他说，一个核心 H 和三个成分 K、L、M，经合并，从理论上可以组成三种句法体（用集合表示）。他并且着重指出，如果选择 c 的话，得有经验证据。我想汉语的"这顿酒把李四喝得酩酊大醉"中的"得"与"把"可能就是 H' 与 H''的语音实现形式（熊仲儒 2003c）；理论上，功能范畴假设也要求选择 c。这样处理还可以多回答几个问题，如"N 的 V"中 N 的实现[可参考（36）]。

　　（ⅲ）a.SO₁={M,{L,{H,K}}}　 b. SO₂={M, {H'{L,{H,K}}}}　 c. SO₃={M, {H''{L,{H',{H,K}}}}}

　　c、b 比较，c 的生成路线要长些，这会不会违反经济原则呢？不会。经济原则的基础是参考集（reference set），而生成 c、b 的词项集合（Numeration）不同，没有比较的基础。

　　功能范畴假设不仅适用于动词，也应该适用于名词、形容词、介词等词汇范畴。换句话说，功能范畴假设的理论结果是：凡词汇范畴要扩展，都要借助于功能范畴。实际是不是这样还需要更多的研究。

(7)a. 敌人对城市的毁坏　　b. 城市的毁坏　　c. *敌人的毁坏

　　　敌人毁坏了城市　　　　城市毁坏了　　　　*敌人毁坏了

说"城市的毁坏"是名词短语,这是汉语学界的主流看法。朱德熙等(1961)说:"说'这本书的出版'是名词性词组,决不是因为它在主语(宾语)的位置上,而是因为这个结构本身就是名词性的:既不能作谓语,也不受副词修饰。"胡裕树(1962)也认为:"有些词组的中心部分是动词或形容词,但整个词组都是名词性的,如'中国的解放'、'态度的坦白'。"

名词短语跟句子具有平行性,往往会造成人们把这种名词短语直接当成句子,这种倾向主要出现在早期的研究中。如马建忠(1898)将"丑见王之敬子也"中的"王之敬子"看作"读"。吕叔湘、朱德熙(1951)将它看作主谓短语,说它们是"主谓短语:一个主语加上一个谓语,中间用'的'字连接,如'中国的解放'、'态度的坦白'"。黎锦熙、刘世儒(1959)也把这种结构归属为主谓短语。尽管如此,他们可能还是有点犹豫。如吕叔湘、朱德熙(1951)又指出它们是一种"形式上跟主从短语很相像"的短语;黎锦熙、刘世儒(1959)也指出:"'打孩子'是为'名词化的短语',前加领位'他的',这就和主从短语……的类型实无不同。"下面的证据也似乎能证明这种名词短语本身就是句子(主谓短语),如:

(8)张三下达攻城命令和李四的仓皇出逃(成了今天的头号新闻)。

一般认为并列测试能证明并列的两个成分为相同的范畴,既然"张三下达攻城命令"是句子,"李四的仓皇出逃"当也是句子。其实这个大前提并不总是有效,如:

(9)a. I consider Fred crazy and a fool　　　(Bowers,2000)

　　b. 尽管灯光是迷蒙的,陪唱的小姐的无奈和应付还是被戚润物看

　　　了一个清楚。　　　　　　　　　　　　　(储泽祥,2002)

crazy 是形容词,而 a fool 是名词短语;"无奈"是形容词,而"应付"是动词。如果正确的话,也就不必认为这种名词短语为句子。另外,经验上的证据也表明"N 的 V"不是句子:

(10)a. 张三说李四来了　　　　　　　*张三说李四的来

　　b. 焦大知道贾宝玉爱林黛玉　　*焦大知道贾宝玉的爱林黛玉

如果英语中相应的 –s 是功能范畴 D,我们不妨也假定汉语的"的"也

是功能范畴 D。说"的"为功能范畴,大概没有异议。尽管汉语学界对"的"的词性认识不同,如"介词说"(黎锦熙,1924)、"助词说"(朱德熙,1982)、"连词说"(张静,1980),但这些说法都认为"的"为虚词。从 Abney(1987)所列举的特征来看,"的"也只能是功能范畴,因为它缺乏"描写性内容"(descriptive content)。以 Agr 为基础的核查理论是早期最简方案的重要基础,但后来 Chomsky(1995)还是放弃 Agr,原因在于他认为 Agr 没有语义。如果接受 DP 假说,则功能范畴 D 有语义内容当然也毫无疑问,由于它是 determiner 的省写,所以我们不妨将之定性为"限定"功能。如果"的"是 D 的一个语音实现形式的话,"的"的语义也应该为"限定"。关于这一点可以在认知语言学研究中得到印证①,张敏(1998)认为"张三的鼻子"与"洋人的鼻子"都表示"限定关系",然后根据"张三"与"洋人"的不同,将这种限定关系分为"单指限定"与"类指限定"。如果张敏的看法正确的话,则"限定"由"的"体现,"单指"与"类指"由指示语体现。从这个意义上说,将"的"确定为功能范畴 D 可能会多说明一些问题。当然,这个理由并不是非常的充分,因为我们完全可以认为"限定"由没有语音形式的 D 所表现。但考虑到"的"既然是功能范畴,又有一个可能空缺的功能范畴 D,另外 Chomsky(1995)又把英语中相应的 −s 确定为 D,所以我们在没有强烈的反面证据的情况下将"的"确定为功能范畴 D。

　　下面的证据似乎表明"的"并非是功能范畴 D,因为从结构上看 D 与其后的补足语应该构成一个成分,而绝对不能跟指示语构成一个句法成分。而实际的情况跟理论相反,如:

　　(11) 张三的书　　　　　张三的　　　　　* 的书

可能因为如此,有人觉得还是应该将"的"看作"张三"的后置词②。其实这

---

　　① 生成句法学不大喜欢说某个范畴的意义,所以用认知语言学的研究作证据。

　　②"的书"形式也不是不存在,如(转引自张谊生 2000:1—7):

　　(ⅰ)因为从那里面,看见了被压迫者的善良的灵魂,的酸辛,的挣扎;还和四十年代的作品一同烧起希望,和六十年代的作品一同感到悲哀。(鲁迅《热风·祝中俄文字之交》)

　　(ⅱ)我们从教育的意义上建设"大众语",就是把落后的"大众"和前进的"大众"所有意识间的冲突的、矛盾的,统一起来;……。(黎锦熙《国语运动史纲·序》)

　　(ⅲ)而且这比起专一描写本国军队的胜利,的勇敢,的爱国的亚美利加式电影来,也真好像近于写实。(鲁迅《二心集·现代电影与有产阶级》)

　　如果这种语感能得到广泛认同的话,倒更能证明"的书"这种形式为句法成分 D′,至少证明"的"不可能为后置词。另外,"的"也不会是词缀。词缀只能跟特定范畴的宿主,如表示复数的−s 只能跟单数名词之后,而汉语"的"可以跟在各种范畴的宿主之后,如"张三的书"、"张三喜欢的书"、"漂亮的书"等。

并不是反例，这种现象在理论界叫做括号悖论（Bracketing Paradoxes）（Spencer,1991）。如：

(12)a. Tom's a linguist.　　　　　　　　　　b. 张三的书

　　　语音上:[Tom's] [a linguist]　　　　　[张三的][书]

　　　句法上:[Tom]['s a linguist]　　　　　[张三][的书]

从层次切分法的结构原则来看,似乎"张三的"是个句法成分,但考虑到括号悖论现象,我们还是把"的书"看作句法成分。如果括号悖论正确的话,"的"仍然有可能是功能范畴 D。

2. "的"的补足语

2.1 "的"的补足语为 xP

从上面的讨论中可以看出 D[－s]的补足语是 NP 或 nP。汉语"的"的补足语应该是什么样的范畴呢?如果粗略地看的话,似乎可以多种多样,如:

(13)a. 名词性的:张三的书

　　　b. 动词性的:张三的来

　　　c. 形容词性的:张三的穷

假定这种看法是正确的,我们可以建构如下的句法结构:

(14)[_{DP}[张三][_{D'}[_D 的][_{xP}　　　　]]]

　　　　　　　　　　　[_{nP} t _{张三} 书]

　　　　　　　　　　　[_{vP} t _{张三} 来]

　　　　　　　　　　　[_{aP} t _{张三} 穷]

因为 D 的范畴特征为[+N],所以无论是"张三的书",还是"张三的来"与"张三的穷"都是名词性词组（朱德熙,1980;胡裕树,1962;陆俭明,2003a）。因为后者是由 vP 或 aP 推导的结构,所以学界曾把它们等看作主谓短语或句子可以理解。

从理论上说,DP 的核心应该是 D,然而汉语界却把"书、来、穷"等看作核心成分。其实这并不矛盾。大概可以这样说,D 是句法核心,"书、来、穷"等是语义核心。作为句法核心的 D 是功能范畴,本身缺乏"描写性内容",所以只能传递（passing on）其补足语的描写性内容。这种情况跟"that

112

John hit the ball"有些类似,"hit the ball"这个 VP 描述的是打球这个活动,"John hit the ball"这个 IP 描述的还是打球这个活动,即使是"that John hit the ball"这个 CP 在描述上也仍然是打球这个活动(Abney,1987)。在 Abney (1987)看来,功能范畴 I、C、D 等都只起着"传递"描写性内容的作用。

2.2 "的"的补足语为 nP

在一些学者看来,"张三的来"与"张三的穷"中的"来、穷"等"名物化"或"名词化"了。因为它们不含有时制成分(着、了、过等),也不含有表示语气的助动词,换句话说,不能含有句子方面的信息。比如说,张伯江(1993)觉得下面两个例子"在语感上很不自然":

(15)a. 我的忽然又想起了祭书,自然也有自己的原因。

　　　b.有纪律的约束着,不能出去会朋友,也无心上街,就在屋子里边静候时间悄悄流过去。

对于(15a),他说:"动词'想'后边既有表结果的趋向补语'起',又有'了',十分罕见。"他还举了一个例子,挺有趣的:

(16)a. 李铠的不进后台——　b.＊他的没上班　c.＊他的没同意

但另一些学者认为"来、穷"等仍然是动词,因为它可以前加状语、后带宾语,还可前加一般的助动词,如:

(17)a. 张三的<u>曾</u>在美国留学(让家里人至今引以为荣)。

　　　b.[他们的翻译和研究<u>新医学</u>]并不比中国学者早

　　　c. 他的<u>不去</u>是有道理的

　　　d. 他的<u>暂时不去</u>是有道理的

如何解释"N 的 V"中 V 的双重性呢? 一种可能的解释是 V 本身具有动词性,其名词性是由 DP 赋予的。动词性能够这样解释,但名词性不能这样解释。核心 D 只能决定其母亲节点 DP 的范畴特征,而不能将其特征指派给其他成分。换句话说,因为 D 有[+N]这一范畴特征,所以其母亲节点 DP 也有[+N]这一范畴特征;但不能说因为 D 有[+N]这一范畴特征,所以"穷、来"等也就具有了[+N]这一范畴特征。关于 V 的名词性与整个主谓结构的名词性的不同,沈家煊(1999a)指出:"朱先生这里是指整个主谓结构名词化,不是指其中动词的名词化……这有悖于语言结构的递归性。"如果"V"真的有名词性的话,看来需要另找原因。熊仲儒(2001)曾试图解

113

释过 V 的双重性,如(18):

(18)
```
                  NP
               ／    ＼
             XP        NP
           ／  ＼     ／  ＼
                    Af    VP/AP
          技术的    φ     进步
          这种      φ     谦虚
          我的      φ     穷
```

在该理论中,V 的动词性由底层的 VP/AP 进行解释, 名词性由中间层 NP 中的 Af 进行解释。该解释的理论依据是标准理论。不过从目前来看,还有必要完善。根据目前的结构理论,每个投射都有一个核心,以符合"语言结构的递归性"①,而例(18)的中间层 NP 却没有核心。另外,该图式也不能表达出"技术"与"进步"、"我"与"穷"之间的谓词—论元关系。

理论具有片断性,需要一步步地进行拓展。由于以上图示能够清楚地解释 V 的双重性与整个短语的名词性, 所以我们准备利用 DP 假说对它进行拓展,可以表示成:

(19)$[_{DP}[_{Spec}][_{D'}[_{D}][_{nP}[_{Spec}][_{n'}[_{n}][_{vP}[_{Spec}][_{v'}[_{v}][_{vP}[_{Spec}][_{v}]]]]]]]]]]]$

在这个图式中,是 V 决定"V"的动词性,是 n 决定"V"的名词性,是 D 决定整个短语的名词性。"技术"与"进步"、"我"与"穷"具有论元与谓词的关系。根据功能范畴假设,这些论元由 v 从 V 所指示的事件图景中选择,并参与合并,生成 vP。然后功能范畴 n 对 vP 进行扩展,生成 nP;最后是功能范畴 D 对 nP 进行扩展,生成 DP。n 在汉语中没有语音形式,相当于熊仲儒(2001)的零成分 Af,它的设置主要是为了解释"穷、来"等的"名词性",

---

① X'–理论产生的理论动因主要有两个方面:(1) 可能的短语结构规则,(2) 跨范畴的归纳(Fukui 2000:377)。跨范畴的归纳就是上文中所要解决的不同范畴间的平行性问题;可能的短语结构规则要求人类语言的短语结构具有向心性。沈家煊(1999:246)指出"'向心结构'体现了语法结构的递归性"。(18)中的 NP 不是以"N"为核心的短语,违反了短语结构的向心性,即违反了"语言结构的递归性"。

但也有个额外的好处,即统一处理了 D 的补足语,即不管是英语还是汉语,D 的补足语都是 nP。

2.3 英语证据

功能范畴 n 在英语中可以有语音形式, 如 –ing。如果我们这样看的话,就会发现汉语的"N 的 V"跟英语的"N's V–ing"中的 V 在句法行为上几乎完全一致。换句话说,英语的 V–ing 也表现出双重性:动词性与名词性。动词性的表现是 V 后面可以带宾语论元,前面可以带副词:

(20)a. John's discovering a thesis–writing algorithm

  *John's discovery a thesis–writing algorithm

 b. Horace's carefully describing the bank vault to Max

  *Horace's carefully description the bank vault to Max

(Abney,1987:182)

名词性的表现也不能出现句子方面的信息:

(21)a. 含有修饰句子的副词

  *John's probably being a spy made Bill think it wise to avoid him

  *John's fortunately knowing the answer kept me from failing

 b. 情态助动词

  * Frederick's must(ing) depart

  *Alan's can(ning) burn toy soldiers (Abney,1987)

如果汉语分析正确的话,则英语也可作相同的解释,如:

(22)$[_{DP}[_{Spec}][_{D'}[_{D}$'s $][_{nP}[_{Spec}][_{n'}[_{n}$ –ing $][_{vP}[_{Spec}][_{v'}[_{v}][_{VP}[_{Comp}][V]]]]]]]]]$

不同在于扩展词汇核心的功能范畴 n 在语音实现上,汉语为零成分,英语为 –ing。如果接受 Chomsky(1995)的看法,即英语的动词带着形态进入计算系统的话,可以表示成:

(23)$[_{DP}[_{Spec}][_{D'}[_{D}$'s $][_{nP}[_{Spec}][_{n'}[_{n}$ $][_{vP}[_{Spec}][_{v'}[_{v}][_{VP}[_{Comp}][V–ing]]]]]]]]]$

该图示会产生两种可能性,即 V–ing 隐性(covert)或显性(overt)移位到 n。这蕴含着一种非常有趣的理论结果。从理论上说,V–ing 隐性移位到 n,说明 n 的形式特征为弱;V–ing 显性移位到 n,说明 n 的形式特征为强。换句话说,n 的[+N]特征可以不同,如果特征不强,V 就可以不必显性移位到n, 则副词就自然地在 V 之前;如果特征太强,V 必须强制地显性移位到

n,使得副词落在 V 之后,但实际上这种可能性没有,因为 n 的[+N]特征太强了,V-ing 就表现出太强的名词特征,结果是既不能带副词,也不能带宾语,如:

(24)a. the enemy's sudden destroying of the city

　　　b. the enemy's sudden destruction of the city

　　　c. the enemy's {*sudden/suddenly} destroying the city

　　　（Taylor,1996）

宾语论元由 of 引进,前面出现的是形容词。宾语论元由 of 引进,说明 V-ing 已经失去了指派格位能力,也就说明 V-ing 已经只有名词性了,前面出现形容词更说明了这一点。关于这一点还可以跟 b、c 做个比较。汉语中的谓词是否显性地移位到功能范畴 n 的位置呢? 这可能需要更多的材料发掘来回答,如果这样,则不能带宾语,也不能带副词等(参见沈家煊,1999a)。

2.4 汉语证据

关系化小句可能也是 D 带 nP 补足语的一个重要证据。在早先的关系化处理中,学界一般将关系化小句看作核心名词的附加语,所以将关系化小句附加于 N'节点。如果名词短语中的关系化小句是附加语的话,按理是随意地附加于 N'中。但实际上不是随意地附加,而在有些短语中是强制性的需要,如:

(25)a. the Paris *(that I knew)

　　　b. the three books of John's *(that I read)

　　　c. the four of the boys *(that came to dinner)

所以 Kayne(1994)建议关系化也涉及句法移位,即(语义)核心名词从句子中移出,可表示成:

(26)the [Paris that I knew ___].

对于 the 后成分的范畴,Kayne(1994)认为是 CP,如:

(27)$[_{DP}[_{D'}[_D$ the$][_{CP}[$Paris$][_{C'}[_C$ that$]$ $[_{TP}$ I knew t $_{Paris}]]]]]$

Simpson(2002)认为汉语的情况与此相同,如:

(28)我昨天听到的邓小平逝世的消息

　　　$[_{DP}$ 的 $[_{CP}[_{DP}$ 邓小平逝世的消息$]_m$ $[_{IP}$ 我昨天听到 t $_m]]]$

→[DP[IP 我昨天听到 t m]P [D 的 [CP[DP 邓小平逝世的消息 m] t p]]

Kayne(1994)的做法是将关系化和话题化等同处理。Li(2002)认为这种处理适用于英语,但不适用于汉语,她的例证是汉语中关系化跟话题化并非完全一致,有的能够关系化,但不能话题化(29-30);有的能够话题化,但不能关系化,如例(31):

(29)a. 他修好那部车的方法　　a'. *那个方法,他修好那部车

　　b. 他修车的原因　　　　　b'. *那个原因,他修车

(30)a. 他不念书的后果　　　　a'. *这个后果,他不念书

　　b. 他唱流行歌的声音　　　b'. *这个声音,他唱流行歌.

(31)a. 鱼,我喜欢吃鲜鱼　　　　a'. *我喜欢吃鲜鱼的鱼

　　b. 书,我喜欢读红楼梦　　　b'. *我喜欢读红楼梦的书

根据我们前面的分析,D 的补足语是 nP,如果正确的话,可以绕过话题化与关系化的不一致。

(32)a. [DP[D'[D the][nP[Paris][n'[n that] [TP I knew t Paris]]]]]

　　b. [DP[D'[D 的][nP[方法][n'[n] [TP 他 t 方法 修好那部车]]]]]

在关系化时,扩展 TP 的是功能范畴 n;在话题化时,扩展 TP 的是功能范畴 C。如果正确的话,则英语与汉语在关系化上获得了极大的一致,除了 D 的语音实现不同及其相应的句法后果不同以外。英语的 D 由 the 实现,汉语的 D 由"的"实现;前者的 EPP 特征较弱,不激发相应的成分移位到 D 的指示语位置,而后者正好相反。

另外,内嵌小句也不一定非得通过关系化。"后果"、"声音"等有可能不是通过关系化,或者说通过从 TP 中移位移进 n 位置的,即 Li(2003)所言的无空位(gapless)情况。我们遵从国内学者的研究,将"后果"、"声音"等当做内容名词,本身即为词汇核心,如:

(33)[DP[他唱流行歌][D'[D 的][nP [n'[n 声音] [nP[TP < 他唱流行歌 >][n'[n]
[NP[N< 声音 >]]]]]

用 nP 可以绕过话题化与关系化的不对称,而且可以坚持 Kayne 的移位说,因为汉语中也有跟英语相似的习语需要解释,如:

(34)a. 她吃的醋比谁都多

　　b. The headway that Mel made was impressive.

"吃醋"与 make headway(取得进展)都是习语,习语要求 VO 一起生成,然后实施分离。所以我们将汉语的关系化现象跟英语作相同处理。如果正确的话,表明 D 的补足语只能是 nP。

3. 语义核心

上文中说过"张三的书"、"张三的穷"、"张三的来"中的"书、穷、来"等是语义核心。这种表述或许不精确,但可以用来表述我们探讨的对象。语义核心是留存在 D 的补足语中的成分。根据句法结构,这些语义核心可能有三种来源:词汇核心、附加语、论元。

3.1 词汇核心

词汇核心常常是动词或形容词,因为它们常有论元的投射,如果论元被提升到 D 的指示语位置,其词汇核心就留存在 D 的补足语中充当语义核心,如:

(35) a. 我们的抵抗   中国的支持   老师的称赞   他们的思念

      b. 敌人的消灭   计划的制定   影响的扩大   顾虑的消除

      c. 敌人的破坏   政府的保护   工人的检修   我们的建设

      d. 桥梁的破坏   环境的保护   设备的检修   国家的建设

在显现一个论元时,由哪个论元提升到 D 的指示语位置是非常有趣的课题(沈家煊、王冬梅,2000)。根据功能范畴假设,"二价动词"V 可以有两种扩展方式,如:

(36) a. $[_{vP}[DP_1][_{v'}[v][_{VP}[DP_2][V]]]]$

      b. $[_{vP}[DP_1][_{v'}[v_2][_{VP}[DP_2][_{v'}[v_1][_{VP} \phi][V]]]]]]$

a 中词汇核心由一个功能范畴 v 进行扩展,b 中词汇核心由两个功能范畴 v1、v2 进行扩展。

例(36a)如果向 n 扩展,而且 V 向 n 核心移位的话,DP_2 会失去格位。失去格位的 DP_2 或不再出现,如例(35a)"我们的抵抗"与例(35c)"敌人的破坏",或借助介词,如"我们对敌人的抵抗"与"敌人对桥梁的破坏"。

例(36b)如果向 n 扩展,而且 V 向 n 核心移位的话,DP_2 也会失去格位。DP_2 要出现的话,一定要借助于介词,如"? 我们对敌人的消灭",而不能是"* 我们的消灭"。由于汉语缺乏合适的介词,所以例(36b)往往只扩

展到 v_1，然后向 n 扩展，则 DP_2 将会提升到 DP 的指示语位置，如"敌人的消灭"例(35b)与"桥梁的破坏"例(35d)。

根据我们的初步观察，在 V 的事件图景中直接选择两个参与者的功能范畴一般是 Do；在 V 的事件图景中分别选择一个参与者的功能范畴一般是 Bec 与 Caus。由于 Caus 扩展的 vP 短语在 n 扩展之后没有合适的介词对 DP_2 指派格位，所以实际上是 Bec 扩展的 vP 直接向 n 扩展，即：

$(37)[_{vP}[DP_2][_{v'}[v_1\ ][_{vP}[\phi\ ][V]]]]$

如果确切的话，可以简单地记作：

$(38)a.\ [_{nP}[_{n'}[n\ ][_{DoP}[DP_1][_{Do'}[_{Do}\ ][_{vP}[DP_2][V]]]]]]$

　　b. $[_{nP}[_{n'}[n\ ][_{BecP}[DP_2][_{Bec'}[_{Bec}\ ][_{vP}[\phi\ ][V]]]]]]$

情形为(38a)的 DP 会采用两种形式，情形为(38b)的 DP 只有一种形式：

			抵抗(35a)	破坏(35c、d)	消灭(35b)
38a	1	DP_1 对 DP_2 的 V	我们对敌人的抵抗	敌人对桥梁的破坏	*我们对敌人的消灭
	2	DP_1 的 V	我们的抵抗	敌人的破坏	*我们的消灭
38b		DP_2 的 V	*敌人的抵抗	桥梁的破坏	敌人的消灭

"抵抗"组可以用 Do 进行扩展，"消灭"组可以用 Bec 进行扩展，"破坏"既可以用 Do 进行扩展，又可以用 Bec 进行扩展。粗略地说，用 Do 进行扩展，表明 DP_1 能够控制动词所描述的事件；用 Bec 进行扩展，表明 DP_2 受动词所描述的事件的影响[①]。在句法上，BecP 可以在时制扩展后成句，换句话说，含功能范畴 Bec 的句子可以只有一个 DP，而含功能范畴 Do 的句子必须有两个 DP，所以沈家煊、王冬梅(2000)给出如下测试：

---

① 据 Taylor(1996:156–157)介绍，Rozwadowska(1988)曾有个中性限制(Neutral Constraint)，中性是种题元角色，该限制认为中性这种题元角色不能出现于名词短语的指示语位置。关于中性角色，她是这样定义的：

某个体 X 如果满足以下条件，则能获得谓词 Y 所指派的中性角色：

(ⅰ) X 不受 Y 所描述的活动、过程或状态的影响

(ⅱ) X 不能控制 Y 所描述的活动、过程或状态

这种限制跟我们的功能范畴假设的结果基本一致。但功能范畴毕竟是句法范畴而不是语义范畴，所以对功能范畴的阐释只能是其基本意义。

（39）a. 他们消灭了敌人   b. 他们抵抗敌人

    敌人的消灭   *敌人的抵抗

    敌人消灭了   *敌人抵抗了

说明扩展"消灭"的功能范畴为 Bec 与 Caus，扩展"抵抗"的功能范畴为 Do。所以可以说"敌人消灭了"而不能说"敌人抵抗了"。因为有"敌人消灭了"，所以有"敌人的消灭"；因为没有"敌人抵抗了"，所以没有"敌人的抵抗"。

留存于语义核心的除了动词（包括形容词）词汇核心以外，还有名词词汇核心。名词词汇核心包括事件名词、关系名词、内容名词等。事件名词指"承诺、手术、战争"这种有动作义或过程义的名词，如"小王的（承诺）"、"妈妈的（手术）"、"人类的（战争）"等，如果可能的话，也可以把指示事件的动词所组成的复合词包括进去，如"卡车的（驾驶员）"、"产品的（推销员）"、"社会主义的（建设者）"、"未来城市的（设计者）"等（沈家煊，1999c）。这种包括进去只是描写的方便，没有实质性的价值。关系名词包括表示亲属称谓的名词、表示事物属性的名词和表示隶属于整体的一个部件的名词等，如"张三的（爸爸）"、"塑料的（弹性）"、"兔子的（尾巴）"等（袁毓林，1994）。事件名词与关系名词都是表示"固有联系"（intrinsic connection）（Chomsky，1970），所以它们在本质上是相同的，可能正因为如此，沈家煊（1999c）指出上面的事件名词"也都代表'关系'或有'关系'的含义"。内容名词是指其内容由别的成分补足的名词，如"托运的（手续）、访美的（报告）、经理的（身份）、半年的（时间）、灰姑娘的（故事）"等。马真（1981）指出，"这种定语是用来指明中心语的具体内容的"，沈家煊（1999c）进一步分析说"托运"是"手续"的内容，"访美"是"报告"的内容，"经理"是"身份"的内容，"半年"是"时间"的内容，"故事"的内容是关于"灰姑娘"的。在英语中，内容名词也是带补足语的词汇核心，如 belief、claim、assertion 等：

（40）a. The <u>belief</u> that he will win turned out to be wrong.

    b. I don't believe Mary's <u>claim</u> that she never saw Bill.

    c. John's <u>assertion</u> that he won the debate is not unreasonable.

这些名词的内嵌句在生成句法学一开始就作为名词的补足语进行处理，而把另一些名词的内嵌句作名词的修饰语进行处理（the <u>book</u> that

Chomsky has read）。现在看来，前者的中心名词为词汇核心，而后者中心名词为移位的论元。

3.2 附加语

附加语也可能成为留存补足语的语义核心，如例（29）的"他修好那部车的方法"与"他修车的原因"中的"方法"与"原因"等。说它们是附加语的证据是：

（41）他用那种方法修好了那部车　　　他为那个原因修车

这不是唯一的处理办法，比如说袁毓林（1995）就没有把它们看作附加语，而是把它们当作某个隐含谓词的论元，他的例子是：

（42）[指导]开车的技术→*[指导]开车的

　　　游泳[造成]的姿势→* 游泳[造成]的

　　　[促使]辞职的理由→*[促使]辞职的

　　　出差[需要]的经费→* 出差[需要]的

从他的例子来看，"技术"是隐含谓词"指导"的论元。他这样处理的动机是为了找出"VP+ 的"称代中心语 NP 的规则，比如他说"在'VP+ 的 +NP'中，当 NP 是一个能激活 VP 中的动词（包括 V_ϕ 一类被隐含的动词）的名词时，'的'字结构'VP+ 的'不能称代中心语 NP"。

首先必须指出的是，在不同的理论体系中用什么样的名称来称谓无关紧要。比如说，一般将"我的书包"中的"我"看作修饰语，而在 X'－理论中则为指示语或者主语；"的"一般看作"助词"，而在这里看作 D。换句话说，我们的"附加语"和袁毓林的"论元"并不抵牾，因为理论体系不同。不过也有和我们相似的，如沈家煊（1999c），他将我们称为附加语的成分用"环境格"来称谓，他说："'时间''原因''方式''涉事''目的'等所谓的'环境格'一般不处在这样的认知框架内，也就不能成为转指的对象。这就是'* 到站的（时间）'，'* 迟到的（原因）'，'* 切脉的（方法）'等转指受限制的原因。"由于事件图景中的参与者可能会和句子中的题元角色不一致，所以我们倾向于用句法位置来称谓。

我们用附加语来称谓也可以很简单归纳出"VP+ 的"称代中心语 NP 的规则，如"'的'字结构一般不能称代附加语与词汇核心"。

3.3 论元

3.3.1 VP 的 N

在关系化中,常有动词的论元充当语义核心的情况,如"开车的人",这种情况较简单,通过复原测试即可。有些语义核心似乎不是动词的论元,但它也可以留存于 DP 的补足语位置:

(43)我捆书的绳子　　　　　　　咱们堆化肥的屋子

袁毓林(1994)称之外围格,他说:"提取外围格和环境格的'VP+的'的 VP 中可以没有句法空位。"如果确实没有句法空位的话,这些语义核心就谈不上论元了。如果"绳子"等不是论元的话,按理"我捆书的"就很难转指"绳子",但事实可能不是这样(周国光,1997;沈家煊,1999c;陆俭明、沈阳,2003)。我们将在这里证明存在句法空位,而且它们就是动词的论元。根据功能范畴假设,动词本身没有论元结构,而是由功能范畴 v 从它的事件图景中选择参与者作论元。比如说"捆",它的事件图景可以表示成:

(44)　　　　　　捆

　　施事　　受事　　工具　　……

或:$\exists e[kun'(e) \,\&\, agent(x, e) \,\&\, patient(y, e) \,\&\, instrument(z, e) \,\&\, \cdots]$

如果要生成"我捆书"与"我捆绳子",则需要从词库中分别提取如下的词项(无关细节忽略):

(45)a. {捆,v_1,我,书}

　　　b. {捆,v_2,我,绳子}

参与者的不同,依不同的功能范畴而定。如果要生成"我把绳子捆了书",则需要两个功能范畴,比如说 v_m、v_n,其论元的提取过程可以表示成:

(46)a. 捆 $-v_m$:(绳子,书)

　　　b.捆 $-v_m-v_n$:(我,(绳子,书))

如果正确的话,这里的"绳子"确实是功能范畴 v_m 为"捆"所选择的论元。合并以后得到如下的句法结构:

(47)[$_{vP}$[我][$_{vm'}$[$_{vm}$　][$_{vP}$[绳子][$_{vm'}$[$_{vm}$[$_{vP}$[书][捆]]]]]]]

如果最上层的 v 实现为"把"的话,就可以得到"我把绳子捆了书"。在句法

位置上,由于"绳子"高于"书",所以"绳子"可以话题化,而相应的"书"不能话题化,如:

(48)a. 绳子我捆了书　　　　＊书我把绳子捆了

　　　b. 花儿我浇了水　　　　＊水我把花儿浇了

　　　　箱子我捆了绳子　　　＊绳子我把箱子捆了

　　　　窗户我糊了纸　　　　＊纸我把窗户糊了

　　　　门我顶了杠子　　　　＊杠子我把门顶了（李临定,1988）

如果换成"我用绳子捆了书",则结构与"我把绳子捆了书"非常不同,前者中"用绳子"作附加语,可表示成:

(49)[vp[我][v' [PP 用绳子][v'[v][VP[书][捆]]]]]]

作为附加语的"绳子"不能阻止"书"的移位,所以"书"可以话题化,这跟"我把绳子捆了书"中的"书"非常不同。试比较:

(50)a. 我把绳子捆了书　　　　＊书,我把绳子捆了

　　　b. 我用绳子捆了书　　　　书,我用绳子捆了

例(50a)中的"绳子"是论元,所以可以用"我捆了书的"进行转指;例(50b)中的"绳子"是附加语,一般不能用"我捆了书的"进行转指(见3.2)。由于存在这两种可能,所以也就存在商榷(周国光,1997)。现在看来,袁毓林(1995)是从附加语角度理解的,从他所举的例子[如"＊我用它喝药的(杯子)"——着重号为笔者所注]也可以看出。

3.3.2　N 的 N

"N 的 N"中 N 为论元的例子也较多,常见的是表示领属关系的"N 的N",如"张三的书包",其中"张三"与"书包"都是某个抽象谓词如"有"的论元。Huang(1997)曾处理过领属性施事句,如"你睡你的觉吧",他假设"睡"是"你的觉"的核心,然后"睡"通过核心移位,提升到"你的觉"之前,即 DO 位置,如:

(51)[IP 你 [VP DO [IP 你的 [VP 睡　觉]]]]

如果 Huang 正确的话,则"N 的 N"中确实含有谓词。由于"N 的 N"还可以位于主动词前面,如果发生核心移位,则会造成移进的位置不能成分统制(C-Command)谓词的基础位置,违反了核心移位的限制。这样一来,推导理应崩溃,而事实上并非如此,如:

(52) 张三的中餐吃多了　　张三的篮球打得好　　张三的老师当得好

为了解决不同位置的领属性施事句的生成问题,我们接受 Huang 的思想,在技术细节上做点改造,即假定存在抽象谓词①。所以"你的觉"与"张三的中餐"的推导过程可以表示成:

(53)a. $[_{DP}[你][_{D'}[_D 的][_{nP}[<你>][_{n'}[_n][_{vP}[<你>][_{v'}[_v][_{VP}[觉][_v \phi_{睡}]]]]]]]]]$

　　b. $[_{DP}[张三][_{D'}[_D 的][_{nP}[<张三>][_{n'}[_n][_{vP}[<张三>][_{v'}[_v][_{VP}[中餐][_v \phi_{吃}]]]]]]]]]$

两个结构中都含有抽象谓词 $\phi_{睡}$ 与 $\phi_{吃}$,而且两个结构中的论元都很完整。可以想见,如果其中将被移到 D 的指示语的论元以空范畴的形式出现,则所得结果("e 的 N")不成立;如果赋予空范畴以语音形式,其结果("N 的 N")也不能成立。比如说:

(54)a. 张三吃中餐吃多了　　　　张三的中餐吃多了

　　　b. 张三吃中餐吃胖了　　　＊张三的中餐吃胖了

前者似乎可以将其中的一个动词换成"的",而后者不可以。这可能跟 DP 的推导有关。根据功能范畴假设,两个重动句的句法结构分别是(无关细节忽略不计):

		Caus	V
张三吃中餐吃多了	张三吃[中餐]$_i$		吃多了
张三吃中餐吃胖了	e$_i$吃中餐	e_i 张三$_i$	吃胖了

　　根据熊仲儒(2004c),Caus 位置可以实现为"把",所以以上句法结构的经验证据是:

(55)a. ？张三吃中餐把中餐吃多了

　　　b. 吃中餐把张三吃胖了

(55a)在语感上不好,是由于本应为空范畴的 e 实现为语音形式,而不是别的原因。如果(55b)中的空范畴 e 实现为语音形式,在语感上也会不好,如:

(56)？张三吃中餐把张三吃胖了

---

① 对此,袁毓林(1995)也提出"谓词隐含"观念,然后通过删除谓词达成"N 的 N"。这种方式可能需要过多地依赖于语义规则。如:

红木制造的家具　　→　　红木的家具　　　　制造家具的红木　　→　　＊家具的红木

红木换的家具　　　→　　＊红木的家具　　　描写战争的故事　　→　　战争的故事

如果正确的话,"张三 V $_吃$ 中餐"在向 D 扩展时当然会跟"e V $_吃$ 中餐"有所不同。前者为"张三的中餐",后者为"e 的中餐"而不能为"张三的中餐"。由于"的"指示语必须显现,"的中餐"也就不存在。

3.4 "X 的"的转指

语义核心可以在语音层删略,如"张三的(书包)"、"开车的(人)"、"红的(衬衫)"等。删略以后,"X 的"可以转指其语义核心(朱德熙,1983;袁毓林,1995;沈家煊,1999c)。删略的语义核心一般是论元,而不能是附加语与词汇核心。所以:

(57)论　　元:开车的人　　→　　开车的

　　　附 加 语:开车的技术　→　*开车的

　　　词汇核心:张三的意见　→　*张三的

为什么论元可以删略而附加语与词汇核心不能删略呢? 从句法上我们很难回答这个问题,因为论元与附加语最后的位置都是位于功能范畴 n 的指示语位置,论元能够删略的话,附加语没有理由不能删略。从句法上讲,如果论元能够删略的话,其他的语义核心也应该能够删略。这一点确实得到了语言事实的证实,如(58a)删略的为附加语,(58b)则为词汇核心:

(58)a.你在技校都学会了哪些技术? 开车的,修车的,多着呢。(袁毓林,1995)

　　　b.老王的意见你已经知道了,我的你也该听听。(沈家煊,1999b)

可能正因为如此,袁毓林(1995)说,"VP+ 的 $_t$"和"VP+ 的 $_s$"都是表示转指的[1]。从 DP 分析法来看,这很容易理解,因为"的 $_t$"与"的 $_s$"是一种人为的分类,实际上它们都是功能范畴 D。朱德熙(1961)花了大量的篇幅论证主宾语位置的"S 的"与定语位置的"S 的"的同一性,现在看来,也确实如此,因为两种位置上的"的"都是 D,不同在于前者的语义核心在语音层被删

---

[1] 袁毓林(1995:253)曾竭力地"想证明'的'字结构在语义上都是表示转指",但他也指出像"他的迟到"这类"的"字结构只表示自指。我没有弄明白他为什么将"VP+的"跟"N 的 V"同样对待,虽然"N 的 V"表示自指,但其中的"N 的"还是可以转指 V 的,如:

　　我的迟到你可以批评,但他的绝对不可以,因为他是为我们才迟到的。

所以,袁毓林(1995:241)在摘要中指出:"所谓自指的'的'跟转指的'的'都具有……表示转指的语义功能。"这和我们的结果一致。

略(S的e),而后者的语义核心没有被删略(S的N)。

为什么一般情况下论元能够删略而附加语与词汇核心不能被删略呢?根据功能范畴假设,论元由功能范畴选择,在句法结构中实现的位置和数目相对固定,在执行系统(performance system)中,可以由显现的论元找回被删略的论元。附加语可以随意地实现,在句法上可以随意地嫁接于x'节点,很难找回。词汇核心指示事件图景,由于功能范畴一般没有语音形式,所以被删略的词汇核心在执行系统最难找回。如"开",如果我们利用事件语义学来表示的话,可以表示成(59a):

(59)a. $\exists e[kai'(e) \& agent(x, e) \& patient(y, e) \& technique (z, e)\& manner(m, e) \& time(n, e) \&\cdots]$

    b. <u>张三</u> <u>某个时间</u> <u>在某个场地</u> <u>用某种技术</u> 开车

kai'(e)表示"开"指示事件图景e,在这个事件图景中有很多的参与者,如agent、patient、technique、manner、time 等。"张三开的"能够转指另一论元"车";而"张三开车的"有多种转指可能,如"时间、场地、技术"等,很难确定到底转指哪一个。一种事件图景中的参与者是一定的,虽然数目可能有很多,但能够充当论元的参与者很少;而事件图景的数目远远大于某个事件图景中可能的参与者的数目,因为每个有"价"的谓词都可以指示一种事件图景。所以在找回的难度上可能存在这样一种序列关系:

(60)论元 < 附加语 < 词汇核心

这一点也可以得到证实,如沈家煊(1999c)说:"转指受一定的限制,例如我们可用手指着一只书包说'这是小王的',但一般不会在家长会上指着小王的爸爸向人介绍说'这是小王的'。又如'开车的'转指开车的技术,得有较特殊的语境。"因为"书包"是论元,而"爸爸"是词汇核心,所以前者可以删略,而后者不可以。"技术"是附加语,所以在"特殊的语境"下可以删略。

英语的情况跟汉语相同,最容易转指的是论元,最不容易转指的是词汇核心,如:

(61)论   元:John's shirt →John's is more expensive than mine

                 →The shirt is John's

    词汇核心:John's arrest →?John's was unlawful

→*The arrest was John's

John's sister　→?My sister is still at University, but John's
graduated last year

→*The sister is John's

4. 本节余论

　　"N 的 V"里的"的"相当于古汉语的"之",朱德熙(1983)认为,"'之'的作用是使主谓结构名词化,因此我们把'之'字也看成一个名词化标记"。"之"如何使主谓结构名词化成为一种可能呢?除非"之"、"的"等成为核心才可以将其范畴特征传递给其母亲节点(司富珍,2004)。在生成句法学中,有个现成的功能范畴 D 具有名词性,所以我们将"的"看作 D 的语音实现形式。这样一来,就顺便解释了 DP(名词性短语)与 TP(句子)的平行性。我们没有将"的"处理作 C,是因为 C 的范畴特征可能为动词性(Grimshaw,2000),另外也不方便解释 V 在 CP 中为什么不能附带句子信息,而且也不方便解释带宾语从句的谓词为什么不能带以"的"为核心的CP。所以,从类比的角度,我们把"的"看作与英语"'s"相对应的功能范畴D(Chomsky,1995),而且也希望所有具有[限定]义的"的"都可以处理成D。这也许会被证明是一种错误,但就目前来看,它确实能解释学界的一些看法。比如说,为什么结构助词"的"与指示代词"这 / 那"之间具有语法共性(曾美燕,2004),为什么彝语中相当于"的"的"su³³"的结构助词也具有定指功能(胡素华,2002)。如果这个结构助词是功能范畴 D 的语音形式,则一切迎刃而解。

　　动词的名词化,跟主谓结构的名词化是不同的概念。如果 D 使得主谓结构名词化,那什么使得动词名词化呢? 我们根据熊仲儒(2001),建议用功能范畴 n 取代词缀 Af。这样处理的好处是使得 NP(现在的 nP)有了句法核心 n,解决了"语言结构的递归性"(沈家煊,1999a);另一个好处是统一处理了 D 的范畴选择(都为 nP)及汉语的"N 的 V"与英语的"N's V-ing"(Abney 的 Poss-ing 结构),也解决了关系化与话题化的不对称。这样一来,又产生了一个新的问题,即 n 使得 V 名词化,必然也使得整个主谓结构名词化,那么 D 的作用又何在呢? D 的作用不在名词化,我们的直觉是,说"的"的语法功能在于名词化,对"N 的 V"与"VP 的"等都很容易理解,但对于"N 的 N"与"N 的"却不容易理解。为此,袁毓林(1995)曾提出谓词隐含这一概念。但现在看来,谓词短语也好,隐含谓词短语也好,在 D 的补足语 nP 中都已经名词化了。除非不要 n 才可以让 D 使谓词短语名词化,但很显然这种假定不成立。n 与 D 这两个功能范畴都是需要的,前者为解释 V 的名词化,后者为安置"的"。说"的"为名词化的标记,可能是因为汉语中名词化的功能范畴 n 没有语音形式。尽管 D 的存在不是为了 V 的名词化,但可以使整个 DP 具有名词性。所以从另一个角度说,名词化的标记一说多少也有一定的道理。

D 的作用是什么呢? 根据推导历史,一开始的 vP 或 nP,都是表示某种"关系",只有当它推导到 DP 的时候,才表示"事物"。如果正确的话,D 的作用可能是在关系中确定事物。可能正因为如此,Li(2002)指出:"N 常是指示属性的表达式(谓词类型),D 常是指示个体的表达式(论元类型)。"石毓智(2000)从认知语言学的角度认为"的"的基本功能是"从一个认知域中确立出成员",说的大概也是这个意思。如果硬要类比的话,可以说认知域由 nP 确定,D 只是从认知域中确立或限定成员。由于"的"这个 D 具有较强的 EPP 特征,激发着补足语中的成分发生部分移位,留存于补足语中的成分,我们称之为语义核心。这些语义核心有三种来源:论元、附加语、词汇核心。从句法上讲,既然论元可以删略,则附加语与词汇核心也能删略。后者之所以很少删略,可能跟执行系统中的找回难度有关。既然如此,"X 的 e"在合适的语境都能起到转指作用;这样一来,"的"本身也就无所谓自指与转指这样的语义功能了。"的"只是一个具有限定作用的功能范畴 D。

"N 的 V"中 V 的词类问题,学界一直在探讨。在生成句法中,词库登录着词项的一些特异性质,如范畴特征。我们根据这些特征标记将词项插入句法结构中的合适节点,如果没有这类标记,句法将无所作为。所以每个词项在词库中都会标记上词类。由于"N 的 V"中的 V 有动词性与名词性,所以在词库中要么将 V 标记为动词,要么标记上名词,然后在计算系统中推导出其名词性或动词性。我们的做法是在词库中登录其动词特征,然后在推导中让功能范畴 n 赋予其名词特征。能不能在词库中登录其名词特征,然后在推导中让功能范畴 v 赋予其动词特征呢? 可能不行,由于扩展路径"V[-N]→n[+N]→D[+N]比 N[+N]→v[-N]→D[+N]"更自然,D 在范畴上只选择 nP 而不会选择 vP,另外,张伯江(1993)关于"N 的 V"中 V 的谓词性减弱与名词性增强也证明了这一点。

第三节　生成语法中的"的"字结构

结构主义语言学发现短语不仅仅是词的线性排列,而且还是按照一定的规则一层一层的加以组合而构成的有规则的结构体,句法结构的这种特性被称之为句法结构的"线条性"与"层次性"。为描写这两种特性,生成语法早期采用的是短语结构规则,后来采用的是 x'- 理论与赤裸的短语结构理论(BPS)。跟结构主义语言学,也跟早期生成语法学不同的是,目前生成语法中主流认为:每个句法结构都有核心,而且只有一个核心;每个结构(最多)只有两个直接成分,如核心与补足语、中间投射与附加语、中间投射与指示语;核心(范畴)不是原子成分,而是特征集的复合体;每个结构都有可能被另一核心进行扩展,成为另一核心的补足语;等等。本节将根据生成语法学中的短语结构理论探讨汉语"的"的句法地位。本节分四个部分来写:第一部分从"可能的短语结构规则"的角度将"的"确定为核心,并从特征继承的角度将"的"确认为名词性的功能范畴;第二部分从结构的双分枝的角度论证了"的"为功能性核心成分;第三部分从句法核心的多功能性论证了"的"可以为句法核心,并从语义的角度论证了设置"的"这一功能范畴的必要性;最后是结语。

1. 核心的范畴特征

据 Fukui(2000)报道,X'- 理论产生有两大基本动因,其中之一就是"可能的短语结构规则"。据观察,人类语言允许规则(1),而不允许规则(2),如:

(1) a. VP→V(NP)(PP)　　b. NP→(Det)N(PP)　　c. PP→P(NP)

(2) a. VP→N(PP)　　　　b.NP→V(NP)(PP)　　c. PP→N(VP)

从直觉上说,(2)的不可能是很清楚的,VP 是动词短语,当有动词存在,而 VP→N(PP)中并不包含动词 V;同样,NP 是名词短语,当有名词存在,而 NP→V(NP)(PP)中并不包含名词 N。概括地说,当没有 X 时,XP 就不能成为 X 的短语。换句话说, 人类语言的短语结构是"向心的"(endocentric),即短语 XP 必须由核心成分 X 建构。规则(2)违反了向心原则,所以不能成为"可能的短语结构规则"。据沈家煊(1999a)报道,Lyons曾指出:"N 和 NP 之间,V 和 VP 之间都存在着一种必不可少的联系,对哪种语言都一样……NP 和 VP 不仅仅是帮助记忆的符号,它们分别表示必定是名词性和动词性的句法成分,因为两种分别以 N 和 V 作为必有的主要成分。"并且指出"[诸如(2)那样的规则]不仅是违反常理的,在理论上也是站不住的"。如果确信的话,"可能的短语结构规则"必须具有向心性,可指派如下结构:

(3) XP→…X…

(3)只要求 XP 包含核心 X 即可,至于 XP 包含几个分枝(直接成分)是不论的。比如说,"这本书的出版",如果是包含核心 De 的 DeP 结构,则可指派句法结构(4a);如果是包含核心 X 的 XP 结构,则可指派句法结构(4b),当然还有其他可能:

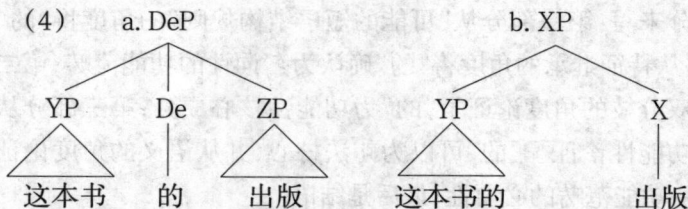

(4)　　a. DeP　　　　　　　　　　　b. XP

```
        DeP                           XP
      /  |  \                       /    \
    YP   De   ZP                  YP       X
    △    |    △                  △        |
  这本书  的  出版              这本书的    出版
```

因为人类语言的短语结构规则遵守向心原则, 所以核心会将其特征渗透到母亲节点 XP。"这本书的出版"在(4a)中会带上 De"的"的范畴特征,在(4b)中会带上"出版"的范畴特征。"出版"是名词性的,则"这本书的出版"是名词性的;"出版"是动词性的,则"这本书的出版"是动词性的。如果不做技术上的处理,如引进词缀 Af 或轻名词 n,(4b)的句法结构不好。因为普遍认为"这本书的出版"是名词性的,为此必须让"出版"在词库中登记为名词,但这样会造成大量的兼类现象(即存在名词的"出版"与动词的"出版")。在不做技术处理之前,(4a)是最好的选择,只要让"的"在词库中登录名词性范畴特征即可。顺便说句,中心语的特征渗透原则对(4a)并没落空。

如果"的"在词库中登录名词性范畴特征,根据中心语的特征渗透原则,则(4a)中"N 的 V"具有名词性特征。但对于研究者而言,要想知道核心在词库中的范畴特征,则只能从继承的角度进行识别,即由测试母亲节点的范畴特征拟测其核心的范畴特征。因为"N 的 V"具有名词性,如果"的"是短语的核心,则"的"自然地拥有名词性范畴特征;如果核心不是"的",而是 V 的话,则需要假设 V 名物化或假设轻名词 n 使 V 具有名词性。即便如此,仍旧排除不了"的"为结构核心的可能性,除非我们假定"N的"为句法成分。这有两种方式,一是"N 的"为附加语,一是"N 的"为论元。由于 N 是 V 的论元,所以"N 的"不可能为附加语。如果"N 的"为论元的话,则可指派如下句法结构(5a):

(5)a. $[_{FP}[N \text{ 的}]_i[_{F'}[_F][_{nP}\cdots t_i V\cdots]]]$　　　　b. $[_{FP}[N]_i[_{F'}[_F \text{ 的}][_{nP}\cdots t_i V\cdots]]]$

现在的问题是,为什么"N 的"要带上"的"做 V 的论元? 对此,我们是不好回答的,除非认为"的"跟 N 的格特征有关,像介词短语中的介词及其宾语一样,但一般认为 DP 跟 TP 具有平行性,T 能给主语以主格或为主语擦除格特征,那么 D(F) 也应该可以为 N 以属格或为其擦除格特征,所以 N 与"的"没有理由构成一个句法成分;另外,按照这种假定,不需要格的 TP是不应该有"的",但实际上却有"的",如"[我吃的]饭"。这些说明,N 与"的"不能构成一个句法成分,所以只能为之指派(5b)。这样一来,"的"还是具有名词性范畴特征,因为 FP 是名词短语。

说"的"具有名词性特征可能很难接受,因为一般认为只有受数量短语修饰,不受副词修饰的成分为名词(朱德熙,1982),而"的"并没有这样的分布特点。话虽如此,但人们还是把没有这些分布特点的方位词看作名词,所以以名词的分布特点否定"的"的名词性并不充分。另外,名词和名词性也是不同的概念,前者是范畴,后者是范畴特征。说"的"具有名词性,从历史的角度看,大概也可以接受。据王力(1980)研究,相当于"的"的"之"与代词"之"同出一源,如"麟之趾"的原始意义是"麟它趾"。江蓝生(1999)也认为相当于"的"的"底"来源于方位词"底"。据 Taylor(1996)报道,英语的 Poss(即's)来自代词,即也来源于名词性的成分,如:

（6）a. the king his wisdom（1545）　　　b. Mr. Careless his letter（1693）
如果可信的话，说"的"有名词性特征也不是不可以接受的。

"的"不仅具有名词性范畴特征，而且也具有功能性范畴特征。对于功能范畴的特征，Abney（1987）曾基于 20 世纪 80 年代的研究作过仔细的讨论，并总结出以下这几项：（1）功能性成分是一个封闭的类；（2）功能性成分在音韵上／形态上缺乏独立性；（3）功能性成分只选择一个补足语（complement），而该补足语并非论元（argument）；（4）往往跟后面的补足语不能分离；（5）功能性成分缺乏"描写性内容"，主要表示语法关系。这些特征都适用于"的"：首先，在现代汉语里，表示定中式偏正关系的标记词严格意义上只有"的"，说明它是个封闭的类；在音韵上缺乏独立性，因为它轻声，轻声的成分常黏附于前面的成分，以致人们常把它和前面的成分当作一个句法单位；不管是（5b）还是（5a）都反映了它只选择一个补足语，前者选择 nP，后者选择 N；"的"是用来扩展补足语的，所以也就不能独立存在，不能跟后面的补足语分离；"的"缺乏"描写性内容"，在语法关系上，是偏正结构的标记词。"的"满足以上各种特征，说明它确为功能范畴。因为"的"是名词性功能核心，而功能核心必须有宿主，所以"的"当然也就不会具有名词的分布特征。

生成语法学不认为范畴是原子成分，而认为它是特征复合体，所以在该理论中，范畴可以采用特征进行描述。如词汇范畴常被描写为：

（7）N=[+N, −V]　　A=[+N, +V]　　P=[−N, −V]　　V=[−N, +V]
这样设置的好处是方便解释 V、P 与 N、A 的句法行为。管约论（GB）认为格位的指派跟范畴的特征有关。V 有[−N]特征，可以指派格位；而 A 有[+N]特征，无法指派格位。前者跟 P 构成一组，后者跟 N 构成一组。在英语中有整齐的分布，V 与 P 可以直接带宾语，而 A 与 N 要借助于介词，如：

（8）a.The Romans destroyed the city.　　　　Peter is in London.

　　b. the Romans' destruction of the city　　Bill is afraid of the dark.
汉语的情况也与之相同，汉语动词与介词也可以直接引进内部论元，而名词与形容词则要通过介词引进内部论元，如：

（9）a. 敌人毁坏了城池　　　　我在芜湖教书

132

　　b. 我们对祖国的感情　　　　他对电视机很精通

另外,也可以解释 N 与 P 的相似性,如英语 PP 跟 NP 一样具有主语的语法功能:

　　(10)a. Into the meadow seemed to stroll the basselope.

　　　　　b. Into the meadow [strolled Rosebud] and [ran Milo].

(10a)中的介词短语可以像主语一样提升,(10b)中介词短语在并列结构中像主语一样可以删略, 所以有学者认为英语介词短语像名词短语一样可以做主语。在一些学者的词类连续统上,也通常是名动构成两极,从 N、V 的范畴特征来看确实如此,所以 Fukui 指出,可以预测名词和动词从不组成一个自然的类。

　　如果接受范畴是特征复合体的观念,倒可以直观地表达 De“的”跟名词的不同,因为前者为功能范畴,后者为词汇范畴。为示区别,不妨用特征[F]进行区别,如:

　　(11)a. De:[+N, +V, +F]　　　　b. N:[+N, −V, −F]

因为 De 与 N 的区别特征之一在于[F],所以两者的分布特点不同,我们不能期望一个没有“描写性内容”(descriptive content)的功能范畴接受数量短语的修饰。由于 De 具有[+N]特征,所以整个短语具有名词性。至于 De 的[V]特征,我们暂定为正值。

2. 句法结构的双分枝性

　　X'- 理论只是要求 XP 含有核心 X,至于句法结构应该是双分枝还应该是多分枝,该理论决定不了。在管辖约束理论时期或更前时期,在句法结构的建构上虽有所不同, 但基本上都是动词及其补足语或子语类成分在同一个层次上,构成平头的多分枝结构,如 Chomsky(1986)提出的 X'-图式就是这样:

　　(12)Formal X-bar schemal:

　　　　X'' = X' Y''*

　　　　X' = X Y''*

　　后来的学者基本上放弃了这一假设而提出双分枝结构,有辖域上的原因(Larson,1988),也有词序上的原因(Kayne,1994)。

最简方案认为句法操作的基本方式之一是合并，即将两个句法体组成一个新的句法体。如果这种操作方式正确的话，则句法结构也应该是双分枝的。可以毫不夸张地说，句法结构的双分枝性是20世纪语言学的重要发现，直接成分分析法就是这一发现的重要成果。黄伯荣、廖序东（2002）主编的《现代汉语》指出：除了并列结构之外，一般采用"从大到小，基本二分"的方法，即把一个短语逐层切分出两个最大的直接成分。叶蜚声、徐通锵（1997）也说：我们在分析句子的时候，可以找出它是由哪两个最大的部分组成，确定这两个部分是什么关系（结构类型），接着用同样的方法逐一分析这两大部分，找出它们各由哪两个部分组成，又分别是什么关系，这样一层层分析下去，直到全部都是单个的词为止。由于人们很大程度上将直接成分分析法等同于二分法，所以即使是感知上的三分结构也要从二分结构去考虑。比如朱德熙（1982）对双宾结构的处理，他说："双宾语构造是一个述语同时带两个宾语。这两个宾语各自跟述语发生关系，它们互相之间没有结构上的关系。按照这种看法，双宾语格式只能三分（述语、近宾语、远宾语），不能二分。不过我们也可以采用另外一种观点，即把双宾语格式看成是述宾结构带宾语的格式。"事实确实如此，如果不考虑双宾句的计算过程，可以为之指派如下的句法结构（13a），可用并列测试（13b）进行验证：

（13）a. [$_{VP}$[张三][$_{v'}$[$_v$ 送了][$_{VP}$[李四][$_{v'}$[$_v$ 送子][$_{VP}$[一本书][送子]]]]]]

　　b. 张三送了李四一本书，王五一支笔。

有人可能要用并列结构反对结构的双分枝性，其实并列结构也并不是不可以双分枝，根据熊仲儒（2004c）的功能范畴假设，可为并列结构指派为以连词为核心的句法结构，其中连词即为功能范畴，所关联的两项为其选择的论元，如：

（14）[$_{ConP}$[XP][$_{Con'}$[Con][YP]]]

（14）中连词和后项构成 Con'，所以在经验上只需存在连词和后项构成句法成分即可，如：

（15）a. John left, and he didn't even say good-bye.

　　b. John left. And he didn't even say good-bye.

　　c. *John left and. He didn't even say good-bye.

　　　d. 芜湖,和南京,和上海

　　　e.＊芜湖和,南京和,上海

(14)中 XP 成分统制 YP,经验上只需它们遵守约束原则即可,如:

　　(16)a. John$_i$'s dog and he$_i$/him$_i$ went for a walk.

　　　b. ＊he$_i$ and John $_i$'s dog went for a walk.

　　　c. 张三$_i$ 和他$_i$ 的妈妈

　　　d. ＊他$_i$ 和张三$_i$ 的妈妈

(16) 说明并列结构的前项成分统制后项。该项具体研究请参见 Munn (1993)。

　　如果结构的双分枝性可以接受的话,则 DeP 结构不能采用(4a),这不是因为这种结构使中心语的渗透原则落空, 而是因为它是三分枝结构。DeP→…De…的图示中,不管分枝多少,De 都是核心,都有能力渗透特征。根据动词短语内部主语假设或功能范畴假设,论元较先实现,所以"的"只能稍后实现,如:

　　(17) [$_F$ 的][…[这本书出版]] ⇒ [$_{FP}$[这本书][$_{F'}$[$_F$ 的][…[这本书出版]]]]这个功能范畴 F 到底是什么, 这里不讨论。如果说, 在多分枝结构中将"的"处理成核心成分是为了一种方便[比较(4a)与(4b)],那么在双分枝结构中将"的"处理成核心成分则是一种必需,因为(17)中"这本书"是"出版"的论元成分而非附加语。

　　如果(17)可以接受的话,说"的"有"引导"功能大概也能说得通,它引导的是"[…[这本书出版]]",由于其 EPP 特征较强,激发着"这本书"移到其指示语位置,所以汉语中没有"的这本书出版"。陆俭明(2003a)认为"这种'的'字结构是由结构助词'的'插入一个主谓结构中间所构成的",是"有条件的中置",实际上就是因为"的"的 EPP 特征较强所致。从陆先生的角度看,"的出版"可能不是"的"字前置的产物,而是"的"字"有条件的中置"于"这本书出版"的产物;张谊生(2000a)倒是将之分析作前置。分析存在视点,从"的"处于"这本书出版"之间看则为中置,从"的"处于"的出版"之前看则为前置。凡中置结构或后置、前置结构都可做类似分析,因为,如果人类语言的建构有理据的话,则不应该在开始时就存在不连续直接成分,即前置、中置、后置等现象。所以,曾被霍凯特(1986)认为含有不连续直接成分的"Is John going with you",在生成语法中则认为它在推导的某个阶段并不是非连续成分,而是由"Subj – Aux – 倒置"或"I→C 核心移位"对类似于"John is going with you"的结构进行操作所造成的。

从理论上说,(17)将会因为"这本书"的移位而造成"的"与"t 这本书出版"构成句法成分 F'的后果。从经验上说,这也能找到的证据,如:

(18) a. 因为从那里面,看见了被压迫者的善良的灵魂,的酸辛,的挣扎;还和四十年代的作品一同烧起希望,和六十年代的作品一同感到悲哀。(鲁迅《热风·祝中俄文字之交》)

   b. 我们从教育的意义上建设"大众语",就是把落后的"大众"和前进的"大众"所有意识间的冲突、的矛盾,统一起来;……。(黎锦熙《国语运动史纲·序》)

   c. 而且这比起专一描写本国军队的胜利,的勇敢,的爱国的亚美利加式电影来,也真好像近于写实。(鲁迅《二心集·现代电影与有产阶级》)

如果这种语感能得到广泛认同的话,倒更能证明"的 t 这本书出版"这种形式为句法成分,至少能证明"的"不可能为后置词。另外,"的"也不会是词缀,因为词缀只能跟特定范畴的宿主,如表示复数的 –s 只能跟单数名词之后,而汉语"的"可以跟在各种范畴的宿主之后,如"张三的书"、"张三喜欢的书"、"漂亮的书"等。如果(18)正确的话,则也说明不能采用(5a)。在管约论框架中,研究者们可从"的"为 Poss、为 C 的角度选择(5a),但汉语学者认为这些"的"具有同一性,是一个"的";在最简方案中,这种分别处理也是没有多少理据的,所以结构只能选择(5b)或(17)。

(18)在普通话中可能难于接受,赵元任(1968)说:"表现了鲁迅对于粘着语素'的'字努力取得自由的一种感觉——不但是后头自由(这已经实现了),并且前头也要自由"。在我们看来,"的"本来就跟后头的成分构成句法成分,在普通话中,"的……"之所以难于接受,那是因为"的"的音韵特征使之跟指示语构成音韵成分,如(无关细节忽略不计):

(19) 句法结构:张老三 | 的背包   这本书 | 的出版

   语音结构:张老三的 | 背包   这本书的 | 出版

语言的输出受接口层面上"完全诠释原则"限制(Chomsky,1995),简单地说应受到语音、语义结构的限制。在普通话(19)中,"的背包"虽然符合句法结构但不符合语音结构,所以不能输出;"张老三的"虽然不符合句法结构但符合语音结构,所以可以输出。

3. 句法核心

根据 X'－理论,XP 结构的核心是 X。如 TP 的核心是 T,NegP 的核心是 Neg,VP 的核心是 V。这些核心是由句法结构定义的,不妨称之为句法核心。各种类型的范畴都有可能成为核心,因为每个结构都有可能被另一核心进行扩展,成为另一核心的补足语。所有的结构都有句法核心,这跟结构主义语言学不同,比如说主谓结构,布龙菲尔德就不认为它是向心结构,但生成语法却认为是向心结构。理论视点不同,则结论不同也就在所难免了。生成语法采用 X'－理论是为了探究人类语言中可能的短语结构,比如说,为什么存在规则(1)而不存在规则(2)。这样做也有实践上的好处,比如说"张三吃了饭",如果将"了"确认为核心,就不但可以在词库中不必登录"吃了"这样的词项,而且可以在句法中通过核心移位简单地生成"吃了",如:

(20)[$_{TP}$[张三][$_{F'}$[$_F$ 吃－了][$_{VP}$ 张三　吃　饭]]]

核心向其母亲节点渗透特征。如果诸如"这本书的出版"这样的短语中"的"为核心,且"的"为名词性范畴特征,则这样的短语应为名词性短语;同样,如果诸如"非常的痛快"这样的短语中的核心是"的",且"的"具有副词性范畴特征,则这样短语应为副词性短语。将"非常的痛快"处理为副词性短语,这在生成语法学中并不奇怪,就像"他不喜欢生成语法学"是以 Neg"不"为核心的 NegP,如果"不"是副词,则"他不喜欢生成语法学"也是副词性短语。一个短语在不同的派生阶段可能有着不同的范畴特征,这依赖于扩展的核心的范畴特征,如"非常的痛快"在"痛快"阶段为形容词短语,"他不喜欢生成语法学"在"他喜欢生成语法学"阶段为动词短语。跨越了这一阶段,再说它还是形容词短语或动词短语意义不大,顶多只是言语的方便。比如说,在短语层面可以说"喜欢生成语法学"是动词短语,但到了句子层面大概就不大好说它是动词短语了,而应该叫它句子(在生成语法中,"句子"也是短语);在语素层面可以说"人"是语素,但到了词平面就应该叫它词。

目前将副词性功能范畴处理作句法核心也一种趋势，因为在跨语言的研究中发现副词的语序较为严格，如"frankly > fortunately > evidently > probably> now> perhaps > wisely >usually > already > no longer > always > completely > well"，大致遵循着语气（Mood）到时制（Tense）到情态（Modal）到时体（Aspect）的次序，但有的时候语序又似乎很自由，如：

  （21）a. He hasn't yet completely ruined it. yet > completely

    b. *He hasn't completely yet ruined it. completely > yet

    c. He hasn't completely ruined it yet. completely > yet

根据（21a、b），yet 应该前于 completely，但（21c）却允许 yet 后于 completely。假定 yet 前于 completely，且副词在指示语位置，则可指派句法结构（22）（Cinque，1999）。

  （22）$[_{TargetP}[_{Spec}$ $][_{Target'}[_{Target}][_{YetP}[yet][_{Yet'}[_{Yet}][_{ComplP}$ [completely]$[_{Compl'}[_{Compl}]$ $\cdots$

在该图示中，"completely"位于副词性 Compl 的指示语位置，"yet"位于副词性 Yet 的指示语位置。因为"yet"前于"completely"，所以得（21a）；如果 ComplP 拖带移位，则生成（21c）。由于"completely"要求 XP 移位，所以就没有（21b）。不管这种理论正确与否，至少它可以允许"非常的痛快"的句法核心为"的"。如果把"的"确定为副词性功能范畴的语音形式大概也未尝不可。为防止流入细节的探讨，也可以直接用 De 标记，而不去论及 De 的范畴特征，因为在非专门的探讨中标记没有实质性价值，所以可模仿（22）中用 Yet、Compl 等标记的方法而采用 De，甚至可用 X、Y 进行标记。

目前也用副词性功能成分研究汉语，如 Wu（1999）的研究，跟 Cinque 不同的是，他将"都"这个副词处理成句法核心，如：

  （23）[TopP [AgrsP [DistP [Dist'都[VP]]]]]

因为"都"为 DistP 的核心，激发着与之匹配的成分向其指示语移位，这样一来就很简单的解释了"都"语义指向其左边成分的语言事实。这种研究不管成功与否，至少是一种思路。这个结构也说明在推导的过程中"都"曾做过"这些书他都读过"的核心。

通过上文的研究，"这本书的出版"只能指派句法结构（17）。在该结构中，"的"是功能核心 F 的语音实现，是当然的核心。从句法计算上来说，设立 F 就像设立 Agr 一样必要。但在最简方案中,Chomsky 还是毅然放弃 Agr,原因在于他认为 Agr 没有语义。所以,F 作为一个范畴有没有必要,还需要考虑它的意义。如果没有意义,其设立则值得质疑。根据学者们的研究,我们认为 F 有"限定"义,可以设立。如张敏(1998)认为"张三的鼻子"与"洋人的鼻子"都表示"限定关系",然后根据"张三"与"洋人"的不同,将这种限定关系分为"单指限定"与"类指限定"。如果张敏的看法正确的话,则"限定"由"的"体现,"单指"与"类指"由指示语体现。从这个意义上说,将"的"确定为功能范畴 F 是可行的。既然可以设立这个功能范畴,它当然可以成为句法核心。

4. 本节结语

生成语法有两个部分,一是计算系统,一是词库,常将词项不可预测的信息登录在词库中,如语音信息、语义信息、句法信息等。"的"作为一个词项,其不可预测的信息当然也需登录于词库。词库是人脑语言知识的一部分,作为研究者,他(她)只能根据相关的句法语义行为及所采纳的理论框架进行拟测。本节认为"的"是个名词性的功能范畴,有"限定"意义,可以对别的核心进行扩展,并因此成为句法核心。因为它是名词性的句法核心,根据特征渗透原则,其最大投射(FP)具有名词性,而且事实正是如此,如"张三的书"、"张三的潇洒"等都是名词性。因为它是功能范畴,所以它不能独立存在,必须和宿主同在;也正因为如此,它跟名词性词汇范畴有着不同的句法行为,如后者可以受数量词修饰,而前者不可以。更重要的是这种处理并不需要付出理论代价,它跟生成语法的短语结构理论很协调。

第四节 语音结构与名词短语
内部功能范畴的句法位置

词的句法位置,它关涉着词类及相关理论问题。比如说"V 个 VP"中的"个",如果它后附于 V,就是个助词(张谊生,2003);如果它前置于 VP,则是量词(朱德熙,1982)。再比如说"X 的 Y"中的"的",如果它后附于 X，就是个助词；如果它前置于 Y，则可能是别的词类，如生成语法中所讲的功能范畴 D（熊仲儒，2005b）。我们将在生成语法的框架中对"个"与"的"的句法位置进行探讨，因为该理论通过句法结构的指派能清晰地表明词项的句法位置。为解释学界所持的相反看法，我们引进 Hayes（1989）的"黏附组"（clitic group）概念。文章认为"个"与"的"在句法上跟后面的成分组合，生成"V/ 个 VP"与"X / 的 Y"的句法结构，然后它们向前依附（左向依附①），形成"V 个 / VP"与"X 的 / Y"这样的语音结构。这种依附造成了句法结构与语音结构的不完全对应性，它对虚词句法位置的识别有着很强的干涉性，这要求学者们在探究虚词的具体词类时要细致辨识。

1. 黏附组

学界很早就注意到句法结构与语音结构的不完全对应。最为经典的例子来自于 Chomsky & Halle（1968），他们指出多重内嵌 NP 的句法结构是（1a），而其语音结构是（1b），如：

（1）a. [This [is [the cat that killed [the rat that ate [the malt]$_{NP}$]$_{NP}$]$_{NP}$]$_{VP}$]s

　　b. [This is the cat] ％ [that killed the rat] ％ [that ate the malt]

（1b）中停顿的地方并不与（1a）中的句法结构对应。他们建议从句法结构到语音结构要重新打括号，即插入边界（boundary）符号。Selkirk（1984）、Nespor & Vogel（1986）及 Hayes（1989）等认为这样的线性边界理论（linear boundary theory）不能反映域（domain）间的层级包含关系。Hayes（1989）在 Selkirk（1984）的基础上提出严格的层次假设（strict layer hypothesis）并将语音结构分成话语（U）、语调短语（I）、韵律短语（P）、黏附组（C）、韵律词（W）等五个层次，上个层次严格地包含下一个层次。比如说：

（2）On Tuesdays，he gives the Chinese dishes.

---

① 文中的"左向依附"与"右向依附"是从附缀词的角度而言的，向其左边黏附组依附即为"左向依附"；汉语学界的"后附"与"前附"是从被附着的实词与短语的角度来说的，在实词或短语之后附着即为"后附"。后文中所引的"语气词和助词要前附"（王茂林，2005），其"前附"实为"左向依附"。为阅读方便，本节尽量用"左向"与"右向"表示语音上的依附方向，用"后附"与"前附"表示句法位置。

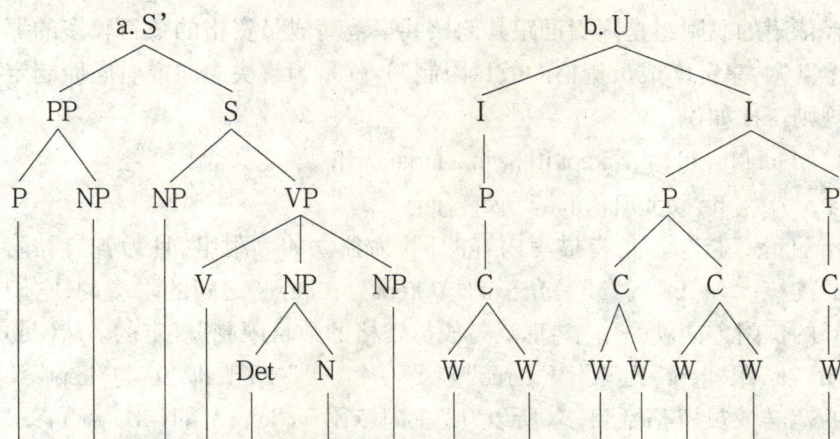

On Tuesdays, he gives the Chinese dishes. On Tuesdays, he gives the Chinese dishes.

（2a）是句法结构，（2b）是语音结构，语音结构遵守严格的层次假设。从图示可以看出，语音结构跟句法结构有些相似，但不完全相同。Hayes（1989）认为黏附组是音系规则在句中运用的范围，他对"黏附组"作了如下的限定：

（3）黏附组的组成

a. 每一个有描写内容的词（content word / lexical category）属于一个独立的黏附组；

b. 定义：黏附组的韵核（host）是其所包含的有描写内容的词；

c. 定义：如果 C 支配 X 与 Y，则 X 与 Y 在 C 中共享范畴成员资格（share category membership）；

d. 规则：附缀词（clitic word）或左向或右向依附于毗邻黏附组。被选择依附的黏附组是附缀词跟其韵核共享范畴成员资格的数目较多的那一个。

根据黏附组的组成，（2）中代词 he 由于缺乏描写内容，又跟有描写内容的 gives 在 S 中共享范畴成员资格，所以向右与 gives 构成黏附组，如（2b）所示。

附缀词的依附方向从理论上来说只有三种，或左或右或不依附①。"被

①Hayes（1989）对英语的黏附组作的修正表明英语的附缀词向黏附组的依附是可选的，即有时可以不依附，如[s' that [s [NP [N' tall trees]…]]]中 that 就不倾向依附于 tall。该修正也表明黏附组的组成是可以修正的。在生成语法中，任何假设（规则）都是基于部分语料做出的，在遇到反例时可以修正。

选择依附的黏附组是附缀词跟其韵核共享范畴成员资格的数目较多的那一个"（"共享范畴成员资格的数目限制"）就是为解决左向或右向而制定的规则。比如说：

(4)a. [s[NPhe] [VP [V' kept it] [PP in a large jar]]]

　　b. [C he kept it] [C in a large] [C jar]

"kept、large"与"jar"是有描写内容的词，为独立的黏附组，且为各自黏附组的韵核。"it、in"与"a"是介于韵核"kept"与"large"之间的附缀词，它们不同的依附方向就是由"共享范畴成员资格的数目限制"规定的。从(4a)可知，"it"跟"kept"比"it"跟"large"多受一个"V'"支配，即"it"与"kept"共享的范畴成员资格数目多，所以"it"左向依附于"kept"，如(4b)。"in"跟"large"比"in"跟"kept"多受一个"PP"支配，所以"in"右向依附于"large"；同样，"a"也只能右向依附于"large"，如(4b)。

　　汉语中的有些附缀词在选择依附的方向时可以违反"共享范畴成员资格的数目限制"：

(5)a. 买[NP碗酒]　　　　　买—碗　酒

　　b. 买[NP两碗汤]　　　　买—两—碗　汤

(5a)是 Shih(1986)在研究汉语的上声连读变调时发现的，他指出量词会附着在其左向的动词上。相同的语言事实赵元任(1996)也注意到了，如(5b)，他说："虽然名词宾语是重音，但其数量不定的修饰语还是轻声，如'买·两·碗　汤'、'吃·个梨'。"如果考虑共享范畴成员资格的数目的话，(5a)中"碗"跟"酒"比"碗"跟"买"多受一个 NP 支配，按理"碗"向"酒"依附，但实际上不是。(5b)中附缀词"两、碗"也是如此，本该跟"汤"依附，而实际上却跟"买"依附。所以我们将(3)修正为：

(6)(汉语中)黏附组的组成(初步的)

　　a.　每一个有描写内容的词(content word / lexical category)属于一个独立的黏附组；

　　b. 规则：附缀词(clitic word)或左向或右向依附于毗邻黏附组。

汉语中附缀词什么时候左向依附，什么时候右向依附，我们在下节探讨。

2. 功能范畴的依附方向

功能范畴,本节依据 Grimshaw(2000)的扩展投射将之定义为扩展词汇范畴的范畴。所以,扩展 V(动词)的 v(轻动词)、T(时制范畴)、C(标句词)等与扩展 N(名词)的 Cl(量词)、Num(数词)、D(限定词)等都是功能范畴。功能范畴大致对应于虚词,它们缺乏描写内容,所以也是附缀词。

2.1 功能范畴可以左向依附

上文指出 Shih(1986)与赵元任(1996)等发现汉语数词、量词能够左向依附。基于数词、量词可以不受"共享范畴成员资格的数目限制"而与左向的黏附组构成一个黏附组的事实,我们不妨假定"汉语的功能范畴可以左向依附"。因为按照 Tang(1990)的看法,汉语中的数词、量词就是功能范畴,它们对名词短语进行扩展,可指派如下结构:

(7)[NumP[Num 两][ClP[Cl 碗][NP[N 汤]]]]

如果汉语的功能范畴可以左向依附,则数词"两"、量词"碗"可以不受"共享范畴成员资格的数目限制"跟左向的黏附组构成一个黏附组,如"[c 买两碗][c 汤]"。

不仅扩展名词的功能范畴可以左向依附,扩展动词的功能范畴也可以左向依附。比如说,"狗把鸟咬了",Cheng(1986)认为其上声变读结果是"2323"。要获得这样的结果,其中一种可能性就是将"狗把"与"鸟咬"分别处理成独立的黏附组。在传统语法中,"把鸟"是介词短语。按 Hayes 的"共享范畴成员资格的数目限制",附缀词"把"应与黏附组"鸟"构成黏附组[①],但这样的结构不能得到"2323"。按照 Sybesma(1999)、熊仲儒(2004c)等的看法,"把"是个致使性功能范畴。根据"功能范畴可以左向依附"的制约条件,"把"当然可以跟左向的黏附组"狗"构成一个黏附组。

说功能范畴可以左向依附,并非说功能范畴不可以右向依附。比如说数词与量词,它们可以左向依附于动词,如"[c 买两碗][c 汤]";也可以右向

---

① 对"狗把鸟咬了"这个句子而言,传统的结构分析是:[s[NP 狗][VP[PP 把][NP 鸟]][V 咬-了]]]。按此结构,支配"把"与"鸟"的节点有 PP 与 S,支配"把"与"狗"的节点只有 S。所以"把"与"鸟"共享范畴成员资格的数目较多,根据规则(3d),"把鸟"应构成黏附组。语音结构与句法结构的平行与否不是 Hayes 的间接理论的关键,建构合适理论描写与解释相应的语音结构才是理论追求的目标。

依附于名词,如"[c 买][c 两碗汤]"。"把"也是如此,如"狗把鸟咬了"也可以读成"3223"(Cheng,1986),很显然这里构成黏附组的是"把鸟"。这可图示为(8)(无关细节忽略不计):

(8)　a. vP　　　　　　　　　　　　b. [vP[V][DP [　　NumP

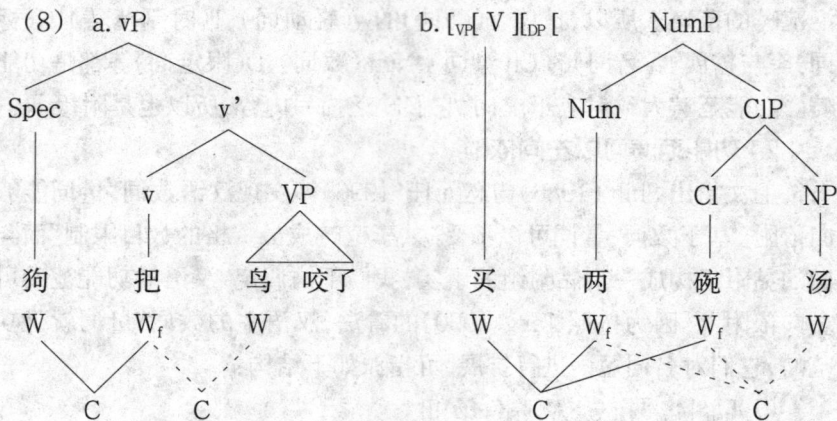

实线表示功能范畴左向依附,虚线表示功能范畴右向依附。语流呈线性序列,而功能范畴"在音韵上／形态上缺乏独立性"(Abney,1987),所以它一般或左向或右向依附;如果左向的黏附组独立成为韵律短语,则功能范畴只能右向依附。左向的黏附组独立与否,既跟自身的语用特征有关,也跟右向成分的语用特征有关。如(8a)中"狗"有话题特征时,按赵元任(1979)的看法,它就会跟右向的述题间有停顿与可能的停顿,即它会独立成韵律短语,"把"只能右向依附;(8b)中"两"如果自身成为焦点,则"两碗"就可以独立成为黏附组,并吸引"汤"向其依附。此外,还跟左向成分的语音特征有关,如韵律长度(王洪君,2002)①。

2.2 轻声的功能范畴强制性左向依附

一般来说,虽然绝大部分的功能范畴可以左向依附,也可以右向依附,但有些功能范畴却只能左向依附,比如说易位句"干什么呀你",其中的"呀",虽然夹在句中,但只能左向依附,而不能右向依附。再比如说:

---

① 考虑韵律长度这一点,非常感谢《中国语文》审稿人的提醒。

(9)您是哪里呀？　　（王茂林，2005）

输入项:您是哪里呀	助－语气	节奏	完整
a. ☞ 您是｜哪里呀			
b. 您｜是哪｜里呀		*!	*
c. 您是｜哪里｜呀	*!	*	

（'*'表示对规则的违反，'*！'为致命的违反，'☞'表示最优选择）

　　这里的"呀"也只能左向依附，所以王茂林提出一个制约条件，即"语气词和助词要前附"（助－语气），其"前附"就是我们的左向依附。（9c）就是严重地违反了该制约条件。

　　根据熊仲儒（2003a、2007a）的研究，语气词也是功能范畴。这种功能范畴有个特殊的语音属性，那就是轻声。所以，我们可以提出"轻声的功能范畴强制性左向依附"这一制约条件。如果助词也是功能范畴的话，则这一制约条件虽跟王茂林的"语气词和助词要前附"相似，但不相同。因为，助词有轻声的，也有非轻声的，而非轻声的助词不一定左向依附，如"所写的文章"中的"所"、"张三被批评了"中的"被"。轻声的助词都是左向依附的，如结构助词"的、地、得"与时态助词"着、了、过"等。

　　除了语气词、助词之外，还有别的轻声功能范畴也必须左向依附于黏附组。如"里、上、下、面、边"等方位词，它们读轻声（邵敬敏，2001；黄伯荣、廖序东，2002），这些词也都必须左向依附于黏附组。从句法上讲，这些方位词都是功能范畴，它扩展的是名词短语，并能激发其补足语移位到其指示语的位置，所以从线性序列上讲，它处于所扩展短语的后边。从其线性位置与功能范畴这个角度看，刘丹青（2003a）称之为"后置词"并将之归为虚词是有道理的。一般的教科书都把它们作为名词的一个小类进行处理，这可能是因为这种功能范畴具有名词性范畴特征；根据 Grimshaw（2000）的扩展投射，既然方位词扩展的是名词，当然也就共享了名词的范畴特征。功能范畴激发成分移位，并不意味着它必须左向依附于移来的成分；方位词之所以左向依附于移来的成分，是因为它本身具有轻声。需要指出的是，它不是附着于整个词组上，而是最近的黏附组，这种情况跟"的"相同，如：

　　（10）a. [NP 张三的桌子][Loc 上]　　　　　　[c 张三的][c 桌子上]

b. [父亲的父亲的][父亲]　　　[c 父亲的][c 父亲的][c 父亲]

这里指派的句法结构是结构主义的,如陆俭明(1985)。(10)中的语音结构跟句法结构不平行,(10a)中的"上"与"桌子"构成一个黏附组而不是跟"张三的桌子"构成一个黏附组,(10b)中最后一个"的"跟左向毗邻的"父亲"构成一个黏附组而不是跟"父亲的父亲"构成一个黏附组。

2.3 小结

一般的功能范畴可以左向依附,也可以右向依附。右向依附是有条件的,跟左向或右向成分的语用特征及左向成分的韵律特征等有关,只有轻声的功能范畴才会强制性地左向依附。这说明汉语中的功能范畴通常可以不受"共享范畴成员资格的数目限制"而左向依附。据此,我们可以将汉语中的黏附组的组成作如下修正:

(6')(汉语中)黏附组的组成(修正的)①

a. 每一个有描写内容的词(content word / lexical category)属于一个独立的黏附组;

b. 规则:功能范畴可以左向依附于毗邻黏附组,而轻声的功能范畴则强制性左向依附于毗邻黏附组。功能范畴的右向依附跟左向或右向成分的语用特征及左向成分的韵律特征等有关。

3. 名词短语内部功能范畴的句法位置

有些成分表面上附着在某个成分或结构上,而实际上它的句法位置却在另一位置上或者说在另一结构内。区分语音结构与句法结构,有利于我们从句法的角度探讨句法问题。下面以名词短语中的两个重要成分为例进行探讨,由于不同的理论框架有不同的术语,即使是相同的术语也可能存在不同的内涵,所以我们用句法位置代替词类的探讨,虽然可能会用上助词或量词这样的术语,那也只是表述的方便。

---

① 汉语的黏附组是不是可以完全不考虑"共享范畴成员资格的数目限制"可能还需要进一步研究,但对本节而言,"功能范畴可以左向依附"与"轻声的功能范畴强制性左向依附"就足够达到目的了,一则它们可以解释或描写句法结构与语音结构所具有的不完全平行性,另则足可以解释"的"与"个"的左向依附是语音作用的结果。文章强调"轻声的功能范畴强制性左向依附"是因为非轻声功能既可以左向依附也可以右向依附,不具有强制性,其论证力量不如轻声功能范畴,另则它可以否定"的"在语音上右向依附的意见,请参见 3.2 节。

3.1 "个"的句法位置

对于"V 个 VP"格式中的"个"的词类问题,学界的看法不尽相同,这实际上意味着对它的分布或者说句法位置存在争议。从类比的角度看,如果动词后面的"得"是助词的话,则"V 个 VP"中的"个"就不能处理作助词。根据熊仲儒(2004c)的"功能范畴假设"及其句法设置,"个"仍是量词,它和"得"的句法位置并不相同,如:

(11)a. $[_{\text{CausP}}$ Spec $[_{\text{Caus'}}$ [Caus] $[_{\text{BecP}}$ Spec $[_{\text{Bec'}}[_{\text{Bec}}$] $[_{\text{VP}}[_{\text{Comp}}$ ⋯个⋯] [V]]]]]]

b. $[_{\text{CausP}}$ Spec $[_{\text{Caus'}}$ [Caus] $[_{\text{BecP}}$ Spec $[_{\text{Bec'}}[_{\text{Bec}}$ 得] $[_{\text{VP}}[$ Comp   ] [V]]]]]]

既然"得"与"个"具有不同的分布,就应该处理作不同的词类。

因为"得"是扩展动词 V 的功能范畴,而"个"是扩展 V 补足语(Comp)的词汇核心的功能范畴,根据核心移位,V 一定跟"得"合并,"个"虽然有条件跟 V 合并,但事实上并没有。下面的句法事实就反映这种情况,如:

(12)a."得"前都不能插入"了",而"个"前都能插入"了":

我打保票他们会把您围(* 了)得水泄不通

把邢邱林住的这幢楼围(了)个水泄不通

b."得"与"个"连用时,位序都是"得"在"个"前:

把几千年封建地主的特权,打得个落花流水

* 把几千年封建地主的特权,打个得落花流水

c.引进论元时,论元只能在"个"前或"得"后:

张三打了儿子个半死

张三打得儿子半死

* 张三打儿子得半死

所以,从其句法行为来看,将扩展动词的"个"看作助词大概也没有必要。

张谊生(2003)之所以将"个"处理作助词,其中一个重要的理由就是"'个'的后附化"、"成了一个后附成分"。按照"功能范畴可以左向依附"的制约条件,"个"确实可以附着于动词之后。但这种左向依附于动词或者说"后附化"是一种语音行为,而不是句法行为,因为轻声的功能范畴强制性左向依附。由此可见,张谊生将量词"个"处理作助词,考虑的是语音行为而不是句法行为。需要强调的是,根据赵元任等的观察,扩展名词的"个"

在动词后实际上也是个"后附成分",如"吃·个 梨",但并没有学者将这种"个"看作助词。

量词"个"不在 DP 短语的最高的核心位置。按 Tang(1990)的分析,一个 DP 短语,量词之上往往还有其他的功能核心,如数词 Num 与代词 D 等。这一结构属性使得"个"所附着的对象是不定的,它左向是动词,它就附着在动词上;它左向是代词,它就附着在代词上。或者说,遇什么,附什么。如:

(13)a. 把邢邱林住的这幢楼围个水泄不通

　　b. 把邢邱林住的这幢楼围了个水泄不通

　　c. 把邢邱林住的这幢楼围得个水泄不通

　　d. 把邢邱林住的这幢楼围他个水泄不通

　　e. 把邢邱林住的这幢楼围他一个水泄不通

　　f. [$_{VP}$ [$_V$ 围][$_{DP}$[$_D$ 他][$_{NumP}$ [$_{Num}$ 一][$_{ClP}$ [$_{Cl}$ 个][···

$$W \quad\quad (W_f) \quad\quad (W_f) \quad\quad W_f$$

$$C$$

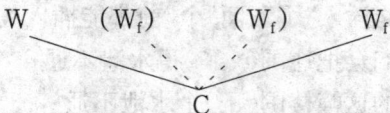

由此可见,这种附着仅仅是语音上的依附。张谊生将所谓的动补结构"V 个 VP"分成四级,并认为"说个不停 / 闹个没完没了"是严格意义上的动补结构。另外,他还认为动补结构中的"个"都是助词,只是典型性上存在差异,而祝克懿(2000)认为只有"说个没完"(严格意义上的动补结构)中的"个"才是助词,其判断理据是"[这]组的动词与'个'关系紧密,没有插入'得、了、他'的可能性"。如果确如祝克懿的语感判断,"个"倒有可能是助词,但朱德熙(1982)给出的例子就是"说了个没完",再如"奶奶把卓老爹骂了个没完没了"、"雨下了个不停"等,可见其判断跟事实有出入。这说明即使是这种严格意义上的动补结构,其"个"的附着属性跟别的三个动补结构中的"个"也是没有区别的。

朱德熙(1982)认为"形容词或动词前边加上'个'变成体词性结构",赵元任(1979)也是把它当作名词性词语处理的,(11a)所给出的句法结构也说明这点。因为"个"是量词,所以前边还可以出现数词,如(13e)。张谊生的论文中也有个相关的真实语料,如"索性让运气坏得它一个无微不至";

赵元任（1979）也说："表示动作结果的形容词性词语常常以补语形式出现,如'说明'。可是有时候把它当作名词性词语处理,给加上个'一个'或'个',如:'说个明白'。"如果 NumP 还可以继续向 DP 扩展,代词也就可以顺理成章地出现。"他个水泄不通"更说明"个"处于名词短语（DP）之内[1]。既然词类是分布的类,"个"又不是在句法上附着于动词上,而是位于它本该位于的位置,"个"当然也就不能处理作助词了。

3.2 "的"的句法位置

周国光（2006）认为"张三的书"的语音结构是"[张三][的书]"。如果"的"是结构助词的话,或者是轻声的功能范畴的话,则无论是按照王茂林（2005）的"语气词和助词要前附",还是按照我们提出的"轻声的功能范畴强制性左向依附","的"在语音上都必须左向依附于"张三",即"[C 张三的][C 书]"。需要指出的是周国光的语音结构也不是完全没有可能,只要在他的语感中"的"不是轻声的,按照熊仲儒（2005b）等所给出的结构图式"[DP[张三][D'[D 的][nP 书…]]]","非轻声"的"的"是可以右向依附的。这里的讨论关键不在于他的语感,而在于他所作的分析。周国光对语音结构的分析参考了冯胜利（1997b）的成果,认为汉语中绝大部分四字格的语音组合形式都是"2+2"的组合,并引用冯的例子进行说明,如:

（14）a. 一衣带水　韵律分析:[一衣][带水]　　2+2

　　　b. 狐假虎威　韵律分析:[狐假][虎威]　　2+2

　　　c. 井底之蛙　韵律分析:[井底][之蛙]　　2+2

冯胜利（2000）认为:"四字格的基本构成方式必然都是 2+2,没有例外。"所以,周国光据此认为"张三的书"的语音结构应该分析作（15a）而非（15b）:

　　（15）a. 张三 | 的书　[2+2]　　　b. 张三的 | 书　[3+1]

因为（15a）满足"2+2"模式,而（15b）不满足该模式。从语言事实上说,"的"所出现的格式不一定是"四字格",所以如果进行替换分析则不难发现周国光可能遭遇的困难,如:

---

① 朱德熙（1982）将"他"看作虚指宾语,他说:"[述语+程度宾语]这类格式的动词后头可以插入一个虚指的'他'形成双宾结构,例如:玩他个痛快| 打他个落花流水。"如果确切的话,则其后的"个"也不可能是助词。"他"是虚指宾语还是 DP 的一部分,不影响对"个"的讨论。

(16)他的书　张老三的书　张三的书包　张老三的书架子

即使是四个字也不一定要读成"2+2"，如"张老三的"是不能读成"[张老][三的]"。

　　需要指出的是，冯胜利的观察和所作出的概括并没有问题，冯胜利（1997b）也明言"2+2"模式是不考虑"句法虚词或功能词"的，他说"本文所谈的'音步'是以'词汇词（lexical word）'为对象建立的音步。如果把'功能词（functional word）'的'的'、'在……上'、'了'、'吧'等等也考虑进来，那么就可能出现大于三音节的音步，因而也可能有大于三音节的韵律词。"所以，"张三的书"中"张三的"这个三音节的黏附组（韵律词）在冯胜利的理论中是可以存在的。事实上，它也是可以存在。冯胜利（1997b、2000）在进行汉语韵律分析的时候采用了停顿测试。比如说"一衣带水"的韵律结构分析，冯胜利（1997b）说："'一衣带水'的句法关系是[[1+2]+1]，可是一般都念成'一衣 # 带水'。"如果"的"读轻声的话，则在停顿测试中"张三的书"只能念做"张三的 # 书"。

　　"的"可以附着在各种范畴的黏附组上，它与所依附的黏附组之间不能插入任何成分，所以学界常常认为它附着在短语或词上，如：

（17）a. [C 张三的]书　　张三[C 喜欢的]书　　　[C 漂亮]的书

　　　b. [[张三]的书　　[[张三喜欢]的书　　[[漂亮]的书

这为辨识它到底是语音上的左向依附（17a）还是句法上的"后附"（17b）增添了诸多麻烦。

　　按熊仲儒（2005b）的 DP 分析，"的"在句法上跟其后的 Y 构成句法结构；按朱德熙（1966）等的传统分析，"的"跟其前的 X 构成句法结构，可简单地表示为：

（18）a. DP 分析：X　的　Y

　　　b. 传统分析：X　的　Y

传统分析认为"的"在 X 之后附着（即"后附性"），如（18b）；DP 分析认为"的"在句法上并不附着于 X，如（18a），而只是在语音上附着于 X。

　　直到目前为止，就我们所知，尚没有充足的证据支持传统的结构分析

（18b）。虽然，朱德熙（1966）指出："我们在《说'的'》里指出，'S1 的、S2 的……Sn 的 M'一类格式的存在最能证明'的'的后附性。"如：

 （19）a. [真的、善的、美的]东西

   b. *[真的、[善的、[美的东西]]

朱先生认为这个短语的修饰语是并列的（19a）而非递加的（19b），从语义直觉上来说确实如此。目前句法学的分析技术比起国内 20 世纪 60 年代多了许多，就我们所知，除了修饰语的并列分析与递加分析之外，还可以有"右向节点提升"（right node raising）分析，如（20a）：

 （20）a. [真的 e、善的 e、美的 e]东西

   b. [白的 e 或黑的 e]裤子

   c. [John loves e and Mary hates e] Oysters.

   d. [我经常 e 而他很少 e]抽烟

   e. [张三高兴地 e 而李四沮丧地 e]走了出来

   f. [所有的男孩都喜欢 e 而所有的女孩都讨厌 e]那个歌手

   g. [我喜欢 e 而他不喜欢 e]喝啤酒

尽管目前可能还没有人使用它分析"定中结构"，但在别的结构中已经使用，如（20c）。（20c）反映的"右向节点提升"分析确实存在，因为"[John loves and Mary hates]"本身是不合法的成分，是不能分析做并列结构的。从（20a）可见，右向节点提升分析不仅可避免递加分析（19b）所造成的语义错觉，而且可保证朱先生的并列分析（19a）所反映的事实。另外，"右向节点提升"在汉语中不是孤立的现象，除了偏正结构（20a-b）中"中心语"能右向提升之外，还有（20d-e）中的部分谓语与（20f-g）中的宾语也能右向提升。（20d-g）取自韩玉国（2005）。

 在结构主义语言学的经典分析中，"的"也不是作为"后附成分"，而是作为"结构标记"，比如霍凯特（1986）对英语 -s 的处理，如：

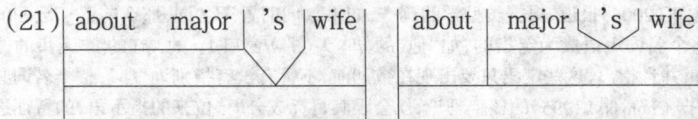

 （21）| about　major　's　wife　|　about　major　's　wife

作为标记的 -s，霍凯特用斜线表示。在他看来结构标记"并不直接承担意义，而仅仅作为其他形式之间的结构关系的标记"。如果可类比的

话,则"的"也是"结构标记"。所以,很难说"的"一定是"后附"于其前面的成分的。

在没有强烈反面证据的前提下,我们将接受熊仲儒(2005b)的分析,将"的"看作功能范畴 D。关于这种分析的优势,可以从熊仲儒的分析中看出来,此处不赘[1]。就本节的目的而言,该分析可以对"的"的语音左向依附与句法"后附化"做出解释,如(22a):

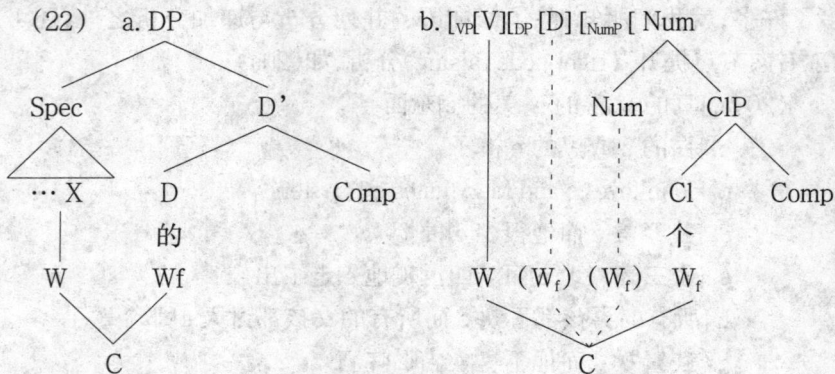

(22)　a. DP　　　　　　　　　b. [$_{VP}$[V][$_{DP}$[D][$_{NumP}$[Num

```
(22)   a.           DP                      b. [vp[V][DP[D][NumP[ Num
              Spec        D'                              Num      ClP
            ··· X      D       Comp                            Cl      Comp
                       的                                      个
              W    Wf                          W  (Wf) (Wf)  Wf
                 C                                    C
```

"个"在句法上不是处于最高的核心位置,它的上面还有 Num 与 D,可通过向 Num 或 D 插入语音形式分离它与黏附组,如(22b);"的"在句法上处于最高的核心位置,在语音上处于跟黏附组毗邻的语音边际(edge),而轻声的"的"又必须语音左向依附于黏附组,无法通过插入的方式实现"的"与黏附组的分离,所以它必然给人以句法"后附化"的感觉,如(22a)。

"的"与黏附组的毗邻关系造成很难从句法上直接证明轻声"的"的确切位置,除非它可以不读轻声,因为非轻声的功能范畴可以右向依附。这对非北方方言区的人来说,也不是不可能的,赵元任(1979)就有这方面的证据,如"因为从那里面,看见了被压迫者的<u>善良的灵魂,的酸辛,的</u>

---

① 据陆丙甫(2006)报道,根据类型学的调查,如果数词前置于名词,那么前置于数词的修饰语必然导致整个名词短语成为定指的,如"他(的)/昨天(的)/窗口上(的)/红的/昨天买的(那)两本书"。陆丙甫并且指出,这些定语只要出现在数词前,不管有没有指别词'那',整个名词必然都是定指的。根据 Chomsky(1995)的核查理论,D 会跟其目标成分(移位来的指示语)的特征进行核查,熊仲儒(2005b)认为 D 具有[限定]特征,所以在默认情况下,[限定]特征会取"定指"值。不过需要指出的是,如果指示语本身是无定的,则[限定]特征定的值就不是"定指"了,而应该是"无定",如"三个小男孩的(那)两本书"。

挣扎；……（鲁迅：祝中俄文字之交）"，但赵先生因其是"唯一的例子"而放弃了考察。后来，张谊生（2000a）认为"的"在句法上后附于短语（即"X的"）的观点"同汉语语言实际并不完全相符"，他以"的"与"之"为例找了一些句法上前置（即"的Y"）的例子①，不过他的目的也不在于考察"的"的确切位置。

刘丹青（2005）、陈玉洁（2007）等的最新研究也进一步说明了"的"确实可以处理作D，或者说它确实处于跟黏附组毗邻的语音边际，如（22a）所示。朱德熙（1982）发现"我的眼镜｜新来的老师｜他写的诗"插入"这／那十量词"以后，"的"字可以省去，例如"我那副眼镜"、"新来那位老师"，并指出"他写那首诗"有歧义，既可以理解为偏正结构"他写的那首诗"的省略，也可以理解为主谓结构。刘丹青认为其中的指示词兼做定语标记与关系从句标记，刘丹青、陈玉洁还指出方言中量词具有定语标记功能。从DP分析看，这是因为D没有语音实现作"的"，所以吸引着补足语中的核心进行移位，如：

(23)[DP[Spec 张三][D'[D][DP[D 那][NumP[Num 一][ClP[Cl 个][NP 书]]]]]]

	D	DP D	Num	Cl	NP	
张三	的	那	一	个	书	张三的那一个书
张三	那	那	一	个	书	张三那一个书
张三	一	一	一	个	书	张三一个书
张三	个	个	个	个	书	张三个书

据陈玉洁报道，关中方言口语中"个"是最基本的量词，其NP可以采用"领有成分／关系从句＋一个＋核心"形式，如"张三的一本书"可以说成"张三一个书"与"张三个书"。既然"那"、"一"、"个"能（临时地）充当定语标记，则意味着它们能够（临时地）占据跟"的"相同的句法位置。按生成语法的观点，由于"那"、"一"、"个"本身是跟名词合并的，它们要进入"的"的位置，则必须通过核心移位。所以，必须设置一个核心位置，即（22-23）

① 需要指出的是，张谊生文章中将"的""前置"的三位作者都是南方人，如浙江的鲁迅与陈望道先生及湖南的黎锦熙先生。他们将"的"读为非轻声也不是没有可能。所以，在我们看来，"的"的句法上"前置"既能支持"的"的位置拟测，又不会跟上文中"轻声的功能范畴强制性左向依附"矛盾。

中的 D 位置,让这一位置容纳"的"及从补足语中移进的核心。陆丙甫(2006)将"的"看作领属标记,他说:"把'的'看作领属标记的一个好处是,这里的'的'跟普通名词短语中的领属性指别语一样,可以省略。将'这本书(的)+ 那 + 三次 + 突然的 + 不出版'跟'他(的)+ 那三次 + 难忘的 + 奇遇'作一比较就可以看出,两类结构几乎完全平行。"从 DP 分析看,这种平行就在于补足语中有"那三次",这跟(23)完全相同。如:

(24)$[_{DP}[_{Spec}\cdots\cdots][_{D'}[_{D}\ ][_{DP}[_{D}那][_{NumP}[_{Num}三][_{ClP}[_{Cl}次][_{nP}\cdots\cdots]]]]]]$

	D	Num	Cl	nP	
这本书	那	三	次	突然的不出版	这本书(的)+ 那 + 三次 + 突然的 + 不出版
这本书	**那**	三	次	突然的不出版	
他	那	三	次	难忘的奇遇	他(的)+ 那三次 + 难忘的 + 奇遇
他	**那**	三	次	难忘的奇遇	

合理的推论是,当没有可移的成分能够进入 D 位置,则"的"不能"省略"。确实如此,陆丙甫也指出:"'这本书的不出版'作为一个名词短语,其中的'的'是不能省略的。""的"之所以不能省略,是因为补足语中没有"那、三、次"这样可供移位的核心成分。所以,从 DP 分析的角度看,陆丙甫的观察实际上就反映了 DP 分析的优势。更重要的是,在 DP 分析中不需要考虑"的"的省略,因为完全可以假定在选词的时候根本没有选择"的"。

如果以上讨论正确的话,则可以假定"的"位于 DP 的核心位置,该位置造成了它跟黏附组毗邻,因其轻声的缘故,所以强制性地左向依附于其指示语中与之临近的黏附组。在句法结构上,它跟其补足语构成句法成分;而在语音结构上它跟左向的黏附组构成黏附组。根据 Chomsky(1995)的看法,语言的输出受 PF 与 LF 这两个接口层面上的"完全诠释原则"(full interpretation principle)限制,所以,对于轻声的"的"而言,"X 的 Y"中的"的 Y"因不符合语音结构而不能输出,"X 的"因符合语音结构而可以输出。

4. 本节结语

语音结构与句法结构不同。功能性成分在音韵上／形态上缺乏独立

154

性,一方面它可能激发底层的核心移位,另一方面它可能左向语音依附。功能范畴的左向依附,往往会给人一种错觉,觉得它跟前面的成分构成一个句法结构。所以在句法研究时,特别需要更多的句法测试,而不是简单的语音停顿。朱德熙、赵元任对"V 个 VP"中的"个"的判断,实际上就采用前插数词与代词的测试方法,该测试表明"个"并非附着在动词上。从 DP 分析法来看,量词"个"不再跟左侧黏附组毗邻的语音边际,所以可以采用语音实现其他功能范畴的方法进行测试,但有些功能范畴处于跟黏附组毗邻的语音边际,如"的",并没有合适的方法鉴别它到底是语音上左向依附还是句法上"后附"。碰到这种情况,就只有采用理论上的评价机制了,看哪种方式解决的问题更多更简约。

第五节　以人称代词为核心的 DP 结构

英语中有一种以人称代词为核心的 DP 结构,如 we students。汉语中也有这种 DP 结构,不同的是,汉语的核心 D 可以前置,(如"他张三",记作 D+NP),也可以后置(如"张三他",记作 NP+D)。有学者将"D+NP"分析成代词的话题用名词短语回指,"NP+D"分析成名词的话题用代词回指(石毓智,2001)。如果提顿词是话题标记的话,则前于"名词短语"的"人称代词"肯定不是话题。而且,汉语语法著作也都一般将"D+NP"称作同位短语(朱德熙,1982),即使对于"NP+D",也有学者称之为同位短语(张敏,1998)。本节将根据 DP 假设统一地解释"D+NP"与"NP+D"这两种结构及相关的句法现象。本节分四个部分来写:第一部分从结构上将之分析成一个名词性短语,记作 DP;第二部分讨论人称代词,论证了人称代词作 D 具有"限定"义,并解释了它为什么不能被"是"标记及用"谁"提问;第三部分讨论移位,解释了"NP+D"格式中 NP 有定的原因及"NP+D"做定语时通常不用"的"的原因,并将结论推广到相关的格式;最后是结语。

1. 结构分析

1.1 人称代词 + 名词短语

(1)a. 这都是迫不得已的,今天,<u>他这位正人君子</u>就必须赶回北京去。

b.* 这都是迫不得已的,今天,他啊,这位正人君子就必须赶回北京去。

(2)a. 小院宽敞,装满了阳光,他一个老人舍不下这么多阳光。

b.* 小院宽敞,装满了阳光,他啊,一个老人舍不下这么多阳光。

如果"提顿词测试"成立的话,则代词"他"肯定不是话题或大主语,大概也可进一步证明"他"与"这位正人君子"、"一个老人"一道构成句子的主语或话题。我们还可以进一步推断"他"与"这位正人君子"、"一个老人"构成一个名词性短语。

代词和其后的名词短语构成什么样的名词性短语呢?首先可以排除的是并列关系的名词短语;接着可以排除的是偏正关系的名词短语,因为"他"与"这位正人君子"、"一个老人"之间没有修饰或限制关系;最后可以排除的是同位关系的名词短语, 如果同位关系的两个成分的地位完全相等的话,因为:

(3)a. 小院宽敞,装满了阳光,他一个老人舍不下这么多阳光。

b.* 小院宽敞,装满了阳光,一个老人他舍不下这么多阳光。

代词和其后的名词短语到底构成什么样的名词短语呢?这依赖于定义,比如说同位关系的两个成分的地位可以不平等或者位序不可逆转,则可以将之归结为同位短语。在生成句法学看来,语法功能是由句法结构的派生概念。所以我们在下面将侧重探讨其句法结构。

英语的"we students"可能(能够)为我们提供一些思路,在 DP- 分析法中,可表示成(4a)。"他这位正人君子、他一个老人"能不能仿此分别表示成(4b、4c)呢?

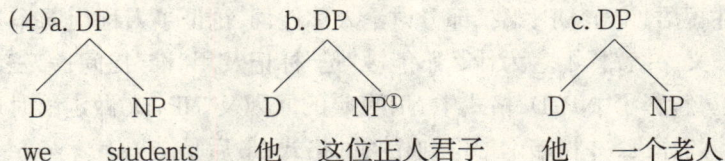

(4)a. DP   b. DP   c. DP

  D NP   D NP①   D NP

 we students 他 这位正人君子 他 一个老人

在这个结构中,D 是 DP 的核心,NP 是 D 的补足语,补足语在核心的

---

① 这里的 NP 只起标示作用,没有实质性价值。"他"作核心,选择的实际上是 DP。"他 + NP"(他爸爸)中"他"并非核心,而是指示语,这类情况本节不考虑。所以本节中的"D+NP"实际上就是"D+DP"。

右边。我们准备采纳(4 b)、(4c)这样的 DP 结构,因为它至少能够说明代词"他"确实和其后的名词短语能够构成一个名词性短语,符合上文的观察;另外,它也解释了(1)(2)中的 a、b 对立。

汉语的主语有有定要求。非有定的名词短语如果用在主语位置,句子就难以接受,如(5a),但如果在该名词短语前加上"他"的话,就可以接受了,如(5b):

(5)a.* 小院宽敞,装满了阳光,<u>一个老人</u>舍不下这么多阳光

　　b. 小院宽敞,装满了阳光,<u>他一个老人</u>舍不下这么多阳光

根据句法理论,核心的特征可以向其母亲节点渗透(司富珍,2004)。作为 DP 核心的"他"具有有定特征,所以"<u>他一个老人</u>"就获得了有定特征。

选择什么样的补足语也是由核心决定的。所以可以说"we students",而不可以说"we student"。相应地,汉语补足语也由核心决定:

(6)a. 他这位正人君子　　* 他们这位正人君子　　他们这些正人君子

　　b. 他一个老人　　　　* 他们一个老人　　　　他们老人

1.2 名词短语 + 人称代词

汉语中除了"人称代词 + 名词短语"之外,还有"名词短语 + 人称代词"格式,如:

(7)a. 我想:"<u>这个牛皮客他</u>不简单呢,心理承受能力有那么强。"

　　b. 厅里的事<u>尹玉娥她</u>都知道,谁快下文任职免职了,谁跟谁是什么关系,她都知道。

表面看来,名词短语后边的"他"似乎是其接应代词,如:

(8)a. 厅里的事啊,尹玉娥啊,她都知道。

　　b. 厅里的事[尹玉娥]ᵢ[她]ᵢ都知道。

这样处理看起来方便,但也会碰上难题,如:

(9)苟医生说:"这件事包在我身上,明天我带嫂子去看几家,如果做工不细,你把我表弟他踹了就是。"

(7)中的代词可看成名词短语移位到话题位置后的接应代词,但(9)中的"我表弟"由于位于"把"之后,没有相应的位置可移,只能和"他"捆在一起作"把"后名词短语。这样一来,只能将(7)与(9)分别对待。为满足句法操作的一致性,我们认为还是统一处理为好。如果"他"依旧是核心的

话,则名词短语不能是补足语,因为补足语要求在核心右边,所以我们假定名词短语为指示语(10a),为方便对照,我们把"他 + 名词短语"表示为(10b):

(10)a. DP　　　　　　　b. DP

```
     DP                        DP
    /  \                        |
  NP    D'                      D
 尹玉娥                        /  \
        D                    D    NP
        她                   他   一个老人
```

从理论上来说,将"尹玉娥"放置在指示语位置是有问题的。生成句法学认为,DP 和 TP 具有平行性,如果句子(TP)的主语是由动词短语内部移位到 TP 的指示语生成的,则 DP 的主语也应该是从名词短语内部移位到 DP 的指示语生成的。如:

(11)[$_{DP}$[尹玉娥][$_{D'}$[$_{D}$她][t $_{尹玉娥}$]]]

由此可见,"尹玉娥她"是由"她尹玉娥"移位生成。这样一来,"D+NP"与"NP+D"获得了统一处理。

2. 关于人称代词

2.1 D 表示"限定"

"他"等人称代词,在词类上是封闭的类,目前生成句法学一般将其处理作功能范畴,用 D 进行标记,在语义上可以<u>近似</u>地表示成"限定"。比如说:

(12)a. 国家天文台那么好的设备,都没有发现这事儿,<u>他们业余天文爱好者</u>就能看出来呀?

　　b. 他二话不说,拿起铁锹,一边扒开了几大粪堆,半天也没扒出个大坷垃,又细又匀实,豆腐里挑不出骨头来,就问:"这是<u>他们男社员</u>掏的吧?"

不难看出这里的"他们"确实起着限定的作用。对此,有的读者可能表示质疑,如"他张三","张三"已经限定了,为什么还要"他"进行限定呢?可能是同名同姓的人很多,所以可以用"他"限定,这有点像"你的王刚、你们的李慧英"似的。它们的句法结构非常相似：

(13)a. [_DP [_D 他][张三]]　　　　b. [_DP[你][_D' [_D 的][王刚]]

话虽如此，但在经验世界里姓名常标示着具体的人，是"限定"的。被表示"限定"的 D 选择后当有特殊的意义，所以(13b)常表示"爱人关系"、"父母和子女关系"等(陆俭明，1993b)，(13a)也当有凸显其后名词短语的作用。

2.2 D 并非"话题"

石毓智(2001)将"[_DP[D][NP]]"中的 D 看作话题，其后的 NP 为其回指词语，他说："被回指的施事成分都失去了主语的性质，表现为不能焦点化、提问，所在的结构也不能做从句用。"他所给的例句如下：

(14)a. 他们这些拿笔杆子的也会种庄稼

　　b. *是他们这些拿笔杆子的也会种庄稼

　　c. *谁这些拿笔杆子的也会种庄稼

　　d. *他们这些拿笔杆子的也会种庄稼的事大家都知道

按我们的分析，如果 D 与 NP 构成 DP 的话，它应该跟所有其他的 DP 一样可以焦点化、提问等。如果石毓智的看法正确的话，我们就必须重新考虑以上的理论分析。暂不考虑(14 c)，将其中的"也"删除后(15)，再将这组句子跟石毓智的另组对比例子进行对照(16)：

(15)a'. 他们这些拿笔杆子的会种庄稼

　　b'. 是他们这些拿笔杆子的会种庄稼

　　d'. 他们这些拿笔杆子的会种庄稼的事大家都知道

(16)a. 他们会种庄稼

　　b. 是他们会种庄稼

　　d. 他们会种庄稼的事大家都知道　　　　（石毓智，2001）

我们发现(15)与(16)的可接受性几乎相同。如果语感正确的话，问题可能并不在于 D"他们"为话题，而在于"也"。根据 Konic(1991)的三分法，汉语可能也有三类焦点：对比焦点(contrastive)、排除焦点(restrictive)与包含焦点(additive)，其中"是"为对比焦点的标志词(他是看了那本书)，而"连"、"也"等则是包含焦点的标志词。一个成分可能不能同时被标记为几种焦点，而(14b)中的"他们这些拿笔杆子的"即被标记为"对比焦点"，又

被标记为"包含焦点",所以不可接受,再看:

(17)a. 张三喜欢王五,李四也喜欢王五。　*是李四也喜欢王五。

　　b. 连李四也喜欢王五。　　　　　　*是连李四也喜欢王五。

如果再仔细观察(14b)与(16 b),我们不难看出两者并非最小对立体,一个有"也"、一个没"也"。在语言学中,比较两个非最小对立体是没有价值的,所得出的结论可能也不可信。

我们现在再看看 D 为什么不能提问。首先必须指出的是,并非所有的 D 都不可以提问,如果指示代词"这、那"也是 D 的话。比如说:

(18)a. 这本书　　　　哪本书

　　b. 那本书　　　　哪本书

Butt 将"which"与"who"分解成几个抽象的语素(方立,1993):

(19)a. WH + SOME = which

　　b. WH + SOME + ONE = who

如果"哪"与"谁"也对应于"which"与"who"的话,那么(14c)不可接受也是顺理成章的事,"谁"不能单纯地对 D 提问,而是要对整个 DP 提问;而"哪"只能对 D 提问,而不能对 DP 提问,可简单地图示成:

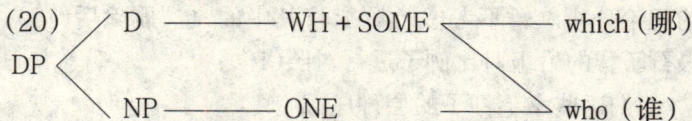

(20)　　／D ————— WH + SOME ————— which(哪)

　DP〈

　　＼NP————— ONE ————→ who(谁)

如果我们的语感和分析正确的话,则"他们"是 DP"他们这些拿笔杆子的"的核心 D,而非话题。不能用"是"焦点化,是因为 DP 已经被"也"焦点化过了。"他们"不能用"谁"提问,是因为"谁"只能对整个 DP 进行提问。

3. 关于移位

3.1 NP 的移位

上文中说"NP+D"是通过"D+NP"移位生成的,在这一节我们将探讨移位的限制。如果核心的特征可以渗透到母亲节点的话,"一个老人他"则为有定,按理(3b)与(3a)一样合法。为解释(3b)的不合法,唯一的方式只能说"一个老人他"不合法。为此,我们必须假定移位的成分在指称程度上必须不低于被跨越的成分。如此一来,跨越"他"的成分只能是有定的成分,所以"一个老人"不能跨越"他"进行移位。

假设最好是能够独立论证的,而不是特设的。张敏说:"若同样一条规律(或较少的规律)能解释较多的、表面上似乎不相干的问题,这样的假设自然要比为不同的现象特别提出一种性质不同的解释(特设的解释)要好。"在我们看来,要求跨越成分在指称度上不低于被跨越的成分不仅可以解释"D+NP"中的 NP 的移位,而且也可以解释学者们对双宾句的语感:

(21)a. 我给了那个人一本书

    b. ? 我给了那个人那本书

    c. ? 我给了一个人一本书

    d. * 我给了一个人那本书 （Hu, 1993）

(22)a. 老师送了这位同学一本书

    b. ? 老师送了一位同学一本书

    c. ?? 老师送了一位同学这本书 （刘丹青, 2001）

两个宾语都是有定或都是无定时可接受性差,但对于普通的及物性句式而言,主宾语很显然可以同时为有定,如"张三喜欢这本书"。要想很好地解释双宾语与及物性句式的指称差异,从移位角度考虑可能极为方便。根据熊仲儒(2003c),双宾句的句法结构可表示成:

(23) $[_{CausP}[施事][[_{Caus}[_{PossP}[目标][[_{Poss}][_{BecP}[客体][[_{Bec}][_{VP}[t _{目标}][V]]]]]]]]$

由于目标跨越客体移位,所以,如果移位的限制正确的话,而且双宾句的结构设置正确的话,则目标在指称程度上应该不低于客体。可能正因为这样,当低于的时候就不可接受(21d、22c),刚刚等于的时候接受性也不高(21b、21c、22b)。

汉语中还有"名 + 数量"的格式,如果它的生成也涉及移位的话,不妨用(24b)表示:

(24)a. 小毛孩一个 | 傻帽儿一个 | 混蛋一个 | 死路一条

    b. $[_{NumP}[[_{Num} 一][_{ClP}[_{Cl} 个][_{NP} 小毛孩]]]]$

    →$[_{NumP}[小毛孩][[_{Num} 一][_{ClP}[_{Cl} 个][_{NP} t _{小毛孩}]]]]$

因为这种短语没有扩展到 D,所以"小毛孩"本身是无所谓指称的。如果这样,按理是不可以移位的,但我们又注意到"学生会主席,我不想当"。这里"学生会主席"虽然没有指称,但还是移位了。所以我们可以假定"带数量的无定名词组不能自由移位,除非剥掉数量成分"。这样一来,(24)的移位就得到了许可。

如果把指称看作信息量的大小的话,则指称度越高,所含信息越多①;指称度越低,所含信息越少。人类的概念层级可以分成低层次、基本层次与高层次。在信息量上,低层次范畴的词语高于基本层次或高层次范畴的词语。移位成分要求信息量(指称度)越高越好,所以储泽祥(2001)发现"名+数量"格式中的"名"都是低于基本层次的。

移位后的 NP 是话题,如:

(25)a. 张三怎么样?   b. 张三来了吗?

    ——张三他挺聪明的。   ——张三他还没有来。

    ——* 他张三挺聪明的。   ——* 他张三还没有来。

这种话题是 Taylor(1997)意义上的"话题",他认为领属名词短语中的领有者为话题——参照点话题(reference-point topic)或局域话题(local topic),它跟话语话题、句子话题具有家族相似性。如果可信的话,则"张三他"中的"张三"也是一种局域话题。因为它们结构相似,如(13)。"张三,他挺聪明的"中的"张三"也是话题——句子话题,它跟局域话题存在家族相似性,所以石毓智把局域话题看作普通话题也是可以理解的。"张三,他挺聪明的"与"张三他挺聪明的"不同在于"名词短语"与"他"之间有无语音停顿,"他"是否弱读。有趣的是,移位的目标与名词短语也都可以充当(次)话题(徐烈炯、刘丹青 1998),如:

(26)a. 伊拔仔儿子末一幢房子,拔仔囡儿末一只钻戒

    b. 伊买仔笔末十支,纸头末五张

如果可信的话,话题大概是可推导的,都是位于较高层(higher-level)的指示语。在双宾句中,目标论元的移位是由功能范畴 Poss 的 EPP 特征所激发。在以人称代词为核心的 DP 结构中与在"名+数量"格式中,名词短语的移位大概也可以归因为 D 与 Num 的 EPP 特征激发。双宾句与"名

---

① 信息的多少,是指内涵信息的多少,内涵信息越多,可能外延越少。

+ 数量"的差异在于前者的移位是强制性的,后者的移位是可选的。前者反映概念结构,后者反映语势(force)特征,如:

(27) a.　GIVE$_2$: x cause [z to come to be in STATE (of possession)]

　　　　by means of [x cause [y to come to be at (possession) z]/give]

　　b.　"名 + 数量"格式有数量凸显与属性凸显(储泽祥,2001)的语势特征。

同样"NP + D"也有凸显旧信息的语势特征,所以 NP 为局域话题。

3.2 D 的融合

在"NP + D"作定语的时候,与中心语之间一般不用"的"联系(黄瓒辉,2002),如(28)所示,给人的感觉似乎是"他"与"的"互补分布于 D,如(29)所示:

(28)a. 杀人第二多的是王若海他爸爸。

　　b. 戈玲啊,我们儿子他爷爷呀,有棉袄棉裤,里外三新的,他不穿。

(29)a. [$_{DP}$ [王若海][$_{D'}$[$_D$ 的][爸爸]]]

　　b. [$_{DP}$ [王若海][$_{D'}$[$_D$ 他][爸爸]]]

(29b)在理论上是有问题的,因为人称代词为 D 时,其后成分需要整体移位(11),而它只是部分移位(只有"王若海"发生了移位)。为一致性考虑,我们不妨用"王若海他"整体"修饰""爸爸",其结构为:

(30)[$_{DP}$ [$_{DP}$ [王若海][$_{D'}$[$_D$ 他]]] [$_{D'}$[$_D$] [爸爸]]]

仔细观察(30),不难发现两个核心 D 毗邻,我们推测可能是由于毗邻促使另一个 D("的")的不出现。这种现象决非孤例,朱德熙(1982)指出:"如果中心语前边有指示代词,那末不用'的'的说法比用'的'的更普通。例如:我这支笔 | 他那件大衣。"甚至可以把双宾句变成单宾句,如"买了他那所房子 | 偷了我那张邮票"等。

(31)[$_{DP}$[我] [$_{D'}$[$_D$][$_{DP}$[$_{D'}$[$_D$ 这] [支笔]]]]]

为什么两个 D 毗邻,常常促使另一个 D 不出现呢? 为什么不出现的 D 总是"的"呢? 这是因为融合操作,而且"的"的位置高:

(32)a. [$_{DP}$][[$_D$ 的][$_{NP}$ [$_{DP}$ [王若海][$_{D'}$[$_D$ 他]][$_{N'}$[$_N$ 爸爸]]]]]

　　→ [$_{DP}$[$_{DP}$ **[王若海][$_{D'}$[$_D$ 他]]]** [[$_D$ 的][$_{NP}$ [t $_{[DP[王若海][D'[D 他]]]}$ [$_{N'}$[$_N$ 爸爸]]]]]

　　→ 王若海他的爸爸

b. [DP[ ][D][NP [DP **[王若海]**[D'[D 他]]][N'[N 爸爸]]]]]

→ [DP[ ][D 他][NP [DP **[王若海]**[D'[D t 他]]][N'[N 爸爸]]]]]

→ [DP[DP **[王若海]**[D'[D t 他]]] [[D 他][NP [t[DP[王若海][D'[D t 他]]]][N'[N 爸爸]]]]]

→王若海他爸爸 | *王若海他的爸爸

在(32)中首先生成"王若海他爸爸"这样的 NP,相当于[John father],还必须扩展到 DP 才能充当论元或具有指称,仿佛[John father]只有扩展到 DP 才能是[John's father]一样。如果和有语音的 D(如"的")合并,则生成"王若海他的爸爸",如(32a)所示;如果和没有语音的 D 合并,则发生融合,生成"王若海他爸爸",由于"他"占据了 D 位置,也就不能有"王若海他的爸爸",如(32b)所示。以指示代词为核心的 DP"这支笔"扩展为 NP"我这支笔"后,也要继续扩展到 DP,非核心移位生成"我的这支笔",核心移位生成"我这支笔"。可能正因为如此,所以有研究者认为"的"与"那/这"之间有某种语法共性(曾美燕,2004)。在有指示代词、人称代词实现为 D 的结构中,"的"不常出现这种现象很重要,它说明了下层的 D 可以优先移位,如(32a)这种现象在早期的最简方案中很难解释,因为移位是最后的手段(last resort),不过 Chomsky(2001b)认为移位是自由的。这样一来,只要符合条件即可移位。

4. 本节结语

将"人称代词 + 名词短语"或"名词短语 + 人称代词"确定为同位短语是一种不争的事实。本节从结构上将它们确定为以人称代词为核心的 DP 结构,其中"NP+D"是由"D+NP"通过 NP 移位生成。由于移位的 NP 要满足有定要求,所以前者的 NP 有定(张三他、*一个老人他),后者的 NP 只需要满足有指(他张三、他一个老人)。通过句法结构,可以给某个范畴进行大致的语义定性,因为 Chomsky(1995)在放弃 Agr 核查理论之后强调引进的范畴必须有语义,虽然我们的定性不一定很精确。如果句法结构设置正确的话,则作为 D 的人称代词表示"限定"而非"话题",处于 DP 指示语的 NP 为局域话题,处于 D 补足语的 NP 为凸显的对象。在句法解释时,要注意假设的普适性,所以有必要去考察相关的现象。我们做这项研究,就是考虑到它和其他现象的相关。

第三章　动词短语外部的功能范畴

第一节　生成句法学中的时制

时制(tense),传统上常将它分成过去时、现在时、将来时,也常作其他区分(完成时、过去完成时等)。现在一般将完成(perfect)放到了时体(aspect)的研究中去。这样一来,时制最多只有三分了,即过去时、现在时、将来时,对应于时间上的过去、现在、将来。英语中到底有多少种时制呢?有的认为有三种(Saeed,1997),有的认为是两种(Kearns,2000),即"过去时"与"现在时"。我们在这里主要想介绍一下生成句法学中对时制的看法:第一部分谈时间与时制的不同;第二部分谈时制作为句法概念在句法结构中的句法位置,虽然不同时期的具体处理不完全相同,但其实质都是一样的,即如何较好地解释一些句法行为;第三部分谈时制的句法学价值,如决定动词的形态、决定名词性词组的分布以及决定主语语法功能的负载者;最后一部分是结语。

1. 时间与时制

时间(time)与时制(tense)不是一回事,我们不能用客观时间来概括时制。比如说英语中的现在完成时(present perfect tense)虽然表示的是"过去"的事实,但它跟"一般过去时"还是有一些细微的差别:

(1)a. I have seen a play. 　　b. I saw a play.

一般过去时指明过去有的事实,而现在完成时则指明过去的事实与现在有某种关联。从句法行为上看,前者可以用表示过去的时间词修饰,而后者不可以:

(2)a. *I have seen a play yesterday. 　　b. I saw a play yesterday.

如果我们用 Reichenbach(1947)的时间系统来表示的话,可以表示成(E.T.表示事件发生的时间;R.T.表示参照时间;S.T.表示说话时间):

(3) E.T.　R.T.=S.T. 　　　　　　　E.T.=R.T.　S.T.

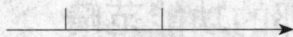 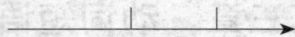

　　　　（现在完成时）　　　　　（一般过去时）

这两种时制中,事件发生的时间(E.T.)都早于说话的时间(S.T.)。不同在于,现在完成时参照时间就是说话时间,而一般过去时的参照时间是事件发生的时间。所以前者能强调过去发生的事件对现在的影响,而后者就不能。

　　时间是一种经验上的概念,而时制是一种句法上的概念。在经验上,时间是一种流,它从"过去"流经"现在"并流向"将来",所以我们通常说"过去时"、"现在时"及"将来时";而"时制"是一种句法上的概念,它跟"时间"不一定完全的对应,比如说,在英语中就只有两种时制,一种是"过去时制",一种是"现在时制",而没有对应的"将来时制"。有人可能会发生疑问,说"He will leave"不就有"将来时制"吗？现代语言学认为它只表示"将来时间",因为还有"He would leave"。

　　一种时制可以有不同的解读,比如说吧,"现在时制"可以表示"现在时间",也可以表示"将来时间",甚至可以表示"过去时间":

(4)A. 现在时可以有"现在时间"的解读

　　　（使用静态动词表示一般的现在时间,非静态动词表示习惯）

　　　I see the trucks coming. 　　　　John lives in Beijing.

　　　She writes with a fountain pen.

　　　She eats peas but she won't eat silver beet.

　　B. 现在时可以有"将来时间"的解读:

　　　The sun sets at 6:03 tomorrow.

　　　I leave for Wellington this afternoon.

　　C. 现在时可以有"过去时间"(historical present)的解读

　　　So just last week I'm going down Cashel St. and this guy comes up

　　　to me…

关于这一点,我们可以表示成:

(5)E.T.　　R.T.=S.T.=E.T.　E.T.　　　或：　R.T.=S.T.

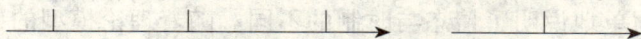

　　　　過去時間 現在時間　将来時間

换句话说，"时制"跟事件发生的时间(E.T.)之间并没有关系而是跟参照时间(R.T.)有关系。如果确信的话，我们讨论"时制"就可以不必从经验上的"(事件)时间(E.T.)"出发了。

2. 时制的句法位置

既然"时制"是句法概念，它就应该有一定的句法位置。对于句法结构，生成句法的不同时期有不同的模式，但每种模式中都有时制的句法位置，这里简单地描述一下：

(6)a. Chomsky(1957:39)

Aux → C (M)(have + en)(be + ing)+ (be+ en)

$$C \to \begin{cases} \text{S in the context NP sing}- \\ \phi \text{ in the context NP pl}- \\ \text{Past} \end{cases}$$

b. Chomsky(1965:106−107)

Aux → 　Tense (M)(Aspect)

从所引材料看，Chomsky(1957)一开始就设置了时制的位置，并规定了其内容，虽然并没有直接用时制(tense)这一字眼，但在其 1965 的著作中就正式用了"Tense"。在上文中，我们说"He will leave"中并不涉及"将来时制"，这里就可以得到解释：

(7)　　Aux　对比：　　　Aux

Tense　　M　　Tense　　M
|　　　　|　　　|　　　|
Pres　　will　　Past　　will
（He will leave）　（He would leave）

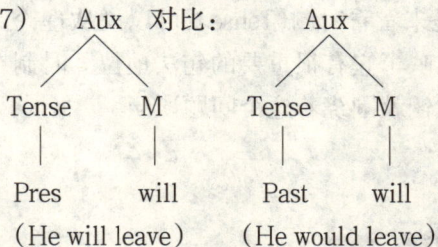

"He will leave"用的是现在时制，其所谓的将来时间来自情态助词(M)。早期的句法模型中引进时制主要是用来说明动词的形态的，而且也

能反映说话人的语感直觉。可以说是既简单地说明了 will 与 would 的形态差异，又简单地说明了情态与时制的不同。随着理论模型的更迭，Chomsky（1981:52）又提出如下的句法结构：

（6）c. S → NP INFL VP　（INFL=[+ Tense]，(AGR)）

换成后来的 X'理论，可以表示成：

（8）IP → Spec I'

　　I' → I Comp　　（I = [+ Tense]，(AGR)）

这样一来，时制就在 I 位置。大家看到的是 I 有两种特征，一种是时制（Tense），一种是"一致（AGR）"。其实 Chomsky（1957）中就已经含有了这方面的内容了，请看（6a）中 C 的内容，如"past"表示过去时制，在单数语境中加"–s"等是关于现在时制中的动词形态问题，即"一致（AGR）"。所以 Chomsky（1995:Ch1）在最简方案的早期模型中将它们放在不同的句法位置，可以表示成左图；后来 Chomsky（1995:Ch4）又放弃了以 Agr 为基础的核查理论，提出了新的句法结构，可以表示成右图：

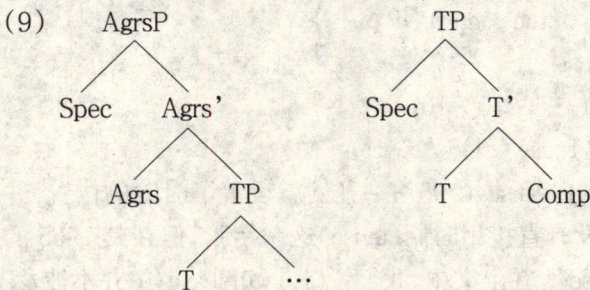

（9）
```
        AgrsP                         TP
       /    \                        /  \
    Spec    Agrs'                 Spec   T'
           /    \                       /  \
        Agrs    TP                     T    Comp
               /  \
              T    ...
```

句法结构的变化反映了理论模型的变化，但其目标是一致的，即如何使句法理论简约化。我们还是来看看时制（Tense），可以说从理论诞生之初到现在，时制都一直存在，反映了它有很重要的句法地位。时制在生成句法中有什么价值呢？下面我们就围绕着这个问题谈谈。

3. 时制的理论价值

3.1 时制能解释动词的形态

关于时制能解释动词的形态，我们在上文中用早期的句法结构解释过情态助词"will / would"。这里我们再用新的模型解释"He often eats apples"。在管约论时期用词缀下移(affix lowering)作解释,在最简方案中用核查理论(checking theory)作解释,可分别表示成:

(10)TP

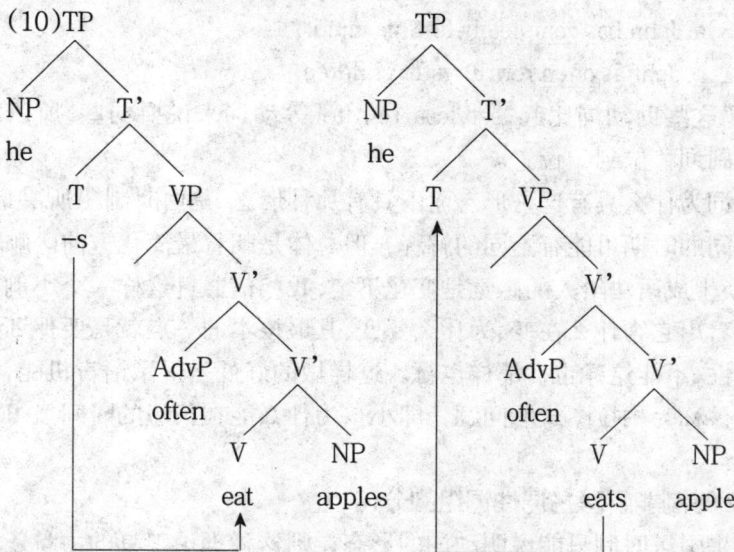

移位要遵守 C- 统制限制,很直观的说,要上移(raising)不能下移。在管约论时期,英语中除了时制要下移到动词之外,其他成分的移位都能满足上移。这样很不一致,而科学研究应该追求一致性。等到核查理论(checking theory)出来以后,这个问题才得到统一的处理,它假设动词在参加运算(合并 merge)的时候,就已经负载着形态特征,在运算中进行核查就可以了,如:

(11)a. Je mange souvent des pommes.　b. *Je souvent mange des pommes.

(12)a. *I eat often apples.　　　　　　b. I often eat apples.

(11)为法语,(12)为英语,对应的句子词序相同,都意欲表达"我常常吃苹果"。由于英语的 T 的[v]特征较弱,所以其动词在拼读(spell-out)之前就呆在原地不动,只是在 LF 中才隐性地移到 T 位置进行核查;法语的 T 的[v]特征较强,所以其动词在拼读之前就移到了 T 位置进行核查。

这样解释存在很多方便之处,最主要的是使理论更为一致,其次是能够方便地建立个别语言的参数差异。比如说 T 的特征有强弱的话:一种语言(如法语)的 T 的特征要很强的话,动词就可以被吸引到 T 的位置;一种语言(如英语)的 T 的特征要是弱的话,动词就无法吸引到 T 的位置,但如果这种语言中存在较弱的动词的话,还是可以被吸引的,比如说:

　　(13)a. John has <u>completely</u> lost his mind.

　　　　b. John is <u>often</u> rewritten for children.

"has, is"这些助动词比起"eat, lose, rewrite"等动词来说要弱<u>些</u>,所以它们能跨越副词移位到 T 位置。

　　动词为什么具有这种形态而不具有那种形态,是由时制 T 所决定的。虽然不同的时期可能有不同的解释,但总体是朝着最简化方向。顺便说句,转换生成语法给人的感觉是变化不定,我相信通过这样一个小例子大概可以看出它为什么在变、为什么要变,其最根本的一点就是要保证最大的一致性,不能这样也行那样也行。这样做的好处是揭示语言机能,以回答一个被称为柏拉图式的问题, 即小孩为什么能在很短的时间里习得一种语言。

3.2 时制能解释名词性词组的分布

　　如果引进时制只能说明动词的形态,则这种理论工具的力量还是有限的。到了管约论时期,学界就开始用时制解释名词性词组的分布了。如:

　　(14)a. John hit Bill.　　　　　　b. *John to hit Bill.

为什么前者可以说而后者不可以说呢? 原因就在于前者的特征值是[+ 时制]([+TENSE]),而后者的特征值是[- 时制]([-TENSE])。在生成句法学中规定有[+ 时制]特征值的 T,才可以向主语名词指派主格,相反就不能("格过滤式"要求有语音的名词性词组必须有格)。我们再看下句:

　　(15)a. It seems that [$_{TP}$ John hit Bill]

　　　　b. *It seems [$_{TP}$ John to hit Bill]

这里的情况和上面相同, 也不合法。没有主格的名词性词组可以通过移位,移到能获得格位而且没有题元角色的位置,就可以存活:

　　(16) [$_{TP}$ John $_i$ seems [$_{TP}$ t $_i$ to hit Bill]]

John 移到主句的主语位置,这里的 T 有[+ 时制]特征,能够指派格位给它,所以这句没问题。这种情况是在主句主语位置获得格位,还有的移到宾语位置由上一级动词指派格位:

　　(17)a. I want [<u>him</u> to hit Bill].

b. *I want [he to hit Bill].

如果内嵌句有[+ 时制]特征值的话,它就应该向其主语指派格位即主格,而实际上是用了主格"he"之后却不合法。这说明[– 时制]的 T 不能指派格位。现在的情况是"him"是宾格形式,所以可以假设它提升到"want"的宾语位置,接受"want"指派的宾格。可表示成:

(18)I want him $_i$ [$_{TP}$ t $_i$ to hit Bill] (Carnie 2002)

还有一种不移位的解释,具体机制请参见熊仲儒(2002b、2003a)。这里可以简单的解释成:

(19)[$_{v'}$[v][$_{VP}$ [want] [$_{TP}$ [him][$_{T'}$[T]…

在管约论时期,将 T 分成[+ 时制]与[– 时制]。而在最简方案(Chomsky,1999)中,将含[+ 时制]特征值的 T 的特征确定为有完整的 phi- 特征,将含[– 时制]的 T 的特征确定为有不完整的 phi- 特征。为什么变了呢?在前文中,我们看到 Chomsky(1995)放弃了自 1957 年就有的 AGR[①],放弃之后还得处理"一致现象"(agreement),所以 Chomsky(1999)让 T 与 NP 都拥有完整的 phi- 特征,当它们进入核查关系(正式的说法是协约 agree)的时候,T 给 NP 以主格(nominative),NP 给 T 以一致(agreement);如果 phi- 特征不完整的话,就无法核查格位或达成一致。(19)中的 T 的 phi- 特征不完整(即早期的[–Tense]),无法给"him"以主格,"him"只能在下个层阶中由有完整 phi- 特征的 v 核查格位。

在 3.1 节,我们说时制能够决定动词的形态,但如何决定我们并没有讲。我们的常识是"主谓一致",换句话说,除了说"现在时制"(present tense)以外,还经常说到"第三人称单数",也就是说主语名词性词组似乎也决定着动词的形态。确实这样,在早先的理论框架中,是由[+TENSE]与[AGR]一道决定动词的形态。现在更简单了,说 T 有不可解释的 phi- 特征(还分完整与否),由完整的、可解释的 phi- 特征来定值,只有名词性词组才有完整的、可解释的 phi- 特征,换句话说,正好就解释了人们的一种语言直觉"主谓一致"。有人读到这儿就大惑不解了,干吗说得这样啰嗦,什么完整不完整啦,什么可解释不可解释啦,还有一个 phi- 特征,干吗不直

---

① Chomsky 在其 1957 年的著作中将一致现象用 C 语素处理,在其 1981 年的著作中正式设定 AGR 语素,在其 1993 年的著作(Chomky,1995:Ch1)中将 AGR 与 T 分开处理。

171

接说"主谓一致"呢? 说"主谓一致"当然简单,但为什么"主谓一致"呢? 还有,什么是主语呢? 形式句法学建构起来较麻烦,需要一些术语,但用起来方便且谨严。

3.3 时制能确定主语语法功能的负载者

英语中的主语总的来说还是很容易确定的,基本上可以根据"一致"现象进行判定。但也有一些句子难用"一致"来判定,比如说:

(20)a. There is a man in the garden.　　b. There are two men in the garden.
如果仅从"一致"上看,there 肯定算不上主语,但是它在其他的句法行为上又表现得像主语,如:

(21)A. 主语—提升—宾语

I believe there to be a unicorn / unicorns in the garden.

I believe Max to be an accountant. （Comrie,1981）

B. 等同删略

There are two cats and also a dog on the mat.

地席上有两只猫还有一只狗　　　　（沈家煊,1999a）

如何来解释这种现象呢? 我们接受 Ura（2000）的语法功能分裂(GF-splitting)思想,让主语的语法功能由几个成分分别负载,可以简单地解释成:

(22)[$_{TP}$ There [[$_{T}$ is][$_{PP}$ [a man] [[in] [the garden]]]]]
"there"的 phi- 特征不完整,"a man"具有完整的可解释的 phi- 特征集与不可解释的格特征,T 具有完整的不可解释 phi- 特征集与不可解释的 EPP 特征。"a man"核查 T 的 phi- 特征,使动词出现一致现象;T 的不可解释的 EPP- 特征由"there"核查,使得"there"位于[Spec, TP]位置。所以说在"there"起头的句子中,"there"和它的伴随者（associate）"a man"分别负载一部分主语的语法功能,简单地用"主谓一致"来解释动词的形态是不够的。有些句子的语法功能由某一个成分负载,所以在判定主语的时候没有问题,如:

(23)a. John hit Bill.

b. [$_{TP}$ John [$_{T'}$[T][$_{vP}$[<John>][$_{v}$ hit][Bill]]]]]
John 有完整的可解释的 phi- 特征集和不可解释的格特征,T 有完整的不可解释的 phi- 特征集和不可解释的 EPP 特征。两者因 phi- 特征集而建立协约关系，在协约操作中，各自不可解释的特征得到定值并消除，如"John"获得主格，"John"移位到 T 的指示语位置，以及最终出现主谓一致。在这个句子中，是由"John"一个成分核查掉 T 的所有不可解释的特征的（EPP- 特征与 phi- 特征），所以 John 负载了主语的全部语法功能。

如果我们的分析正确的话，我们可以假定主语的语法功能由所有参与核查时制 T 的成分来负载。当只有一个成分参与 T 核查时，则这个成分负载主语的所有的语法功能；若有多个成分参与 T 的核查时，则有多个成分负载主语的语法功能，每个成分只能负载主语的一部分的语法功能。这样确定主语有很重要的理论意义，但在有些语法理论中对如何确定主语就一直很模糊，而生成句法学（转换派）则可以从理论上进行推导。关于这方面的问题，请参看下一节。

4. 本节结语

英语只有两种时制（过去和现在）是从形态上确定的，这似乎会产生一个问题，即如果把"了、着、过"等当作时体（aspect）的话，汉语有没有时制？如果确实这样的话，我们的看法是可以提出一种"抽象时制"（Abstract Tense）的观念。抽象时制可以有语音形式，也可以没有语音形式。像英语的抽象时制有语音形式，而汉语的抽象时制没有语音形式。这样处理有一些理论上的好处，比如说：

（24）a. 主席团坐在台上　　b. 台上坐着主席团

它们在句法行为上很不同，如：

（25）A. 关系小句化

  a. 坐在台上的主席团　　　＊主席团坐在的台上

  b.＊坐着主席团的台上　　　台上坐着的主席团

（台上坐着的主席团还没下来，台上站着的听众倒已经下来了）

  B. 等同删略

  a. 主席团$_k$坐在台上，并△$_k$认真地听各项报告

  b. 台上$_k$坐着主席团，并且 △$_k$站着听众

从等同删略上，可以看出"台上"是"台上坐着主席团"的主语，而从关

173

系小句化上看,作主语的又似乎是"主席团"。"名词短语可及性等级"(NP accessibility hierarchy)要求主语优先关系化(Keenan & Comrie,1977)。在"台上坐着主席团"中,如果作为"宾语"的"主席团"都可以关系化的话,那么作为"主语"的"台上"也应该关系化,否则违反"名词短语可及性等级";反之,如果"主席团"也负载主语的语法功能,则"主席团"能够关系化而"台上"不能关系化并不违反"名词短语可及性等级"。要使"台上坐着主席团"中的"主席团"也负载上主语的语法功能,大概用抽象时制 T 来解释会简单些。

对于"台上坐着主席团",早期的学者一般将"主席团"看作主语,后来的学者一般将"台上"看作主语。如果从抽象时制的角度看,其实"主席团"跟"台上"都负载着主语的部分的语法功能,正因为如此,"主席团"才可以参与"关系化","台上"才可以参与"等同删略"。

第二节 主语语法功能的分配

主语是什么,如何确定主语,是一大难题。汉语界曾为此在 20 世纪 50 年代展开过大讨论,直到 80 年代才确立句法标准,但近年来又有一些反思,如沈家煊(1999a)将主语定义为"施事"与"话题"的"特征束",陆俭明的"小语法观念"(2003b)及潘海华、梁昊(2002)的"优选论"等。生成句法学界的主流看法是从结构角度定义主语,虽然定义出来的是逻辑主语,但如果进行扩展的话,辨识出来的主语大概也有望切合人们的语感。我们准备在标准理论的基础上接受 Ura(2000)的语法功能分裂的思想,从协约操作的角度探讨主语。

1. 先前的处理

1.1 标准理论

对于主语,早期的生成句法学处理得很简单,可表示成"主语:[NP,S]"(Chomsky)(1965)。由于受当时技术条件的限制,把像"……的主语"这类功能概念扩展到表层结构非常不易,如(1b)中受 S 支配的 NP 有两个,一个是"John",一个是"I",按定义两个都应该是主语。为此,Chomsky

174

（1965）建议表层结构中对应于深层结构的主语－谓语的是话题－述题，将 S 最左边的 NP 做话题，剩下的为述题，即"John"为话题，"I know"为述题。随着 X'－理论的提出与发展，"John"不再与"I"处于姊妹节点，而是处于 CP 的指示语位置，而 I 处于 TP 的指示语位置，TP 相当于原初的 S。所以，换成现在的结构模式，可以将凡处在[Spec，TP]位置的成分确定为主语。这样一来，（1a）中的主语为"the men"，（1b）中的主语为"I"。顺便说一句，由于"John"处于 CP 的指示语位置，就成了话题。这跟 Chomsky 的最初看法一致，也可以方便地解释（1a）中的主谓一致与（1b）中 I 的主格（在指派结构时，我们将尽可能地忽略无关细节）。

（1）a. The men were hit by the boy.

$[_{TP}$ the men$_i$ $[_T$ were $[_{vP}$ t$_i$ $[_v$ hit$_j$ $[_{vP}$ by the boy $[_{vP}$ t$_i$　t$_j$]]]]]]

b. John I know.

$[_{CP}$ John$_j$ $[_C$ $[_{TP}$ I $_i$ $[T$ $[_{vP}$　t$_i$ $[_v$ know$_k$ $[_{vP}$ t$_j$　t$_k$]]]]]]]]

根据定义，以"there"起头的句子的主语应该是"there"，因为它位于[Spec，TP]位置：

（2）There are two cats on the mat.

$[_{TP}$ there$_i$ $[_T$ are …]]

正因为如此，所以它可以在并列结构中满足"等同名词删略"（3b），可以适用"主语提升宾语规则"（4a），与"主语－助动词倒置规则"（4b），如：

（3）a. There are two cats on the mat.

b. There are two cats and also a dog on the mat.

（4）a. I believe there to be a unicorn / unicorns in the garden.

b. Are there two cats on the mat?

在英语中大多数句子都可以满足主谓一致性要求，而以"there"起头的句子不可以（如 4b），对这种例外如何解释呢？为了解决主谓一致性问题，在最简方案初期，让伴随者（associate）显性地移位到[Spec，AgrsP]或让伴随者的 phi－特征隐性地移位到 Agrs 进行核查，前者因"there"的存在而办不到，所以只好借助后者，即通过 LF 上的移位解决一致性问题，并附带解决格位问题。所以位于[Spec，TP]的 there 还是主语，至于一致性问题可以通过伴随者的 LF 移位解决。换句话说，"一致性"可以跟主语无关。

1.2 Ura 的处理

一般认为某个论元的语法关系是主语,则它拥有主语的语法功能。比如说"There are two cats on the mat",若假定主语有"决定主谓一致的能力"这样一项语法功能,则将"主语"这个标签给"two cats";若假定主语在并列结构中有"等同删略"的能力这一项语法功能,则将"主语"这个标签给"there"。鉴于这类不定现象,Ura(2000)提出"语法功能分裂(GF-splitting)"的思想,分别对待语法功能与语法关系。

他的解释机制是多重特征核查(multiple feature checking),即允许两个 DP,如 A、B,独立地核查 T 的不同特征,假定 A 与 T 建立 phi-特征核查关系,B 与 T 建立 EPP-特征核查关系,由此可能产生语法功能分裂现象,控制从属-附加小句中未出现的主语能力来自 phi-特征的核查关系,约束主语指向的反身代词的能力来自 EPP-特征的核查关系。这样一来使得 A 而不是 B 具有控制能力,使得 B 而不是 A 具有约束主语指向能力。多重特征核查也能解释格的形态与一致现象,如作者认为日语与泰米尔语中 T 的 phi-特征与主格特征可以独立核查,在与格主语句式(DSC)中,与格 DP 核查 T 的 phi-特征,主格 DP 核查 T 的主格-特征。前者控制从句中的隐性主语,后者决定主谓的一致性,也就是说日语、泰米尔语的与格主语句将主语的语法功能分配给了两个成分。如果正确的话,我们可以这样来描写 there 句:

(5) [GFs1 There] are [GF2 two cats] on the mat.

也就是说主语将其语法功能分配给了"there"与"two cats",但 Ura(2000)认为 there 没有主语的性质。他认为不仅"there"没有主语的性质,而且英语中倒置的处所短语也没有主语性质。关于"there"句,他没有举例,我们来看看倒置的处所短语的一致现象(6)与控制能力(7):

(6)a. In the swamp was/*were found a child.

b. In the swamp were /* was found a child.

(7)a. A woman$_k$ stood on the corner [without PRO$_k$ being near another woman].

b. *On the corner$_k$ stood a woman [without PRO$_k$ being near another woman].

176

c.? On the corner stood a woman$_k$ [without PRO$_k$ being near another woman].

可以发现处所短语一则没有能力决定主谓一致，另则没有能力控制隐性主语；不用说，"there"也是这样。可能因为相同的原因，他认为处所短语与"there"都不是主语。

1.3 Ura 的问题

说"there"不是主语，不大好解释"there"句的一些句法行为，比如说它为什么容许"主语提升宾语规则"，为什么容许"主语–助动词倒置规则"，为什么在并列结构中容许名词性词组的等同删略等。Ura 的根本问题是主语的语法功能到底是什么。如果研究者从归纳的角度进行研究，则很难辨识主语的语法功能。

2. 主语的确定

理论具有片断性，它需要一步步地拓展。就大多语言事实而言，[Spec，TP]在确定主语上是够用的，所以我们将根据 T 进一步研究。尽管有的语言[Spec，TP]移进了成分，有的语言[Spec，TP]没有移进成分，但都会有成分与 T 建立协约关系。我们先介绍一下"协约"操作，然后逐步扩展主语概念。

2.1 协约操作

Chomsky(1995)在取消 Agr 之后，认为结构格是一致的反映，在这里他将 phi- 特征(人称、数、性等)提到了一个相当重要的地位。他指出协约是 α 与 β 之间的关系，其中 α 有可解释的形态特征，β 有不可解释的形态特征，α 与 β 在匹配以后通过协商约定消去 β 的不可解释的形态特征。其中匹配是指两者有相同的特征，特征值可以不同。假定语言 L 生成了带有标记 LB(K)的句法体 K，标记 LB(K)是句法体 K 的核心，它有着不可解释的形态特征，所以它是激活协约操作的唯一成分，使得它能在 LB(K)的域内搜索匹配目标 G，这样它自己也就成了搜索目标 G(goal)的探针 P(probe)。在操作中有两点要注意：

（8)a. 为应用协约操作，探针 P 与目标 G 必须活跃

  b. 为消去与之匹配的成分 β 的不可解释的特征，α 必须有完整

　　　　的 phi- 特征集

　　活跃指其有着不可解释的形态特征。对于格—致系统，不可解释的特征是探针 P 的 phi- 特征与目标 G 这一名词的结构格，名词的 phi- 特征是可解释的，所以名词只有当其有结构格的时候才活跃，一旦格的值被确定了，名词就不再进入协约关系，并且只能呆在那儿。结构格不是探针(T, v)的特征，但如果探针合适，即具有 phi- 完整的特征，则在协约时消去。

2.2 主语的确定

　　我们把主语定义为凡跟 T 进行协约操作的成分。根据定义，则"He broke the window"中的主语就是"he"：

　　（9）a. He broke the window.

　　　　　b. $[_{TP}$ he $_i$ T $[_{vP}$ t $_i$ $[_v$ broke $_j]$ $[_{VP}$ $[_{NP}$ the window$]$ $[_v$ t $_j]]]]$

在这里 T 与"he"进行协约操作，T 使"he"的主格得到定值，"he"使 T 的 phi- 特征得到定值。前者使主语得到主格，后者使主谓得到一致。所以"he"是(9a)的主语。但这样做还是不好解决以"there"起头的句子，因为：

　　（10）a. There are two cats on the mat.

　　　　　b. $[_{TP}$ there$_i$ T $[_{vP}$ t $_i$ $[_v$ are$]$ $[_{PP}$ $[_{NP}$ two cats$][_{P'}$ on the mat$]]]]$

表面看起来，"there"与"he"一样都是与 T 进行协约操作，如果真是这样，它也应该能够像"he"一样使 T 的 phi- 特征得到定值，产生主谓一致。实际上它没办法决定主谓一致，如"There is a cat on the mat"。那么 T 的 phi- 特征是如何得到定值的呢？唯一的可能性是由"two cats"与 T 进行协约操作完成的。这样一来跟 T 进行协约操作的可以有两个成分，"there"与 T 协约操作进行 EPP- 特征核查，"two cats"与 T 协约操作进行 phi- 特征核查。把凡跟 T 进行协约操作的成分都定为主语，就会产生双主语。这样好不好，可以讨论。如果觉得不好，我们可以仿 Ura 放弃"语法关系"这个概念，将"主语"重新表述成"主语的语法功能由所有跟 T 进行协约操作的成分负载"。如果这样成立的话，则可以说在(10a)中，"there"与"two cats"都负载着主语的部分语法功能，或者说，主语将其语法功能分别分配给"there"与"two cats"。这样的表述应该符合语感。沈家煊(1999a)说："there 起头的表示存在的句子，不管判定哪一个成分是主语，都是不太典型的主语。"沈先生的看法表明了随着标准不同，"there"与其伴随者都有可能被判定成主语，当然也不排除同时被判定成主语。如果两者都被判定为主语，则其中任一成分都只负载主语的部分语法功能，可能正因为如此，"不管判定哪一个成分是主语，都是不太典型的主语"。如果主语的语法功能由某一成分完全负载，则这一成分当为典型的主语，如（9a）中的"he"。

　　Ura（2000）认为 Bantu 语中的前置处所短语有主语性质，而英语中的相应成分没有主语性质，他的证据是有无决定一致性的能力与控制从句中的隐性主语的能力。这跟参加协约操作的目标有无完整的 phi- 特征有关。英语中的 Loc 不能决定主谓的一致性（In the corner were lamps / was a lamp.），说明它不能核查 T 的 phi- 特征；因为英语中的 T 有 EPP- 特征，而 Loc 又前于 Theme，说明 T 的 EPP 特征由 Loc 进行核查，即 Loc 与 T 之间有协约操作。T 的 phi- 特征由什么成分进行核查呢？唯一可选的成分是 Theme。假定 Theme 能够与 T 协约操作，则它必须有可解释的 phi- 特征与不可解释的格特征，前者使它能与 T 匹配，后者使它活跃。事实正是如此，在这种句式中主谓一致性由 Theme 所决定。所以 Ura 观察到英语中的 Loc 不能决定一致性，为什么英语中的 Loc 也不能控制从句中的隐性主语呢？原因在于英语的 Loc 的 phi- 特征不完整。英语的 Loc 的 phi- 特征不完整，所以 T 需要别的成分核查其完整的 phi- 特征，正因为如此，英语的 Loc 不能决定主谓一致性，主谓一致由其后的 NP 决定，如：

　　（11）a.In the corner were lamps / was a lamp.

　　　　　b. [$_{TP}$ [in the corner] $_i$ [[$_T$ were] [$_{vP}$ t $_i$ [$_v$] [$_{PP}$ [$_{NP}$ lamps] [$_{P'}$ t$_i$]]]]]

　　参与 T 的协约操作的成分，只有当它拥有完整的 phi- 特征时才有可能决定主谓一致性与控制从句中隐性主语的能力，关于后者，我们再补充点证据：

　　（12）a. There arrived three men$_k$（last night）

　　　　　[without PRO$_k$ identifying themselves].

　　　　　b. *I met three men$_k$（last night）

　　　　　[without PRO$_k$ identifying themselves].

（12a）中的"three men"参与了与 T 的协约操作，且拥有完整的 phi- 特征，所以有控制从句中隐性主语的能力；b 中的"three men"虽也拥有完整的 phi- 特征，但由于不参与 T 的协约操作，所以没有控制从句中隐性主语的能力。把这弄明白了，就不会因为英语中的 Loc 没有这些能力而否定它的主语性。如果以上观察成立的话，则主语的语法功能由所有跟 T 进行协约操作的成分负载。说英语中的 Loc 具有主语的语法功能，这是理论的结果（因为它参与了与 T 的协约操作），有没有经验上的证据呢？据 L& R 报道，Bresnan(1993)曾用 that- 踪迹效应(that-trace effect)证明处所短语的主语性，如：

(13)a. It's in these villages that we all believe ＿＿＿ can be found the best examples of this cuisine.

　　b.* It's in these villages that we all believe that ＿＿＿ can be found the best examples of this cuisine.

(14)a. It's in these villages that we all believe the finest examples of this cuisine can be found ＿＿＿.

　　b. It's in these villages that we all believe that the finest examples of this cuisine can be found ＿＿＿.

当 Loc 在(13)中就表现出"that- 踪迹效应"，而在(14)中不能表现出 that- 踪迹效应,(14)中的 Loc 为 VP 内部的附加语，而"that- 踪迹效应"是主语的语法功能，这能证明(13)中的 Loc 为主语。L & R 还报道了 Bresnan 的其他证据，都证明 Loc 在处所倒置句中可以是主语。说 Loc 与 T 进行协约操作，其假设是 T 有 EPP- 特征，这个假设会不会是虚假的呢？比如说，英语的处所倒置句中的 T 很特殊，没有 EPP- 特征，这也并非完全没有可能。如果 T 没有 EPP 特征，前于 Theme 的 Loc 就应该位于[Spec, CP]，但这一点并不受经验事实支持，Hoekstra & Mulder(1990:32)的语料是：

(15) We suddenly saw <u>how</u> into the pond jumped thousands of frogs.

"how"位于 Loc(into the pond)之上，这样一来，Loc 就不可能占据[Spec, CP]位置！重要的是，这样处理能说明更多的语法行为。主语向主语提升(16a)、等同删略(16b)也表明处所具有主语性，如：

(16)a. Into the meadow seemed to stroll Rosebud.

　　b. Into the meadow [strolled Rosebud] and [ran Milo].

英语的处所倒置句中，参与 T 的协约操作的成分有处所 Loc 与客体 Theme,所以这两个成分都负载着主语的语法功能，它们在句法上的差异取决于它们各自的 phi- 特征的完整性。

3. 汉语中的主语问题

3.1 初步观察

汉语的主语问题颇具争议,1955 年有过一次广泛的讨论,持续到 1956 年上半年,发表了好几十篇文章,可是没能得出一个一致或比较一致的意见。症结在于位置的先后与施受关系的矛盾。如:

(17)a. 台上坐着主席团

　　b. 这个会我没参加

　　c. 信已经写好了

从施受关系来看,(17a)的主语为"主席团",(17b)的主语为"我",(17c)没有主语;从位置先后来看,(17a)的主语为"台上",(17b)的主语为"这个会",(17c)的主语为"信"。主语"位置说"似乎很方便,但也有不合语感的地方,如"<u>夏季</u>,<u>亚洲</u> <u>大陆内部</u> <u>气压</u> 低,海洋上 <u>气压</u> 高,<u>风</u> 从海洋 吹 向陆地"的主语会为"夏季"而不是"气压"。近年来,陆俭明(2003b)在反思过去的语法研究,提出有别于过去语法观念的"小语法观念",希望将语用规则从过去所谓的语法规则中剥离出来。他的例子是:

（18）We are verifying these figures.

　　a. These figures are being verified by us.

　　b. These figures we are verifying.

他指出,研究英语语法的人并没有将(18b)中的"these figures"看作全句的主语,而是将之看作"verifying"的宾语。这是针对汉语的主语"位置说"说的,如(17b)。不过对于汉语的句法规则,他认为在句子平面上看不清楚,其理由是汉语没有严格意义的形态标志和形态变化及句法成分的大量省略,所以主张从词组平面去把握,他的测试方法是"的"字结构。

在英语的主语判定上,生成句法学能够做到跟传统一致。比如说,(18a-b)可以指派如下句法结构:

(19)a. [$_{TP}$[These figures]$_i$[$_{T'}$[$_T$ are][$_{VP}$ t$_i$ being verified by us]]]

　　b. [$_{CP}$[These figures]$_i$[$_{C'}$[$_C$][$_{TP}$[we]$_i$[$_{T'}$[$_T$ are][$_{VP}$ t$_i$ verifying t$_j$]]]]]

（19a）中跟 T 协约操作的是 "these figures";（19b）中跟 T 协约操作的是

"we"，"these figures"跟 C 协约操作。所以(19a)的主语是"these figures"，而(19b)的主语是"we"，而"these figures"是从宾语位置移来的话题。生成句法学追求的是语言共性，换句话说，在该框架提出的原则不应只能解决某一种语言的句法现象，而应该具有普遍性。比如说，(17)可以指派如下的句法结构：

(20)a. [$_{TP}$[台上]$_i$[$_{T'}$[$_T$][$_{vP}$ t_i 坐着主席团]]]

b. [$_{CP}$[这个会]$_j$[$_{C'}$[$_C$][$_{TP}$[我]$_i$[$_{T'}$[$_T$][$_{NegP}$[t_i][$_{Neg'}$[$_{Neg}$ 没][$_{vP}$ t_i 参加 t_j]]]]]]]

c. [$_{TP}$[信]$_i$[$_{T'}$[$_T$][$_{vP}$ t_i 已经写好了]]]

从(20)可知，为核查 T 的 EPP 特征，"台上"、"我"、"信"跟 T 建立了协约操作关系。所以它们都是主语，至少都负载着主语的部分语法功能。这种结果跟位置说及施受说都不相同。

3.2 句法检验

结构主义将直接前于动词的 NP 鉴定为主语有五条独立的证据(Croft,1996)：

(21)a. 格标记： He congratulated him / *he.

b. 主谓一致： Teresa likes / *like horse.

c. NP 删略：在非限定形式中：Jack wants φ to leave.

在祈使句中： φ Take out the garbage.

在并列结构中：John found a ring and φ took it home

with him.

麻烦的是，汉语缺乏形态标志，没有主格，也没有主谓一致，所以只能采用 NP 删略。但并列结构中的 NP 删略只是判定主语的必要条件而非充分条件，如：

(22)a. [$_{TP}$[the girls]$_i$ [will [$_{vP}$ write a book] and [$_{vP}$ be awarded t_i a prize for it]]]

b. [$_{CP}$ what$_i$ [did [$_{TP}$ John eat t_i] and [$_{TP}$ Bill cook t_i]]]

(22b)中 what 在第二分句中似乎也能删略，但它并非主语，不管是传统语法还是生成语法都会如此判定。(17)中判定为主语的"台上"与"信"都能适用于 NP 删略：

(23)a. 台上 $_k$ 坐着主席团，并且 △$_k$ 站着听众。

墙上 $_k$ 挂着腊肉，△$_k$ 贴着年画。

　　b. 信 k 写好了，也△ k 寄出去了。

　　　　信 k 写好了，却△ k 不见了。

(17)中判定为非主语的"这个会"也能适用于 NP 删略，但考虑到英语的(22b)和汉语的(24b-b')的存在，我们还是将它看作话题。在(24b-b')中，"这个会"没有移到 C 的指示语位置，要重读或对比，否则不能自足。如：

　　(24)a. 这个会 k 我没参加，他也没参加△ k。

　　　　a'. 这个会我没参加。

　　　　b. 我 k 这个会没参加，△ k 那个会也没参加。

　　　　b'. ? 我这个会没参加。

　　跟句法成分有关的另一种句法现象是关系化，什么样的成分能够使关系化跟名词短语可及性等级有关，如"主语 > 直接宾语 > 间接宾语 > 旁语"(沈家煊，1999a)。如果用这一可及性等级来考察各种不同的语言的话，会发现等级上某一项移位时不受限制，则其左边各项在移位时也不受限制。比如说：

　　(25)a. Tom sent a message to Mary with a pigeon.

　　　　b. 张生用鸽子给莺莺送了个信儿。

　　(26)a. the man who sent a message to Mary with a pigeon

　　　　　用鸽子给莺莺送了个信儿的人

　　　　b. the message which Tom sent to Mary with a pigeon

　　　　　张生用鸽子给莺莺送的信儿

　　　　c. the girl to whom Tom sent a message with a pigeon

　　　　　张生用鸽子给她送了个信儿的姑娘

　　　　　* 张生用鸽子给＿＿＿送了个信儿的姑娘

　　　　d. the pigeon with which Tom sent a message to Mary

　　　　　张生用它给莺莺送了个信儿的鸽子

　　　　　* 张生用＿＿＿给莺莺送了个信儿的鸽子

比较英汉关系化小句，可以发现汉语在间接宾语与旁语的关系化上一定要用代词复指，否则不合法。换句话说，汉语关系化的截止点在直接宾语。如果可信的话，我们再来看看(27)：

　　(27)a. * 坐着主席团的台上　　　　　a'. 台上坐着的主席团

　　　　b. 我没有参加的这个会　　　　b'. 没有参加这个会的人

　　　　c. 写好的信

（27a）的关系化测试跟我们的预测结果矛盾,如果"台上"是主语的话,则没有理由不能关系化。在碰到矛盾的时候,一种简单的策略是否定另一种结果,比如说"名词短语可及性等级"不对,或"名词短语可及性等级"对汉语来说是可违反的,等等。

3.3 重新处理

　　否定"名词短语可及性等级"从理论上来说是可以的,就是最简方案也认为一些原则是可以违反的,如"为收敛成功而违反拖延性原则不是对经济原则的违反;不为收敛成功的违反才是对经济原则的违反"（Chomsky 1995）等。但如果处理结果遵守"名词短语可及性等级",当然最优,"台上坐着主席团"的句法结构是:

　　（28）$[_{TP}$台上$][_{T'}[_T][_{VP}$台上$][_V[_V$坐－着$][_{VP}$主席团$][_V[_V$坐$][_{VP}$台上$][$坐$]]]]]]]]$

"台上"应 T 的 EPP 特征的要求,而移位到 T 的指示语位置。但由于"台上"的 phi-特征不完整,所以具有完整 phi-特征的"主席团"继续跟 T 进行协约操作,核查 T 的不可解释的 phi-特征,并核查自身的不可解释的格特征。在（28）中,跟 T 进行协约操作的有两个成分,一个是"台上",一个是"主席团"。这两个成分都负载着一部分主语的语法功能,由于后者 phi-特征完整,所以能够关系化。如果正确的话,（27a）并不违反"名词短语可及性等级",而是反映了语法功能的分裂。如果换成"主席团坐在台上",就不会出现语法功能的分裂现象了:

　　（29）a. 主席团$_k$坐在台上,并△$_k$认真地听各项报告　　　（等同删略）

　　　　b. 坐在台上的主席团　　　＊主席团坐在的台上　　　（关系化）

　　为什么假定"台上"的 phi-特征不完整呢?这是不是特例呢?不是。这可能跟"上"的范畴有关,据刘丹青（2003a）研究,"上"这类方位词实际上就是相当于介词（前置词）的后置词。既然英语中的处所短语的 phi-特征不完整,那么汉语的"方位短语"的 phi-特征不完整就不难理解了。有趣的是,如果"上"不出现的话,其补足语可以关系化,如:

　　（30）a. 坐着主席团的台子　　　b. 主席团坐着的台子

　　如果讨论正确的话,则汉语主语也遵守协约操作,即 T 也将主语的语法功能分配给每个跟它进行协约操作的成分。据陆俭明(2003b)报道,在20世纪50年代的主语大讨论中,"台上坐着主席团"是个经典例句,有人认为"主席团"是主语,有人认为"台上"是主语。从协约理论看,这两种看法都有部分道理,因为"主席团"与"台上"都分别负载了一部分主语的语法功能。虽然汉语没有形态上的证据直接支持"主席团"的主语性,但关系化还是透漏了一点信息。所以,沈家煊(1999a)将"台上"与"主席团"都处理成不典型的主语,他说:"'台上'是话题,但不是施事,如果要把它定为主语,它只能是不典型的主语;'主席团'是施事,但不是话题,如果要把它定为主语,它只能是不典型的主语。"

3.4 与优选论的比较

最近,潘海华、梁昊(2002)用优选论确定汉语的主语,他们认为汉语主语问题涉及句法、语义和语篇三方面的因素。它们按以下方式形成制约条件序列,其中用斜线隔开的制约条件的地位相等。

(31)[语义]语义匹配制约 / 次语类制约 >>[语篇]排比制约 / 话题制约
　　 >>[句法]近距离制约 / 词类制约

该理论在很大程度上能够与我们的结论一致,不仅在于优选论跟生成语法有渊源关系,也不仅在于最简方案接受了优选论的一些合理化建议,如"原则的可违反性",而且在于潘、梁二位抓住了汉语的一些特点,如汉语没有类似于英语的形式主语 it、there,汉语动词移位不高等。正因为汉语没有形式主语,所以满足 T 的 EPP 特征的总会是功能范畴为 V 选择的论元(熊仲儒,2004c)。也正因为如此,实现做主语的成分得满足"语义匹配制约 / 次语类制约"。正因为汉语动词移位不高,所以会造成 SOV 格式,这种格式要求 O 具有对比性,使得 OV 要"排比制约",如(潘、梁在该文中使用的例5):

(32)a 他 领导 爱,群众 恨。

　　 b ?他ᵢ 领导 爱,群众 eᵢ 恨。

　　 c 他ᵢ 领导 爱, eᵢ 群众 恨。

(32a)中,如果"领导"是 O,为示"对比","群众"必然为 O。如果"领导"是 S,则"他"必然移进 C 的指示语,为满足并列结构限制,"群众"不能再移进 C 的指示语;而如果"群众"为 O 的话,它由于满足不了"对比"要求,又不得不移进该位置，造成推导崩溃；为推导成功，"群众"只能为 S。所以 (32b) 崩溃，而 (32c) 表示两种情况 (无关细节忽略不计，可指派结构 33)，这和潘、梁的结果一致：

(33) a. [CP他][C'[c][TP[TP 领导[T'领导爱他]]&[TP 群众[T'群众恨他]]]]]

b. [TP他][T'[T][VP[他][v'[v][VP[领导][爱]]]]&[VP[他][v'[v][VP[群众][恨]]]]]]

正因为 O 常常移进 C 的指示语位置，结果造成主语实际上往往离动词最近，所以有"近距离制约"。如果 O 移进 C 的指示语位置，O 就成了话题。所以，如果将 S 确认为主语，则 O 满足"话题制约"；如果将 O 确认为主语，则 S 做不了话题，那么 S 违反"话题制约"。"词类制约"的理据在于"都"的句法要求，激发着系联成分移位到它的指示语位置，可简单地表示为：

(34) a. 他都ᵢ认识谁i　　　　　b. 谁ᵢ都ᵢ认识他

　　　a'. 他谁ᵢ都ᵢ认识　　　　b'. *谁ᵢ他ᵢ都ᵢ认识 tⱼ

　　　a". 谁ᵢ他ᵢ tᵢ都ᵢ认识　　　b". 他ᵢ谁ᵢ都ᵢ认识 tⱼ

"他"不是"都"的系联成分，所以不能移位到"都"的指示语位置 (b')，只能移位到 C 的指示语位置 (b")。"谁"是"都"的系联成分，所以能移位到"都"的指示语位置 (a')，并因 C 的激发而移位到 C 的指示语位置 (a")。所以他们让"非疑问词"优先于"疑问词"做主语。

至于将"第一、二人称代词 > 第三人称代词 > 非代词名词词组"作为"词类限制"的内容，我们目前尚想不出充足的理由。

该理论也有与我们不一致的地方。因为理论基础不同，我们从协约操作方面进行考虑，有些成分虽然能满足所有的制约条件，但由于 phi- 特征的不完整，还得由其它成分跟 T 进行协约操作。比如说潘海华、梁昊 (2002) 的"桌子上刻着一个字"，在协约理论中，不只是"桌子上"为主语，而"一个字"也为主语，跟"台上坐着主席团"相同。有些成分虽然 phi- 特征完整，但由于别的成分活跃而又没有适宜的探针，T 只得多次建立协约关系 (Chomsky, 1999)。如潘、梁认为"贝类 大多数ᵢ活动能力 不强，eᵢ 缺乏进攻的器官"中主语是"活动能力"，在协约理论中不仅"活动能力"为主语，连"贝类"也为主语。"贝类"的 phi- 特征完整，能核查掉 T 的所有不可解释的特征，但 T 的不可解释的特征虽已定值但仍旧可见，所以紧接着跟活跃的"活动能力"进行协约操作,所以"活动能力"也为主语。如果"大多数"不是浮动量词,则也有可能为主语。在跨语言研究中,多重主语是存在的,比如说日本语:

（35）a. Yuri-ga otto-ga chichioya-ga yuujin-ga nakunat-ta

　　　　Yuri-NOM husband-NOM father-NOM friend-NOM vanish-PAST

　　b. Zoo ga hana ga nagai

　　　　elephant-Nom trunk-Nom long

（35a）"Yuri 的丈夫的父亲的朋友去世了" 中有四重主语,（35b）"大象鼻子长"中有两重主语。而且值得注意的是,日语中的第一个主语跟谓词之间并没有语义选择关系,或者说第一个主语并不遵守"语义匹配制约"。如果看关系化的话,也能证明"贝类"为主语,如"大多数活动能力不强的贝类"。根据关系化与话题化的不对称性,熊仲儒(2005b)为它们设置不同的句法结构,话题化中扩展 TP 的是功能范畴 C,关系化中扩展 TP 的是 n,后者需继续扩展到 DP。在这样结构中,只有 TP 内部的成分才能关系化,换句话说,也就是基础生成(C 的指示语位置)的话题不能关系化,如(36):

（36）a. 小说,我爱看红楼梦。　　　＊我爱看红楼梦的小说

　　　b. 鱼,我喜欢吃鲜鱼。　　　　＊我喜欢吃鲜鱼的鱼

如果观察正确的话,"贝类"不可能是基础生成的话题,而且也不可能是附加语,所以只能是主语,这跟下面的句子不同(潘海华、梁昊,2002):

（37）夏季,亚洲 大陆内部 气压 低,海洋上 气压 高,风 从海洋 吹 向陆地。

（37）中"夏季"、"亚洲"、"大陆内部"、"海洋上"等是表示时地的成分,最有可能充当附加语。附加语也可以关系化,如:

（38）a. 他修好那部车的方法

　　　b. I understand [the reason why she left and why she came back again]

从协约理论看,潘、梁的问题其实跟 Ura 相同,都是通过归纳来确定主语判断的标准,差异只在各自标准的内容。所以潘、梁的理论无法解决动后主语的判断与多重主语的判断,当然他们可以否定这两种情况的存在,但这样一来会付出很大的理论代价,如"名词短语可及性等级"的"可

违反"。汉语形式特征不可见,关系化是测试语法功能的较好手段。

4. 本节结语

早期生成句法学认为主语是结构关系,是纯句法概念,本节将主语定义为所有跟 T 进行协约操作的成分,也是将主语看作纯句法概念。这样一来,就可能存在多个主语,每个主语都负载主语的部分语法功能。所以,主语的语法功能由所有跟 T 进行协约操作的成分负载。至于主语有什么样的语法功能,没有先验的规定,只有通过考察跟 T 进行协约操作的成分的句法行为,从句法行为中进行归纳。从理论上讲,如果只有一个成分参与 T 的协约操作,则这个成分负载了主语的全部语法功能;如果是由两个或更多的成分参与 T 的协约操作,则每个成分只能负载主语的部分语法功能。对前者而言,那个唯一的成分就是主语;对后者而言,就不大好说哪个成分是主语了,这时候最好的办法是承认语法功能分裂,进行语法功能的分配。这样一来,考察给定的论元所负载的语法功能是什么,实际上就是考察该论元跟什么功能性核心进入了哪一种协约关系。在最简方案中,功能范畴占有非常重要的地位,而谓词的地位却不及它,这不仅着眼于解释语言的变异,而且可以解释语言内部的句法行为,包括主语功能的指派与主语的句法行为。谁是主语可能并不非常重要,重要的是确定它为主语有什么好处。

第三节　汉语式话题句的结构分析

话题(topic)是当代语言学中的一个重要概念,受到形式语法学与功能语法学的共同关注。类型学研究认为汉语是一种话题优先型语言,所以话题的探讨对汉语尤其重要。一般将话题分成话题化话题结构、左置话题结构及汉语式话题结构。汉语式话题是基础生成还是移位生成,学界争议较大, 这一问题涉及到论元结构决定合并还是合并决定论元结构的理论问题。在早先,学界一般接受论元决定合并(D-结构)的看法,不过近年来学界开始认识到合并决定论元结构,如放弃 D-结构(Chomsky,1995)并提出关于"合并决定论元结构"的假设(Chomsky,2006)。本课题的研究将致力于深化学界对论元结构的认识。

1. 话题与主语

在生成语法的标准理论中,最大的范畴标记为 S,所以表层结构中会出现几个 NP 充当 S 的女儿节点的情形。Chomsky(1965)根据 Kiparsky 的建议,将表层结构中受 S 支配的最左边的 NP 定义为话题,将语符列的其余部分定义为述题。这样一来,就出现了表层的话题—述题与深层结构的主语—谓语两组概念。根据 Chomsky 的看法,"This book I really enjoyed."中的句子在深层结构中"I"与"this book"分别为主语与宾语,在表层结构中"this book"为话题,剩余部分为述题。这个概念正好和朱德熙(1982)关于主语的看法一致,在表层结构中,被朱先生处理做主语的成分都是受 S 支配的最左边的 NP。如果将表层结构的功能近似地视作表达的话,不妨说朱先生的主语就是 Chomsky 的话题。朱先生(1982)也说:"通常说主语是话题,就是从表达的角度说的。"

尽管如此,Chomsky 还是对自己的方案不太满意,他说:"我还想起一些其他精细的阐述,但是这里我不打算更彻底地探究这个问题。"(Chomsky,1965)对于其更精细的阐述,我们无法知道。但我想在那个时代可能难以做到,因为他对"It was John who I saw"只能从 NP 是不是主要范畴进行规定。随着短语结构理论的发展,特别是 CP 结构的出现,话题的结构定义成为一种可能。如可以对"This book I really enjoyed."指派如下的句法结构:

(1)$[_{CP}[_{Spec}$This book$]_i$ $[_{C'}[_C$ $][_{TP}[_{Spec}I][_{T'}$ really enjoyed $t_i]]]$

(1)中的"this book"与"I"处在不同的层次,不再是姐妹节点。TP 相当于早期的 S 标记,如果 S 的 NP 女儿为主语的话,则相应的 TP 的女儿 NP 就为主语,即 I 不仅在深层结构中为主语,而且在表层结构中也为主语。如果原来的表层结构中 S 的最左边女儿 NP 为话题的话,则可换成 CP 的女儿 NP 为话题。这样一来,话题与主语都可以简单地获得结构定义,即主语为 T 的指示语,话题为 C 的指示语。

从(1)可以看出,话题是由移位生成的。移位生成主要考虑到谓词的词汇特性。为了控制语法的生成能力,一般将语法分成计算系统与词库两部分,在词库中登录词项的特异属性,如语音信息、语义信息及句法信息。句法信息包括词类、论元结构、语义选择、范畴选择等,然后根据这些信息将词项插入合适的节点，或将其合适投射。如：

（2）a. I really enjoyed this book.　　　b. * I really enjoyed.

　　c. * really enjoyed this book.　　　d. This book I really enjoyed.

从（2a）观察，"enjoyed"是个二元谓词，由于（2b-c）都只实现一个论元，没有满足其论元结构要求，所以不合法；从（2a）观察，"enjoyed"范畴选择NP，（2d）中"enjoyed"之后没有 NP，没有满足其范畴选择的要求，按理不合法；但如果真的满足了该要求，它却反而不合法，如：

（3）*This book I really enjoyed that book.

（2d）实现的两个论元，能满足"enjoyed"的论元结构要求；如果"I"与"this book"分别是"enjoyed"的逻辑主语与逻辑宾语，则也满足了"enjoyed"的语义选择要求；如果假定"this book"是由宾语位置移出的，则也满足了"enjoyed"的范畴选择。所以从理论与经验两个方面，只能说话题是移位生成。如果以上讨论正确的话，则汉语中所谓的时间、工具及与事主语句等可指派如下的句法结构：

（4）a_1. [$_{TP}$[昨天] [$_{TP}$[$_{Spec}$ 我们][$_{T'}$ 开了一个会]]]

　　　a_2. [$_{CP}$[$_{Spec}$ 昨天]$_i$ [$_{C'}$[$_C$][$_{TP}$[$_{Spec}$ 我们][$_{T'}$ t_i 开了一个会]]]

　　　b. [$_{CP}$[$_{Spec}$ 这只笔]$_i$ [$_{C'}$[$_C$][$_{TP}$[$_{Spec}$ 我][$_{T'}$ 用 t_i 来写小楷]]]

　　　c. [$_{CP}$[$_{Spec}$ 小王]$_i$ [$_{C'}$[$_C$][$_{TP}$[$_{Spec}$ 我][$_{T'}$ 也给他$_i$ 写了一封信]]]

从结构来看，所谓的时间主语"昨天"或为附加语或为话题，真正的主语为"我们"；所谓的工具主语"这只笔"为话题，真正的主语为"我"；所谓的与事主语"小王"为话题，真正的主语为"我"。这跟范晓（1996）的三个平面理论的结果基本一致。如"鸡，我不吃了"，他们认为：句法上，主语是"我"，谓语是"不吃"，"鸡"是提示语（特殊成分）；语用上，"鸡"是主题，"我不吃了"是评论，"不吃"是焦点。我们主张将话题与主语分开，将主语定义为 T 的指示语，将话题定义为 C 的指示语，这跟汉语界三个平面语法观的认识基本上是一致的。

2. 汉语式话题句

2.1 学界观察

上文说话题是由移位生成，这种说法可能不严密。据陈平（1996）报

道,有三种句法话题:话题化话题结构(5a)、左置话题结构(5b)及汉语式话题结构(5c),如:

(5)a. 香蕉我很爱吃 __　　b. 那件事,你最好把它忘掉　　c. 象鼻子长

话题化话题结构上文已经从词项的句法信息角度证明了它是由移位生成;左置话题结构,方立、纪凌云(1999)也证明它是由移位生成。两者的差别在于一个留下的是隐性成分,一个留下的是显性成分。

汉语式话题结构,Shi(2000)归纳了六类:第一类是以话题与述题之间的关联副词为主要特征(6a);第二类是所谓的双重主语句(6b);第三类以(6c)为代表;第四类以(6d)为代表;第五类以(6e)为代表;第六类以(6f)为代表。

(6)a. 那场火幸亏消防队来得快　　b. 他们谁都不来

　　c. 他们在竞争时大鱼吃小鱼　　d. 那种豆子一斤三十块钱

　　e. 生物伦理学我是门外汉　　f. 物价纽约最高

汉语式话题结构跟学界对论元结构的传统看法有关。比如说"来",其论元结构中只有一个论元"消防队","那场火"跟"来"没有直接的语义关系。所以,这些汉语式话题结构既没有空位,也没有接应代词,不可能是由移位生成。Huang(1982)的处理很简单,将这类话题处理做基础生成。如果Huang 的看法成立的话,则话题的生成方式就应该有两种:一是移位生成,一是基础生成。为了使话题一致性地生成,Shi 所采用的策略是将所谓汉语式话题句处理成了主谓句,然后让它们进行移位生成话题句。Pan & Hu(2002)则认为汉语式话题为垂悬话题(dangling topic),由语义变元而不是句法空位进行允准。

Shi 认为第一类中"那场火"为省略主句的主语,这样一来第一类话题句就不是话题句了。Pan & Hu 认为主句省略说不可靠,他们提供的反例是(7a),(7a)省略了主句不合法,试比较(7b):

(7)a. *这件大事幸亏我知道张校长来了

　　b. 这件大事幸亏我知道张校长来了,要不然我不知道如何处理 e。

Shi 认为第二类中"他们"只能为主语,因为情态动词"可以"、"会"、"能"等位于主谓之间,而"他们谁都不来"有相应的"他们可以谁都不来"。Pan & Hu 的反例是"这碗米饭,可以两个人吃",因其中"两个人"不能处

理成状语,所以在他们看来"可以"可以出现在主语之前,即"他们谁都不来"中"谁"作主语,而"他们"是话题。

Shi 将第三类处理成以习语为谓语的主谓句,其证据是副词"专门"只能出现于主谓之间,而不能在主语之前。所以,"他们,专门大鱼吃小鱼"中"大鱼"等不会是主语。Pan & Hu 的反例是:

(8)a. 他们昨天下午小张没来,小李也没来

    b.*他们昨天下午<u>专门</u>小张没来,小李也没来

(8b)不能出现"专门",表明"小张没来,小李也没来"不是习语,也就不是谓语,这使得(8a)中的"他们"只能是话题,而不是主语。

Shi 为否定第四类汉语式话题句而提供的证据是强调标记"是"不能出现于"话题"之前,而可以出现于"主语"之前,如:

(9)a. 是那种豆子,一斤三十块钱. B.*是这种豆子,我买了

Pan & Hu 的反例是"是这种豆子我没买",即"是"可以出现于话题前。

Shi 为否定第五类汉语式话题句而假定句首成分是省略了介词的全句附加语,如"(为)这件事情你不能光麻烦一个人",Pan & Hu 的反例是"昨天,*(为)这件事情张三打架了"。

Shi 为否定第六类汉语式话题句而将"物价纽约最贵"中的"纽约"处理成附加语,"物价"处理成主语。其测试手段是"一定",在他看来,"一定"只能在主谓之间,而不能在主语前面。如"物价一定纽约最贵",Pan & Hu 的反例是"纽约一定物价最贵"。

如果 Pan & Hu 的观察正确的话,则 Shi 否定汉语式话题句存在的证据并不充分。当然 Shi 可以从别的方面寻找新的证据来证明自己的看法。

2.2 关系化测试

我们认为可从关系化的角度判断汉语式话题到底是垂悬话题还是别的东西。据 Li(2002)观察,汉语的话题化与关系化呈不对称现象,如:

(10)a. 他修好那部车的方法　　a'.*那个方法,他修好那部车

    b. 他修车的原因　　b'.*那个原因,他修车

(11)a.*我喜欢吃鲜鱼的鱼　　a'. 鱼,我喜欢吃鲜鱼

    b.*我喜欢读红楼梦的书　　b'. 书,我喜欢读红楼梦

为此,熊仲儒(2005b)认为话题化由 C 扩展 TP,关系化由 n 扩展 TP。

如果正确，则不能关系化的是真垂悬话题，能够关系化的则不是垂悬话题。前者基础生成，后者移位生成。按此标准，由于话题化话题句与左置话题句都能够关系化，所以仍旧是移位生成的话题句，如：

(12) a. 那些事你们不知道　　　　你们不知道的那些事

　　　b. 这些人我们雇他们来当顾问　我们雇他们来当顾问的这些人

汉语式话题句有些可以关系化，有些不能关系化，如：

(13) a. 那场火幸亏消防队来得早　　*[幸亏消防队来得早的]那场火

　　　b. 他肚子饿　　　　　　　　　[肚子饿的]那个人

这样一来，不能关系化的为基础生成话题句(真垂悬话题)，如(13a)；能关系化的为移位生成话题句(假垂悬话题)，如(13b)。"他肚子饿"中的"他"如果没有移进 C 的指示语位置，则不能算是话题句，而应该是双主语句，发生移位之后才能是话题句。这种句子在日语中有显性标记的，即用"ga"标记主语，"wa"标记话题，如：

(14) a. Zoo　ga　hana　ga　nagai

　　　　elephant-Nom trunk-Nom long

　　　　"大象鼻子长"

　　　b. Zoo　wa　hana　ga　nagai

　　　　elephant-Topic trunk-Nom long

　　　　"大象啊，鼻子长"

由此可见，汉语式话题句中的话题是垂悬话题还是非垂悬话题，不能一概而论。

3. 汉语式话题句的结构分析

汉语式话题或垂悬话题，主要来自人们对论元结构的认识。生成语法在词库中引进论元结构也是为了限制语法的生成能力，所以管约论时期词项在投射以后产生的 D- 结构就成了纯粹的论元结构表达式。后来的研究发现，D- 结构的假设会引起一些经验上的问题，所以 Chomsky (1995)就取消了 D- 结构，并对原来的词库信息作了调整，即取消了词项的选择性属性，原有的论元结构也就不存在了。Chomsky(2006)进一步指出"论元结构由外部合并决定"。按这种思路，汉语式话题或垂悬话题可分为真垂悬话题与假垂悬话题。

3.1 真垂悬话题

根据 Rizzi（1997）的 CP 分层假设，我们假定话题句中存在功能范畴 Top，在语义上为"有关"（aboutness），在句法上有不可解释的[Top]特征和不可解释的 EPP 特征。比如说：

（15）a. 香蕉我很爱吃 b. [$_{TopP}$[$_{Spec}$ 香蕉]$_i$ [$_{Top'}$[$_{Top}$][$_{TP}$[$_{Spec}$ 我]$_j$ [$_{T'}$ t$_j$ 很爱吃 t$_i$]]]

因为在词项集合（Numeration）中"香蕉"被指派了可解释的[Top]特征，可与 Top 建立协约关系（Agree），为擦除 Top 的不可解释的 EPP 特征，"香蕉"要移到 Top 的指示语位置。有时候，TP 中的成分都没有被指派可解释的[Top]特征，但却选择了功能范畴 Top。为了满足 Top 的 EPP 特征，只能依靠外部合并，如插入"水果"等：

（16）a. *[$_{TopP}$[$_{Spec}$] [$_{Top'}$[$_{Top}$] [$_{TP}$[$_{Spec}$ 我]$_j$ [$_{T'}$ t$_j$ 最喜欢香蕉]]]

　　　b. [$_{TopP}$[$_{Spec}$ 水果] [$_{Top'}$[$_{Top}$][$_{TP}$[$_{Spec}$ 我]$_j$ [$_{T'}$ t$_j$ 最喜欢香蕉]]]

经典的生成语法学不允许（16b），因为在 TP 中，"喜欢"的句法信息已经完全实现，"水果"成了多余的成分。可能正因为如此，给了它一个"汉语式话题结构"的名称。但在最简方案中，（16b）可以存在，因为最简方案彻底放弃了题元准则。不遵守题元准则在管约论后期也是可以的，如"John left the room angry"中"John"可以负载两种题元角色，汉语中"打跑了狗"中的"狗"也是如此。正因为如此，Chomsky（1986）提出完全解释原则（full interpretation principle），并认为推导成功与否由完全解释原则决定（Chomsky，1995）。（16b）满足完全解释原则（如 17），可以成功推导。

（17）λPλQλZλx [x∈ Z & P(x)&Q(x)]，其中 P(x)=x 是香蕉，Q(x)= 我最喜欢 x，Z= 水果

（17）是说"我最喜欢一种叫香蕉的东西，这个东西属于水果"。如果在（16b）的 Top 的指示语位置插入"小说"，如"小说，我喜欢香蕉"，就不能得到完全解释，因为"香蕉"不属于"小说"，所以推导会崩溃。如果正确，则所谓汉语式话题句中的真垂悬话题实际上就是由 Top 选择的论元。由于功能范畴 Top 的意义为"有关"，所以一般认为话题与述题的关系只能建立在"有关"基础之上。也因为 Top 能够选择论元充当话题，所以 Li & Thompson 认为话题"不需要同句中动词有什么句法上的选择关系"，"也

不需要由动词来决定";因为 Top 不同于 T,所以他们还认为话题"不控制
动词的形态变化"等(石定栩,1999b)。

3.2 假垂悬话题

假垂悬话题在传统的论元结构中也没有相应的位置,但在 TP 内部可
由别的功能范畴引进,或作论元,或作附加语。比如说:

　　(18)a. 他,肚子饿了　　　　　　b.＊肚子,他饿了

　　(19)a. 纽约,物价最贵　　　　　　b. 物价,纽约最贵

(18a)中"他"是由功能范畴 F 引进的外层论元,(19a)中"纽约"是表示方
所的附加语,两者都可以通过移位到达 Top 的指示语位置成为话题。两者
都可以关系化,但转指不同,如:

　　(20)a. 肚子饿了的(人)　　　　　　b. 物价最贵的(纽约)

动词不仅可以通过功能范畴引进外层论元(如 18),也可以通过功能
范畴引进内层论元,如(21c)就是通过 F 引进"绳子"的。证据是:

　　(21)a. …[vP[我][v·[v][FP[绳子][F·[F][VP[箱子] [捆了]]]]]]

　　　　b. 我把绳子捆了箱子

　　　　c. 绳子我捆了箱子了

　　　　d. 绳子被我捆了箱子

在(21a)中 v 位置插入"把",即可得到(21b);将"绳子"移进 Top 的指
示语位置,即可得到(21c);如果再引进 Pass,即可得到(21d)。(21b、d)的
存在,说明"绳子"在 TP 内部已经引进,而且位于"张三"与"箱子"之间。按
照名词短语可及性等级(主语 > 直接宾语 > 间接宾语 > 旁语),话题化跟
句法位置有关,由于"绳子"在句法位置上比"箱子"高,所以"绳子"有可能
话题化而"箱子"不能话题化,如"＊箱子,我把绳子捆了"。

有的时候,功能范畴 F 引进的论元同其他成分有某种语义或句法上
的联系,如"衬衫他买了三件",通常会认为它由"他买了三件衬衫"移位得
来,但这样会违反"孤岛条件"(刘丹青,2003b)。从本节的观点看,可认为
"衬衫"由某个功能范畴如 F 所引进,可指派如下句法结构:

　　(22)…[vP[他][v·[v][FP[衬衫][F·[F][VP[三件] [买了]]]]]]

　　(22)在话题化上跟(21)相同,其中"衬衫"可以话题化,而低于它的
"三件"不能,所以有"衬衫他买了三件",而没有"＊三件他买了衬衫"。

（22）的经验证据是其中 v 可以吸引"买了"的核心移位，如"他买了衬衫三件"。

3.3 关于句法测试

Shi 为了证明汉语式话题为非垂悬话题，结果 Pan & Hu 通过相同的测试对其进行逐一否定，而试图证明它们全为垂悬话题，即跟述题部分没有空位或接应代词进行联系。本节的研究却表明汉语式话题内部并不同质，有些为真垂悬话题，有些为假垂悬话题。所以有必要探讨一下相关的句法测试。

Shi 为了证明所谓的汉语式话题为主语，所以选择某些在他看来只能出现于主谓之间的成分，如情态动词"可以"、"会"、"能"等，副词"专门"、"一定"等。在他看来，如果这些成分能够出现，则其前的成分为主语；另外，还根据强调标记"是"不能出现于话题之前排除"是"后的成分为话题。但这会遭遇一些经验上的问题，比如说"是"：

（23）a. 是这本书他没看

　　　b. 是他没看这本书

　　　c. 他是这本书没看

（23）中的"是"是焦点标记词，它并不能用来做句法成分的测试，它可以在所谓的话题"这本书"之前（30a），也可以在主语"他"之前（23b），还可以在第二话题或焦点"这本书"之前（23c）。按黄正德（1990）的研究，"是"是助动词（Aux），按普遍语言学观点，它确实不会位于话题之前。但如果汉语的具有 [话题] 特征的成分可以不必强制地移位到 Top 的指示语位置，就有可能造成"是"位于话题之前（如 23a、23c）。假定（23a、23c）中"这本书"具有焦点与话题特征，由于"是"要求其标记的焦点受其成分统制，所以它就不会越过"是"移到 Top 的指示语位置，最终造成"是"位于具有话题特征的"这本书"之前。（23b）中"他"具有焦点特征，也由于"是"要求其标记的焦点受其成分统制，所以"他"也不能移位，最终造成"是"位于主语"他"之前。

"一定"可以出现于"是"所语音实现的 Aux 之前，如果这个 Aux 也可以不要语音实现的话，则"一定"也完全有可能出现在主语、话题等成分之前，如：

(24)a. 一定(是)这本书他没看

b. 一定(是)他没看这本书

c. 他一定(是)这本书没看

如果以上观察正确的话,只要 A'－移位的成分移到额外的指示语位置而不继续移位,Shi 的测试就会出现反例。所以最方便的测试是考虑关系化,根据名词短语可及性等级，基础生成的话题或者说真垂悬话题是不可能关系化的,因为它们不属于等级中的成分;另外根据 n 扩展 TP 进行关系化,也说明真垂悬话题不能关系化,后者位于 CP 的指示语位置。所以真垂悬话题可以经受 Shi 的测试,如:

(25)a.* 一定(是)<u>鱼</u>,我没吃鲜鱼。

b. * 我一定(是)<u>鱼</u>,没吃鲜鱼

这是因为"鱼"是真垂悬话题,经验证据是其中"鱼"不能关系化。

4. 本节结语

从生成语法的标准理论开始,话题就是个句法概念。由于功能范畴可以为扩展的动词选择论元,汉语式话题可由 Top 直接选择论元,也可以由轻动词选择论元或附加语然后移来。前者造成话题跟述题之间没有空位或接应代词上的联系,成为真垂悬话题;后者所选择的论元有可能不是该动词传统的论元结构中的成分,造成垂悬话题的假象。分辨这两种不同来源的话题,可通过关系化测试,其理论根据是名词短语可及性等级与 n 扩展 TP 的关系化操作。功能范畴选择论元在汉语与其他语言中都有表现,所以目前学界有一种假设,即合并决定论元。这一假设能走多远,需要更多的经验事实进行验证。

第四节　汉语中无定主语的允准条件

早期学者一般认为汉语主语有有定倾向。朱德熙(1982)说:"汉语有一种很强的倾向,即让主语表示已知的确定的事物,而让宾语去表示不确定的事物。"赵元任(1979)也指出:"有一种强烈的趋势,主语所指的事物是有定的,宾语所指的事物是无定的"。对此,范继淹(1985)给出相反的事

实,他发现,在书报、杂志、广播和电视中,以无定名词短语做主语的句子并不罕见,经常都能看到或听到。在他看来,无定主语句"并不罕见,也不特殊"。最近刘安春(2003)、王灿龙(2003)、唐翠菊(2005)与张伯江(2006)等都在讨论这一问题。本节将根据生成语法探讨无定主语的允准条件,并试图解释人们语感差异的原因。

1. 原因排查

从狭义句法的角度看,一种语言不允准无定主语是不可思议的。因为主语论元由动词的论元结构选择,在句法中为满足投射原则(Projection Principle)而出现在动词短语内部;后来提升到 T 的指示语位置,也是为了满足 T 的 EPP 特征。所以从理论上来说,无定主语应和有定主语一样受到投射原则的允准。事实上,也有很多语言都允准无定主语的存在,如英语(Li & Thompson,1984):

(1)a. A couple of people have arrived.

b. A piece of pie is on the table.

这说明,无定名词短语不能做主语并非人类语言的普遍现象。

诸如有定无定这样的指称问题, 最易和语用相联系。所以, 徐烈炯(1999)从语用角度探讨无定名词短语作主语的条件,他认为制约无定名词作主语的条件并不是语法结构的问题,而是语用的问题。无定名词作主语的句子可接受性的高低决定于信息量的多少。如:

(2)a. ??一个学生来了。

b. ?一个三年级学生来了。

c. 昨天下午三点钟一个三年级学生来过。

话虽如此, 但包含有些谓词如个体层面的谓词的句子, 不管信息如何丰富,都不容许无定主语的存在,如:

(3)a. * 昨天下午三点钟一个人很聪明 / 高

b. *(昨天下午三点钟)一个留着八字胡须的男人很聪明 / 高

而且对于英语来说,像"a man came"这样信息简单的句子也能成立。所以从信息的角度进行研究,虽然有所发现,但其生成能力一方面太强,会生成(3)这样不合法的句子;一方面太弱,不能生成"a man came"这样的句子。

DP 假说提出以后,一般认为名词只有扩展到 DP 才有指称意义。据此,邓思颖(2004)认为汉语的数量名短语含空限定词 D,而空限定词必须受到辨认。其理据是限定词与指称有关, 而指称基本上是个语用上的问题,靠语境辨认。将准允条件推给语境很难评价,而且如果汉语 DP 允许核心移位,即让其中数词 Num 核心移位到 D 的话,则 D 也不会空。

既然从语用上解释会遭受这样或那样的问题,我们能不能从语义解释的角度进行解释呢?Chomsky(1995)认为语言器官至少包含两个部分:储存信息的认知系统与提取并使用信息的执行系统。认知系统与使用系统的接口分别是"发音—听觉"(A-P)与"概念—意向"(C-I)。他认为语言表达式"语音形式"(PF)与"逻辑形式"(LF)分别位于"发音—听觉"(A-P)与"概念—意向"(C-I)这两个接口层面。传统将语言描写为语音与语义,Chomsky 认为其 PF 与 LF 这两个接口层面在某种程度上可以表达传统的描写。一个"最简"的语言学理论或方案应该只由概念上必不可少的因素组成,正因为如此,Chomsky(1995)放弃了早先的 D- 结构与 S-结构,而只保留了接口层面的 PF 与 LF。他并且将推导式分成三类:推导式 D、收敛(converge)的推导式 DC 及可容许(admissible)的推导式 DA,并且前者必然包含后者。可容许的推导式 DA 要求满足经济限制(EC),而收敛的推导式 DC 要求满足完全解释原则(FI)。完全解释原则作用于接口层面,是种输出限制(output condition)。如果汉语不允准无定主语,则可能的原因是无定主语在主语位置不能获得完全解释。但(2c)的存在却说明汉语无定主语在主语位置不是不能获得完全解释,所以还得另寻原因。

2. 句法原因

2.1 话题

Li(1998)曾从句法的角度排除无定主语的存在,她假定汉语的话题位置与主语位置缺乏词汇管辖者(lexical governor),不能允准空 D。这在经验上可能存在问题,除非(2c)在汉语中并不存在。从理论上看,也有继续探讨的必要,因为 Chomsky(1995)已经取消了管辖这一管约论重要概念。

黄师哲(2004)也是利用 T,不同于 Li 的是,她认为汉语的时制(时态)不同于英语。在她看来,英文可用时态限制事件论元而中文利用状语或是有定名词主语限制事件论元的结果。无定名词主语因为起不到限制事件论元的作用而与一个需要限制成分的谓语发生冲突。但是当谓语结构里存在合适的限制成分时,在汉语句中使用无定名词主语则十分自然。我们同意黄的观察,但并不同意黄的解释。

在句法上,一个成分移进某个位置,跟其句法特征和该位置的核心(其探针 Probe)的句法特征有关。如果主语位置可以占据有定主语,说明 T 有 EPP 特征。有定主语之所以能够移位,说明它 phi- 特征跟 T 的 phi- 特征匹配;如果无定主语也能占据主语位置的话,则其 phi- 特征也能跟 T 的 phi- 特征匹配。有定成分与无定成分在性、数、人称这样的 phi- 特征上完全相同,既然有定主语是允准的,则说明 phi- 特征不能决定主语成分为有定还是无定。一般认为话题不能无定,所以可将汉语的无定主语的不合法归结为与 Top 的特征不匹配[①]。如:

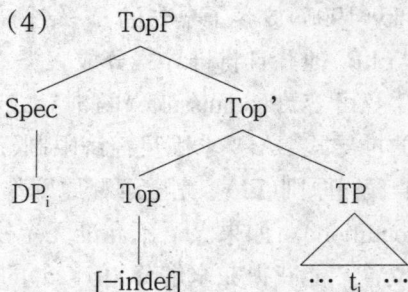

(4)　　TopP
　　　／　　　＼
　Spec　　　　Top'
　　|　　　　／　　＼
　DP_i　　Top　　　TP
　　　　　 |　　　　△
　　　　[−indef]　… t_i …

设置该结构的理由是汉语是话题优先的语言,对于话题优先语言而言,设置功能范畴 Top 是必要的。如果正确的话,则下面的情况是显然的:

(5)a. *一个人来了。

　　b. 北京三十个青年访问了日本

　　c. 昨天一个工人从窗上掉了下来。

[①] CP 层的功能范畴很多,如还有 Focus 等(Rizzi,1997)。Focus 也可能允准无定主语,如:
a. *一个小孩很聪明　　　　　b. 一个小孩很聪明,一个小孩很笨
焦点对成分的定指性不敏感,鉴于此,本节不打算从焦点的角度讨论无定主语,虽然它可能也是允准无定主语的因素。

（5a）由于没有跟 Top 匹配的合适成分，为了满足 Top 的不可解释的 EPP 特征，"一个人"移进 Top 的指示语位置，最终由于特征不匹配造成推导的崩溃；（5b、5c）中由于"北京"、"昨天"能够满足 Top 的特征要求，所以推导成功。说"北京"、"昨天"是话题，这不仅在将话题等同于主语的结构主义语言学中说得通，如赵元任（1979）、朱德熙（1982）的处理；而且在将话题与主语分离的功能语法中也说得通，如 Li & Thompson（1981）的处理。在生成语法中这种移位也是允准的，如"why、when"等附加语可以向 C 的指示语移位，像"Why did you buy those knives?"、"When did you arrive？"等，所以"北京"、"昨天"虽为附加语也可以移位。

考虑话题的句法作用并不新鲜。Li & Thompson（1984）就是这样做的。他们认为主语可以有定也可以无定，而话题必须有定。汉语是话题优先型语言，英语是主语优先型语言。在汉语中被识别为主语的成分，如果也是话题，则不允许无定；反之，如果不是话题，则同样可以允许无定。（5）中的"北京"与"昨天"都是话题，所以允准后边的无定话题。Lee（1986）从量词提升（Quantifier Raising）的角度也考虑过话题的作用。他认为有话题的句子为 S''，不同于普通的句子 S'，前者提供了一个让提升的数量词能够嫁接的位置。换句话说，在 S' 中，汉语数量词主语不能进行量词提升，因此（5a）不合语法；但如果有话题，则可提供一个让提升的数量词能够嫁接的位置，这时数量词能够进行量词提升，所以（5b、5c）合法。有话题则允许无定主语；无话题则不允许无定主语。在这一点，Lee 跟 Li & Thompson 是一致的，但 Lee 还观察到，当无定名词短语进行多重描写时，也可以出现在句首，如：

（6）a. 一个[高高瘦瘦]的金发姑娘刚刚来找你

　　b. 一个[从来没念过大学]的作家出版了很轰动的著作

Lee 认为这样的名词短语相当于专名，不需要量词提升，所以没有 S'' 结构也无所谓。如果 Lee 的"量词提升说"正确的话，则不太好解释英语中的"a man came"；如果 Li & Thompson 的"汉语话题优先说"正确的话，则不太好解释 Lee 的多重描写（6）。我们也同样面临着（6）这样的反例，但如果认为（6）有一个看不见的话题，如阶段话题，则问题会迎刃而解。

2.2 阶段话题

有些句子看起来没有话题,如句首缺乏时间或空间成分,实际上还是有话题的,Erteschick-Shir（1997）把这种看不见的话题叫做阶段话题（stage topic）,如:

(7)a. There are dogs in the garden.

$_s$TOP$_t$ [there are dogs in the garden] $_{FOC}$

b. A man came in.

$_s$TOP$_t$ [a man came in]$_{FOC}$

如果正确的话,我们可以认为(6)这些没有话题的句子其实有阶段话题。如:

(6')a. $_s$TOP$_t$ 一个高高瘦瘦的金发姑娘刚刚来找你

b. $_s$TOP$_t$ 一个从来没念过大学的作家出版了很轰动的著作

一般将谓词分为个体层面谓词与阶段层面谓词两类。个体层面谓词描述的是事物或个体比较稳定的特性,不会随着时空的改变而改变,如:"很高","很聪明"等;阶段层面谓词指的是描述事物或个体行为或状态的谓词,会随着时空的变化而变化。Erteschick-Shir(1997)认为只有阶段层面谓词才有阶段话题。根据 Kratzer(1989),阶段层面谓词句可以有时空论元（spatio-temporal argument）, 个体层面谓词句没有时空论元(Diesing,1992)。如果 Kratzer 的时空论元可以实现作阶段话题,则阶段层面谓词句可以指派如下句法结构:

(8)[TopP[stage topic spatio-temporal argument][Top'[Top][TP...]]]
时空论元这一阶段话题或无语音形式,如(6)与(7);或有语音形式,如(5)。

学界常从个体层面谓词与阶段层面谓词的区别角度进行解释。据徐烈炯(1999)报道,李艳惠就认为阶段层面谓词容许无定名词短语作主语,而个体层面谓词则不允许。如:

(9)a. 一个小孩在慢慢地跑着　　b. ?? 一个小孩跑得很慢

(9a)是用来描述说话者看到的情景,是叙述一时性的动作,为阶段层面谓词;(9b)是用来表明说话者的看法,是常态的表示,为个体层面谓词。Shyu(1995)也从谓词角度进行解释,(10a)是阶段层面谓词,可允许无定主语;

(10b)是个体层面谓词,不允许无定主语:

(10)a.一个人来了 / 正在念书.　　　b.*一个人很聪明 / 高

我们仍然是从话题的角度进行解释。在我们看来,阶段层面谓词句之所以允准无定主语,是因为它有时空论元作阶段话题;个体层面谓词句之所以不允准无定主语,是因为它没有时空论元,为满足话题要求,只能让主语与 Top 进行协约操作。由于话题有非无定[-indef]的要求,无定主语不能满足该要求。所以,个体层面谓词句不能出现无定成分,如:

(11)a.(昨天 /φ),一个人来了　　b.(*昨天 /*φ),一个人很聪明 / 高

正因为如此,对于个体层面谓词来说,信息量的高低并不能影响到无定主语的接受性。也就是说,下面的句子不管无定主语信息如何丰富都不合法:

(3)a.*昨天下午三点钟一个人很聪明 / 高

　　b.*(昨天下午三点钟)一个留着八字胡须的男人很聪明 / 高

2.3 阶段话题的证据

如果每个句子确实都有话题,而无定又不能满足话题的指称要求的话,则无定主语句只能通过别的方式以满足 Top 的话题要求。阶段话题是最好的选择,而且 Kratzer 也认为阶段层面谓词句存在时空论元,所以正好可借时空论元为阶段话题。有趣的是,当主语为无定成分时,句首通常有时间成分(时空论元),张伯江(2006)也指出:"无定主语句常常伴有时间定位成份",比如说(例句取自刘安春,2003):

(12)a.1990 年 11 月,一份诉状递到了北京市西城区人民法院。原告是末代皇帝傅仪的遗孀李淑贤和吉林省社会科学院从事专业历史研究的王庆祥。

b.上午 9 时许,一辆黑色伏尔加小轿车匀速驶来,经执勤哨兵严格盘查后,悄然无声地开到了大会堂西北侧门外的台阶下。

c.正在审问的时候,一只大老虎跳进公堂,朝着官老爷大吼起来,官老爷吓昏了,这正是那位虎大哥。

d.很快地,宴会就要接近尾声了。

这时,突然传来"轰隆"一声,一个怒气冲天、丑陋无比的巫婆出现了。

当然,阶段话题为零形式(无语音形式)的,也有很多,如(例句取自刘安春2003):

(13)a. 一位医生向我介绍,他们在门诊中接触了一位雄辩症病人。

b. 一位旅客说:"坐飞机到过多少机场,没见过秩序这样乱的,也没见过工作人员态度这样坏的"

c. 一家位置很好的餐厅正在清理账目,问我有无兴趣去当经理。

d. 一个硬棒棒的东西顶住了他的肋部。

这些句子都可以实现为有语音形式的时空论元,如:

(14)a. 昨天,一位医生向我介绍,他们在门诊中接触了一位雄辩症病人。

b. 机场上,一位旅客说:"坐飞机到过多少机场……"

c. 刚才,一家位置很好的餐厅正在清理账目,问我有无兴趣去当经理。

d. 刚才,一个硬棒棒的东西顶住了他的肋部。

由此可见,无定主语确实存在一个阶段话题,是这一话题允准了无定主语的存在。如果以上研究正确的话,大概可以总结为无定主语的存在依赖于阶段话题的存在及存在的方式。阶段话题有语音形式时,则无定主语可以存在;无语音形式时,则判断有差异。

2.4 能否归为阶段层面谓词句

既然只有阶段层面谓词句有阶段话题,而话题是允准无定主语的条件,我们能不能将无定主语的允准条件直接归因于阶段层面谓词呢? 这可能不好。学界发现,不是所有阶段层面谓词句都允准无定主语,Shyu(1995)曾采用主题判断(categorical judgment)与非主题判断(thetic judgment)做过解释。主题判断对应于传统意义上的主—谓两分式逻辑判断类型,从认知角度看,它包含两个不同的认知行为,即先对一个实体进行命名然后再对它进行描述;非主题判断则只是将一个事件或状态作为整体来描述,是对作为/视为整体的判断内容的简单肯定或否定,是一种单一的认知行为。从谓词上说,个体层面谓词句表达的是主题判断,阶段层面谓词句表达的是主题判断与非主题判断。所以不是所有的阶段层面谓词句允准无定主语,而只有表达非主题判断的阶段层面谓词句才允准无定主语。

　　这种解释是对的，但较难把握，我们倾向于从句法结构上考察。Kuroda(1992)指出主题判断与非主题判断在日语中有不同的语法结构，前者主语高于后者主语，在形态上前者采用"wa"标示，后者采用"ga"标示，而表达非主题判断的句子可以有无定主语。日语"wa"是话题标记，"ga"是主语标记。所以 Kuroda 的看法可以表述为话题不允准无定，而主语可以允准无定。这跟我们的看法一致，只要无定主语不向话题位置移位即可存活。比如说：

　　(15)a. 一个人来了

　　　　b. *[TopP[一个人][Top'[　][TP 一个人来了]]]

　　　　c. [TopP[STAGE TOPIC][Top'[　][TP 一个人来了]]]

虽然(15a)是阶段层面谓词句，但人们的语感并不一致，而这种不一致正好跟话题有关。如果让无定短语提升到 Top 的指示语位置，由于汉语 Top 不允许无定成分与之进行协约操作，所以推导崩溃(15b)；如果让无定成分留在原位，而让零形式的阶段话题与 Top 协约操作，则推导成功(15c)。朱德熙(1982)等学者主张将主语等同于话题，换成本节的说法就是将所有主语都要最终移位到话题位置(Top 的指示语位置)，所以他说："我们只说'那位客人来了'，不说'一位客人来了'。"而 Shyu(1995)则直接将(15a)当作合格的句子来举例，在 Shyu 的语感中，话题已由阶段话题占据，所以阶段层面谓词句容许无定主语，可用(15c)解释。徐烈炯(1999)的语感处于朱德熙与 Shyu 之间，他说："这类句子并非完全不能说。"这可能是因为在他的语感中，当阶段话题为零形式的时候，无定成分需移位，实际呈现出(15b)的图景；当阶段话题有语音形式的时候，则阻止无定成分移位，实际呈现出(15c)的图景。简单的说，在徐烈炯的语感中，阶段话题最好不能为零形式。如：

　　(2)a. ?? 一个学生来了。

　　　　b.? 一个三年级学生来了。

　　　　c. 昨天下午三点钟一个三年级学主来过。

(2a、2b)中阶段话题为零形式，而(2c)中阶段话题为语音形式("昨天下午三点钟")，所以在语感判断上不同。在徐烈炯的语感中，阶段层面谓词句的阶段话题实现为语音形式则完全可接受(2c)，实现为零语音形式则接受性差一些。Lee(1986)的语感跟徐差不多,即当阶段话题无语音形式时,无定主语提升,最终造成推导崩溃;当阶段话题有语音形式时,阻止无定主语提升,最终推导成功。

学者们虽然对"一位客人来了"可能存在语感差异,但对于"有一位客人来了"却判断一致。朱德熙(1982)说:"我们只说'那位客人来了',不说'一位客人来了',但是可以说'有一位客人来了'。在句首加上'有','一位客人'就由主语转为'有'的宾语,这就不会再跟主语表示确定的事物的要求发生抵触了。从形式上看,'有一位客人来了'是无主语的句子,可是从语义上看,它事实上的主语(逻辑主语)是'一位客人'。"两个句子都没有显性话题,而且无定成分都处于 T 的指示语位置,为什么同一个人对这样两个句子会存在不同判断呢?我们认为是"有"阻止了"一位客人"的提升,使得后者不违反话题的指称要求;而前者无法阻止"一位客人"的提升,使得推导崩溃。

(16)a.*[TopP[一位客人][Top'[　][ModP 有[TP 一位客人来了]]]]

　　b. [TopP[STAGE TOPIC][Top'[　][ModP 有[TP 一位客人来了]]]]

根据 Kratzer(1989),阶段层面谓词有事件论元,黄师哲(2004)提出约束事件论元的条件。在她看来,英文的时态是句中的一个必需的成分,因此事件论元总是处于限制状态;而中文语法结构里,不存在时态,那么事件论元的限制得依助于其他一些成分,如利用表示时间、地点、方法的成分来限制事件论元。黄将英汉的差异归结为时态的有无,可能并不理想,因此她对"张三走了"中有定主语的解释很牵强。她认为"张三走了"之所以合法,是因为有定名词带有特殊的时空标记,能使我们识别其指称。但汉语中也存在没有指称的名词或事件充当主语的现象,如"[研究生]不好考"与"[开飞机]危险"等,很难说它们有特殊的时空标记,所以我们还是将之归结为话题的原因。可以说,汉语只有受到限制的阶段层面谓词句才可以允准无定主语,这些限制条件实质上都是指示阶段话题的存在。

2.5 似是而非的反例

不是所有的数量名短语都是无定短语,如果接受 DP 假说的话,数量名短语可能有两种结构:一是只扩展到数词(Num),得 NumP,Li(1988)曾论证过 NumP 的存在;一是向 D 扩展,得 DP。如:

(17)a. [$_{NumP}$[$_{Num}$ 一][$_{ClP}$ 个人]]　　　　b. [$_{DP}$[$_D$ 一] [$_{NumP}$[$_{Num}$ 一][$_{ClP}$ 个人]]]

　　如果数量名短语只扩展到 NumP，则数量名短语表示"数量"义；如果扩展到 DP，则有"指称"义，向话语引进一个个体变元，即无定成分。数量名短语如果能够跟 Top 进行协约操作，则有"类指"义（如 18a）；如果不能跟 Top 进行协约操作，而又没有显性算子约束，则只有"存在"义（如18b）。

　　(18)a. 一个人啊，可要讲良心呐　　　　b. 一个小伙子爬上了山顶

　　Tsai(2001)认为汉语可以允许无定主语，并从 Diesing(1992)的映射假设角度做了解释。在他看来，之所以是情态句而不是陈述句允许无定主语，是因为前者中的动词移位较高，移出了 VP，使得移出无定主语能够映射到核心辖域。他的例子包括：

　　(19)a. 可能式补语句：五个人吃得完/吃不完十碗饭

　　　　b. 情态动词句：　三个步兵可以/能/应该/必须带九份口粮

　　　　c. 互逆句：　　　六个人睡两张床　　　两张床睡六个人

　　　　d. "够"字句：　　两张床够睡六个人　　　两张床够六个人睡

如果 Tsai 的看法正确的话，则构成威胁本节观点的反例。因为这些句子都不是阶段层面谓词句，没有阶段话题可供选择，为满足话题假设，只有无定成分移位，这样一来就违反了汉语话题的要求，按理这些句子不合法。所以我们想论证这些数量名短语不是无定成分 DP 而是计量成分NumP。

　　说这些句子都不是阶段层面谓词句的证据是，如果这些句子加上时体或时制标记，则不能表示"供用义"，如：

　　(20)a. *五个人正在吃十碗饭　　　b. *三个步兵带着九份口粮

　　　　c. *六个人睡过两张床　　　d. *两张床睡过六个人

　　所以(19)中这些句子也就没有所谓的阶段话题。无定 DP 是不能跟Top 进行协约操作的，如果(19)中数量名短语是无定 DP 的话，则各句并不能满足话题假设的要求，按理它们是不合法的。而事实上它们是合法的，为解释其合法性，只能将数量名短语处理成 NumP，因为这些句子缺乏类指解。据徐烈炯、刘丹青(1998)观察，计量成分可以充当话题，如：

　　(21)他昨天一个人打得过两个小偷。两个小偷，你肯定打不过。

207

如果徐、刘观察正确的话,则计量成分(NumP)可以满足话题假设的要求,因为汉语话题只是不要无定成分,其他的成分都有机会做话题。可以说,除了无定成分不能成为话题之外,其它诸如有定、非指称性的成分、全量、分量、计量成分、类指等都可以充当话题。

经验上,我们可以通过回指测试以证明(19)中的数量名为 NumP 而非DP,DP 有指称,可以回指,如(22);NumP 没有指称,不能用代词回指,如(23):

(22)a. 车门打开后,[一个人]ᵢ跳了下来,[那人]ᵢ跳下来后立刻转身从车内拖出了两条腿,接着身体也出现了。

b. 下午我在家写作时,[一个陌生的女人]ᵢ来访了,eᵢ三十多岁,eᵢ高挑的身材,eᵢ衣着颇时髦,eᵢ形象也是还看得过去的那一类女人。

(23)a. * 三个人ᵢ抬不动这架钢琴。他们ᵢ的力量太小。

b. * 两只松鼠加三只松鼠ᵢ一共有五只松鼠。他们ᵢ很可爱。

(23)是邓思颖(2003b)中的一个例句,如果邓的语感可靠的话,则说明这些数量名短语不是 DP。邓也说:"如果表达数量意义,它不能作为代词和反身代词的先行语,而在英语的对应例子里表示数量的主语可以和动词有单数的一致关系。"与邓不同的是,我们认为它们不是含空限定词 D 的DP 而是 NumP。

我们还可以通过提顿词测试。因为 NumP 具有非无定[-indef]的特征,可以跟 Top 协约操作,即可以移到 Top 的指示语位置充当话题,如:

(24)a. 五个人啊,吃得完 / 吃不完十碗饭

b. 三个步兵啊,可以 / 能 / 应该 / 必须带九份口粮

c. 六个人啊,睡两张床　　　两张床啊,睡六个人

d. 两张床啊,够睡六个人　　　两张床啊,够六个人睡

如果情态句主语中的数量名短语为无定非特指(Tsai 的判断)的话,按照 Diesing 的映射假设,该无定成分应该 LF 下移。Cheng(1997)从推导经济原则考虑认为汉语的主语不能下移,如果 Cheng 的看法反映大部分事实的话,情态句的数量名主语为无定成分的可能性不大。而且,从经验上看,如果去掉互逆句中的数量短语,则失去"供用"义或"容纳"义,如:

(25)a.? 人睡床　　　　　b.? 床睡人

陆俭明(2004)也指出:"[这十个人吃了一锅饭]是表示事件结构的句式,上

面的[十个人吃了一锅饭]是表示容纳性的数量结构的对应句式。二者表示的句式意义完全不同。"换句话说,这里的数量名短语是 NumP(如"十个人"),不能向 DP(如"这十个人")扩展。所以这些情态句的数量名短语并不构成反例,而恰恰证明了本节的观点,即非阶段层面谓词句不能有无定主语,除非它为 NumP 而非无定 DP。

Li(1998)认为表示数量的数量名短语 NumP 可以出现于话题与主语位置,而表示指称的数量名短语 DP 不能。我们的看法是这两种短语都可以出现于主语位置,只是前者还可以出现于话题位置,而后者不可以。

3. 本节结语

数量名短语或为 NumP,或为 DP。前者表示数量,跟指称无关;后者跟指称相关,或为无定或为类指。为满足 T 的 EPP 特征,无定的 DP 可以移进 T 的指示语位置, 成为无定主语。根据 Rizzi (1997) 与 Chomsky (1999),我们假设存在功能范畴 Top 的扩展并需要[-indef]特征的成分与之协约操作。无定主语不能满足 Top 的特征要求, 为满足 Top 的特征需要,根据 Erteschick-Shir 的阶段话题与 Kratzer 的时空论元,我们认为阶段层面谓词句可通过阶段话题满足话题假设的要求, 所以可允准无定主语的存在,而个体层面谓词句不可以。尽管阶段层面谓词有时空论元,可以满足 Top 的需要, 但也不能将无定主语的允准条件归结为动词类别的差异,如 Shyu(1995)跟朱德熙(1982)对"一个人"来了的判断差异。这说明在一部分人的语感中,协约操作要发生显性移位,除非有别的成分阻止这种显性移位的发生。无定成分向 Top 指示语位置的显性移位,必然因特征不匹配而导致推倒的崩溃。阻止显性移位有两种途径,一是在 Top 的指示语位置显示语音,一是引进一个必须成分统制它的成分,如"有"。无定主语跟时制 T(ense)范畴无关,而跟话题 Top(ic)范畴有关。因为 T 只需要 phi- 特征匹配即可,而 Top 则需要[-indef]匹配。

第五节　"都"的右向语义关联

范围副词"都",国内语法学界一般的看法,是表示"总括"。如吕叔湘

(1980)指出："[都]表示总括全部。除问话外,所总括的对象必须放在'都'前。……问话时总括的对象(疑问代词)放在'都'后。"吕先生的看法换成语义指向理论可重新表述为："都"在陈述句中指向它前面的成分,在疑问句中指向它后面的成分。但目前有些学者借助一些新的理论认为"都"不能指向它后面的成分(蒋严,1998;袁毓林,2005a、2005b、2007;潘海华,2006),即不能总括或量化右向关联成分。"都"能不能关联右向成分与量化右向关联成分,这是个经验问题。吕叔湘(1980)、马真(1983)等都认为"都"可以总括其后的成分,实际上,袁毓林(2005a)在其注解中也有类似的暗示,见下文例(6-8)。所以,本节准备在生成语法框架里重新探讨该问题:首先拟从经验和理论两个方面论证"都"确实能够右向关联并量化其右向关联成分;其次探讨右向关联动因,并论证右向关联成分具有焦点或话题特征;最后将提供更多的证据,通过"都"的 LF 提升与关系化测试论证"都"及其关联成分的 LF 移位及"都"对其关联成分的量化。

1."都"的右向关联

马真(1983)认为,下面句子中"都"所总括的对象都在后,即下面划线部分。蒋严(1998)也讨论了这些句子,认为:在语句的表面层次上,"都"的作用对象不能在右边,只可能在它的左边,但"都"的对象也可能不出现在语句的表面,而是居于预设之中,而预设本来就是隐而不现的。

(1)a. 小李都买呢子的衣服。

b. 这几天你都干了些什么?

c. 我都通知他们了。

蒋严的理由是,(1a)中小李并没有把所有的呢子衣服买去,他只是买了其中的部分,但呢子衣服却是他所购买的衣服的全部。据此,他认为(1a)有一个预设,比如"小李在某段时间中买了一些衣服/东西","都"就是作用于这个预设的,即"这些衣服都是呢子的"。

袁毓林(2005a、2007)接受蒋严的上述见解,也认为"都"约束的不是"呢子的衣服"。跟蒋严稍微不同的是,他认为"都"约束的是复数性事件话题,如"买衣服",而不是约束预设中的复数性对象,如"小李在某段时间中买了一些衣服/东西"中的"衣服"。袁毓林提出如下的语义解释和理论处理方案,即将(1a)处理做一种说明性小句,如(2)。

(2)小李都买呢子的衣服。←〔买衣服〕小李〔每次〕都买呢子的衣服。
(2)的箭头右侧显示(1a)的话题是上文或语境中的"买衣服"一类复数性
事件,这使"都"约束的对象是先行话语或语境中隐含的复数性事件话
题。如果成功的话,则可以增强理论的透明性,即通过将预设以话题的形
式出现于语句的表面层次,起到化"隐而不现"为"显而可视"的作用。潘
海华(2006)则从三分结构的语义表达式角度,化"隐而不现"为"显而可
视",例如:

(3)Dou [小李买 x][x= 呢子的衣服]
这个三分结构表示:对于每一个 x 来说,如果 x 是"小李买的 x"中的一员,
那么,x 就是呢子的衣服。这个语义表达式跟蒋严的语感一致,其中"小李
买 x"实际上就是(1)的预设,Dou 也是作用于这个预设的,即"都"约束预
设中的焦点变量。跟蒋严不同的是,他认为可以不必假设表达句子预设的
空范畴。潘海华认为,"都"在右向关联时,只能约束焦点变量,不能约束焦
点本身引出的变量,即不能约束右向关联短语直接引出的变量,如:

(4)a. 他都喜欢吃什么? b. Dou y [他喜欢吃 y] Q x [y=x & Thing(x)]
潘海华特别强调,"[(4b)中]'都'约束的是由焦点引出的变量,而不是疑问
短语'什么'本身引出的"。其语义表达式也清楚地反映了这一点,"都"约
束的是变量 y,而 Q 约束的是 x,y 是焦点引出的变量,x 是"什么"引出的
变量。

潘海华区分关联与约束,[①]他认为"都"左向关联时,约束左向关联短
语直接引出的变量。按 Lee(1986)的看法,这种约束实际上就是量化,我
们也认同这种看法。如:

---

① 潘海华(2006:180)说:"左向关联,既有关联,也包括约束,但是,右向关联则只有关联,没
有约束,更准确地说,'都'只能约束左向关联短语直接引出的变量,但不能约束右向关联短语直
接引出的变量。"其语义表达式可以更直观地反映这点,如:

a. 什么他都喜欢吃。 Dou [x ∈ A] [他喜欢吃 x]
b. 他都喜欢吃什么?。 Dou y [他喜欢吃 y] Q x[y = x & thing(x)]

a 中"都"约束集合 A 的变量 x,该变量是由"什么"直接引出的;b 中"都"约束量化域中"他喜
欢吃 y"中的 y,"什么"引出的变量 x 由疑问算子 Q 约束。本节则认为右向关联与左向关联一样
都有约束。

（5）a. 张三的两个孩子都毕业了。　　*张三的一个孩子都毕业了。

　　　b. 那本书他都看完了。　　　　*那本书他都借到了。

Lee（1986：12-31）指出，"都"必须量化其左侧的复数性成分。袁毓林（2005a）也指出，"都"跟左侧名词短语"在数方面[也]有强制性的选择限制关系"。如果潘海华的关联与约束的区分正确的话，即"右向关联则只有关联，没有约束"，则意味着"都"不能约束其右向关联成分，也就不能量化其右向关联成分。问题是如何解释以下现象：

（6）a. 你读过哪本书？　~　b. *你都读过哪本书？

（7）a. 你读过哪些书？　~　b. 你都读过哪些书？

（8）a. 你读过什么书？　~　b. 你都读过什么书？

袁毓林（2005a）观察到："从（6b）可以看出，'都'跟 Wh-P 在数方面有强制性的选择限制关系。（8a）中的'什么书'的预设可以是单数的，也可以是复数的；但是，（8b）中的'什么书'的预设只能是复数的，不能是单数的。"这种"在数方面有强制性的选择限制关系"跟（5）类似。如果左向关联的成分受"都"约束，则没有理由认为右向关联的成分不受"都"约束。如果左向与右向关联成分都受约束的话，则"关联"与"约束"没有区分的必要。在我们看来，"关联"就是"约束"，对量词而言，这种约束也就是量化。（6-8）的价值不仅仅在于说明"都"既可以量化左侧关联成分，又可以量化右侧关联成分，更重要的是，这也说明"都"确实可以跟右侧成分发生语义关联。因为，同样都是"在数方面有强制性的选择限制关系"，如果认为陈述句（5）中的"都"可以左向语义关联的话，则没有理由认为疑问句（6-8）中的"都"不可以右向语义关联[①]。

　　袁毓林（2005a）的研究是以蒋严（1998）为基础的，既然蒋严证明了"都"并不能"指向"谓词后面的疑问代词，所以袁毓林认为其任务就是解释"都"为什么不能约束疑问短语。这种任务定位应该是正确的，但关键是

　　[①] "都"在数方面有强制性的选择限制关系，或由其左侧的成分或由其右侧的成分满足该要求，例如：

　　a. 你们都读过哪本书？　　　b. *你都读过哪本书？　　　c. 你读过哪些书？

　　a 中的"你们"与 c 中的"哪些书"都能满足"都"的量化要求，而 b 中没有任何成分能满足"都"的量化要求，所以会出现 a、c 与 b 在语法性上的差异。这也说明含"都"的问句，其提问域可以是单数可以是复数，这种句子是否合法关键在于"都"的要求能否获得满足。

首先要回答：如果"都"不约束其右向关联成分，那为什么它又对其右向关联成分有"数"的要求。实际上，袁毓林也认为（6-8）中"都"与其右向关联成分具有算子与变量的关系，如"'都'在[6-8]中的语义作用远远不止是强调；并且，'都'的出现并不是可有可无的。从理论上说，'都'这种指向成分和其目标性成分之间的关系是算子和变量之间的约束关系，算子的出现是强制性的，否则，变量性成分将得不到约束，语义解释将无从进行。"换句话说，袁毓林在批评董秀芳的"强调"说时，实际上也肯定了"都"有右向关联作用，并且能够对其右向关联成分进行约束。①

袁毓林（2005b）在否定"都"为全称量词与分配算子时都采用了"禁止双重约束原则"（bijection principle）②，即要求"一个变量不能被两个算子约束"。如他在否定"都"为全称量词时给出的理由是："从逻辑的观点看，当一个自由变量（free variable）被一个算子约束以后，就变成约束变量（bound variable）了；按理说，约束变量不能再受算子约束，至少不能受同一类算子重复约束。否则，就会违反禁止双重约束原则（bijection principle，即一个变量不能被两个算子约束）。可见，全称量词的比附还是失之牵强。"在否定"都"为分配算子时给出的理由是"如果'都'也是分配

---

① 袁毓林（2005b）首先评论关于"都"的四种理论：全称量词、分配算子、存在量词和加合算子；然后，说明"都"主要的语义功能是加合性，即对一组最小事件进行加合操作，从而表示一个复数性的事件；至于"都"字句的总括性意义和分配性意义，都是由"都"的加合性语义功能造成的附带效应。对于这种加合属性，他给出的语义表达式是"Dou {e_1, e_2, …, e_m}"。从该语义式来看，"都"加合的是事件，而并不约束特定的个体变量，这样可能就不存在或不要求有作为变量的复数性的目标性成分了。袁毓林（2005a）似乎又回到 Lee（1986），他说："从语义的角度看，'都'是一种分配算子，它通过修饰谓词性成分 VP，从而把 VP 所表示的属性分配给一个语义上的复数性成分所表示的集合中的每一个元素。因此，'都'必须跟一个语义上的复数性成分相关联（associate）。"袁毓林（2005a）极力证明关联 NP 的话题性质，如果成立的话，焦点性质的 wh-短语则不能跟"都"发生语义上的关联。实际上，他的主旨之一也是"探究'都'不能约束疑问短语的原因"。在我们看来，如果"'都'不能约束疑问短语"，则"'都'这种指向成分和其目标性成分之间的关系是算子和变量之间的约束关系"不成立；如果后者成立，则"都"必须约束疑问短语。

② 这一原则由 Koopman & Sportiche（1982）提出的，其内容是：

a. 每个论元位置最多受一个非论元位置的局部制约；

b. 每个非论元位置最多局部制约一个论元位置。

这一原则的作用在于要求非论元制约成分与变量之间的关系必须是一对一的关系；一个算子制约一个并且只能制约一个变量，一个变量受一个并且只能是一个算子的制约。Huang（1982）指出该原则存在一些问题，并指出这些问题似乎并非不可解决。

性量词,那么势必会造成相同性质的量词重复约束一个变量,或者说是分配算子'都'约束一个已经受分配性算子约束的约束变量。显然,这在理论上是讲不通的。"后来,袁毓林(2005a)接受黄瓒辉的建议,在解释"都"不能约束疑问短语时,他提出的理由是:疑问代词的算子性质,使得它不能再受"都"等其他算子的约束;否则,就会造成算子约束算子的局面,从而违反"算子只能约束变量"(特别是自由变量)的原则。在文献上,倒都存在这两种违反,如:

(9)a. John even₁ only₂ drink [[water]_{F1}]_{F2}

b. John even₁ [only₂]_{F1} drink [water]_{F2}

(9a)的表现就是一个变量受两个算子的约束,(9b)的表现就是一个算子受另一个算子约束。禁止双重约束原则当然不可违反,Krifka(1991)也说,焦点算子只和一个焦点关联,但可多次应用焦点规则。换句话说,一次约束多个不行,可分次约束。对于算子约束算子,Krifka 没作解释,他只说了这是一个算子为另一算子的焦点情况。如果 Krifka 的这两种情况都可以存在的话,则"都"不仅有可能成为全称量词,也有可能约束作为算子的疑问代词①。

即使"都"真的不能约束疑问代词,也不能否定"都"约束疑问短语。一般将"wh-"词分析成两个语素:wh+ pronominal,如"who"被分析成[WH + someone],"what"被分析成 [WH+ something],即"wh"与无定语素。袁毓林(2005a) 认为:"正是这个 wh 部分表示了疑问, 即像是一个算子(记作 [+Wh]);正是这个 pronominal 部分预设了 someone、something 一类个体或个体集合的存在,即像是一个变量(记作[+Some])。"因此,他认为"疑问代词的算子性质,使得它不能再受'都'等其他算子的约束"。首先需要指出

---

① 全称量词可以有分配解(distributive reading),也可以有集合解(collective reading)。对于"都"这个全称量词,我们认为它具有分配解,这点跟 Lee(1986)的看法相同,不同在于 Lee 认为"都"不能量化右侧成分,而我们认为"都"可以量化右侧成分。量化右侧成分时,也是分配解,如:

A: 你昨天在超市都买了什么?

B: 我买了蔬菜,水果和牛奶。 / *我买了份报纸。

从 B 的回答可以看出"什么"的值需要逐个给出。

顺便指出,我们跟 Lee 的判断不同不在其它,而在语言事实的认定。如 Lee(1986:56)认为"张三都看见了谁? "接受性很低,而吕叔湘、马真及其以后的学者都把它当作合法句进行讨论。

的是:英语的疑问代词跟汉语的疑问代词一样既可以有疑问用法,也可以有非疑问用法,如"你做什么,我就吃什么"与"I'll eat what you cook."等。所以,疑问代词/短语的疑问用法不会是由"wh"部分表示的。方立(1993)指出:"'WH'为抽象语素,指含有'WH'的一类词。"Tsai(1994)认为疑问短语的这两种用法可归结为其内部结构中所涉及的算子不同,所以他将疑问用法与非疑问用法分别分析作(10a)与(10b):

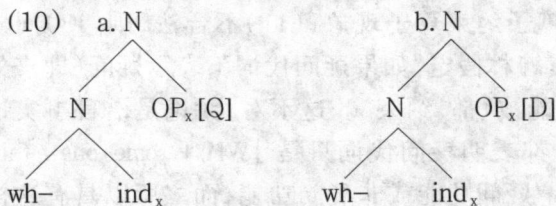

（10）　a. N   b. N

　　　　N　　OP$_x$[Q]　　　　N　　OP$_x$[D]

　　wh-　　ind$_x$　　　　wh-　　ind$_x$

其中 OP$_x$[Q]是抽象的疑问算子(Q-operator),它跟同标的无定成分(ind(efinite))构成算子—变量关系。如果 Tsai 正确的话,则算子 OP$_x$[Q]约束无定成分 ind。在这种情况下,如果考虑让"都"约束整个疑问短语 QP,就不会出现算子约束算子的违反现象,例如:

　　（11）都 $_i$……[$_{QP}$ OP$_x$[Q][wh-　ind$_x$]]$_i$

在(11)中,算子"都 i"约束疑问短语 QP$_i$,疑问算子 OP$_x$[Q]约束无定成分 ind$_x$,这里既不存在两个算子约束一个变量的情形,也不存在算子约束算子的情形。由(11)可见,袁毓林的分析存在漏洞,因为他忽略了算子"都"约束包含算子 OP$_x$[Q]的变量 QP 的可能性。正因为"都"约束整个疑问短语 QP,而且"要求其关联成分至少在语义上是非单数性的",所以(6-8)中的对立是显然的。

据说"I'll eat what you cook."中"what"为有定性用法。有定性用法的"wh-"词含的是有定性算子 OP$_x$[D](Definiteness Operator),而非疑问算子 OP$_x$[Q]。有定算子占据算子位置,约束跟其同标的无定成分,如(10b)。汉语的相关语料也可做相似或相同分析,例如:

(12)a. 现在什么人都可以考大学了。

　　b. 什么商店都出售过假酒假烟。

　　c. 哪种饼干他都不喜欢吃。

　　d. 哪儿的风景区他都游览过。

这些疑问短语按照 Tsai 的分析都存在有定性算子,可仿照(11)标记作:

　　(13)[$_{QP}$ OP $_x$[D][wh- ind $_x$]]$_i$……都 $_i$

在(13)中,算子"都$_i$"约束整个短语 QP$_i$,有定性算子 OP $_x$[D]约束无定成分 ind,这里既不存在两个算子约束一个变量的情形,也不存在算子约束算子的情形。(13)同(11)一样都属于"算子约束包含算子的变量"的现象。在袁毓林的分析中,如果(11)属于算子约束算子的现象,则(13)同样属于算子约束算子现象;(11)不合法,则(13)同样不合法。为挽救(12),袁毓林假定"如果疑问代词不表示疑问(即丧失算子功能),那么就有可能被'都'约束"。这不对,无论是语言事实还是疑问词的分解理论,都表明疑问代词只是 [WH + some+one / thing / place],它本身并无所谓疑问功能或非疑问功能,而之所以具有这样或那样功能,是因为其内部结构中有不同的算子。当然也可以说有不同的句法特征,方立(1993)为维护句法学不受形态影响,说可以为具有疑问用法的疑问短语指派"[+WHQ]"特征。另外,对照(11)与(13),则很难区分关联与约束;换句话说,如果认为(13)有约束的话,则(11)也有约束;反之亦然。

　　袁毓林(2005a)为论证"都"不能约束右向关联成分,不仅假定疑问代词具有[+Wh]算子,而且认为疑问代词所包含的变量[+Some]具有非全称性。在他看来,前者会造成"算子约束变量"以违反"禁止双重约束原则",后者会造成跟"都"在"量化性质上的不适配",因为他认为"'都'是一种偏向于跟全称性的量化成分相关联的副词,它要求一个偏向于全称的成分作为其先行成分"。从疑问词的分解理论来看,[+Wh]不是算子,[+Some]也并非不能与"都"适配。因为不仅疑问用法的疑问代词可以分解为"[WH + some + one / thing / place]",而且非疑问用法的疑问代词也可以分解为"[WH + some + one / thing / place]",如果[+Some]与"都"不适配,则不好解释(12)中疑问代词的"遍指"用法。

　　如果以上讨论正确的话,则说明学界的关于"都"在疑问句中指向它后面的成分的观察是正确的。"都"不仅可以跟其右侧的成分发生语义关联,而且可以量化它,约束它。在我们看来,"右向关联"并非"只有关联,没有约束",更非"没有关联",否则难以统一解释"都"为什么对其左侧或右侧的成分"在数方面有强制性的选择限制关系"。

2. "都"的右向关联动因

"都"的生成语法学研究很多,请参见袁毓林(2005a)的述评。他所提出的有的问题在生成语法中可能不是问题,如他对副词性词语移位的批评。Wu(1999)为解释副词前于"都"而让副词移位到以"都"为核心的DisP 的指示语位置。袁毓林认为,这付出了高昂的理论代价,即"把可以充当指示语的范畴从名词性成分扩大到介词结构和副词,并且假定介词结构和副词也可以移位"。实际上,这在生成语法中是许可的,如副词性wh- 移位:

(14)a. When did you arrive?　　　b. Where did you see him?

　　　c. How did you fix the car?　　d. Why did you buy those knives?

有的问题非常值得探讨,如核查者(checker)和被核查者(checkee)要不要遵循特征强度一致的原则。如果需要特征强度一致的话,则具有弱的量化特征的疑问短语不能跟 Dis"都"建立核查关系,其结果是,具有疑问算子的疑问短语不能跟"都"建立语义关联,即疑问句中"都"不能指向它后面的疑问短语。这个结论跟袁毓林的考察一致。但如果换一种理论,如像 Chomsky(2001a)那样只要求特征相同而对特征值不做要求,则不仅具有的弱的量化特征的疑问短语能跟 Dis"都"建立核查(协约)关系,就是其它具有弱的量化特征的成分也能够;而如果 Dis 还具有 EPP 特征的话,则不管是具有强的量化特征的成分还是具有弱的量化特征的成分都必须移位,除非该 EPP 特征是可选特征。但实际情况是陈述句中具有强的量化特征的成分概无例外的移位, 说明 Dis 的 EPP 特征不是可选特征。所以,如何解释原位的 wh- 短语与"都"的语义关联是特征核查说的一大难题。

对于汉语的疑问句的 LF 表达式,大致有两种主要看法,一是移位说,一是非移位说。比如说"张三喜欢谁"可以有两种 LF 表达式,例如:

(15)a. 谁$_i$ [张三喜欢 e$_i$]　　　b. OP$_i$ [张三 喜欢 谁$_i$]

在这些表达式中,或者疑问短语或者疑问算子位于句子的最左侧。如果可接受的话,则在 LF 表达式上,与"都"在语义上发生关联的成分都位于其左侧。用专业术语来说,就是关联对象与它构成成分统制(c-command)关系。(15)中疑问短语"谁"或疑问算子(OP)之所以处于句子的最左侧(CP 的指示语位置),按照最简方案,这属于特征核查。目前理论界认为 CP 的核心 C 所包含的特征很多,如语势(force)、话题(topic)、焦点(focus)等,所以有学者(如 Rizzi 1997)将 CP 分解出各种独立的功能范畴,如指示句子类型的 Force、容纳话题的 Top、容纳焦点包括 wh- 短语的 Foc 等。汉语的成分也会因为 C(omplementizer)的这种或那种特征发生移位,如:

    (16)a. 他<u>饭</u>吃了　　　　　b. <u>饭</u>,他吃了

沈家煊(1999a)认为 AOV 中的 O 一定有对比性;Sun & Givón(1985)认为,普通话是典型的 SVO 语言,OV 是语篇分布很受限制的一种表示对比或强调的手段。所以我们认为(16a)中的"饭"为对比焦点,它的移位应该是为了核查其焦点特征。(16b)是公认的话题结构,其中"饭"的移位应该是为了核查其话题特征。尽管汉语焦点可以发生移位,不过一般是不大会移位的,如(16a)常常是在对举的语境中发生。这跟同样具有焦点特征的疑问短语类似,汉语的疑问用法的疑问短语也不大会移位。但这种疑问短语也并非绝对不能移位,如:

    (17)a. 哪几种糖<u>小张和小王</u>都喜欢吃?

        b. 哪些书<u>你们</u>都读过了?

        c. 什么水果<u>你们</u>都不爱吃?

具有焦点特征的疑问短语与具有焦点特征的名词短语,一般都称之为焦点。具有话题特征的成分,一般称之为话题。汉语焦点一般保持原位,而话题常常移位。所以与"都"关联的焦点常常呈右向关联,而与"都"关联的话题常常呈左向关联。如:

    (18)a. 都 [Focus 谁]来了　　　　b. [Topic 谁]都来了

    说(18a)中"谁"留在原位的证据是这种句子的"都"之后还可以加上"是"或"有",按黄正德(1990)的观点,"是"与"有"都是助动词,这说明"谁"确实没有由动词短语的内部主语位置移出,或至少没有移到动词短语的外部主语位置。由于汉语有这种趋势,所以一般将移位的成分看作话题,而将留在原位的看作焦点。正因为如此,袁毓林(2005b)将下列句子判

定为不合法：

(19)a.＊哪几种糖小张都喜欢吃？

b.＊哪些书你都读过了？

c.＊什么水果你都不爱吃？

这些疑问短语发生了移位，而发生移位的成分一般被识解为话题，即不是焦点，按理就不具有疑问特征。也就是说，这些句子不应该是特殊疑问句。

从(17)来看，汉语疑问短语也并非绝对不能移位。所以从这个角度说，(19)也并非绝对不能存在。再看董秀芳(2002)的举例：

(20)a.你都读了哪些书？　　　b.哪些书你都读了？

(20b)因为"汉语焦点不倾向移位"而在文献中常被判定为不合法，但董秀芳在其注解中说："笔者的同学宋文辉告诉笔者，此句如果把'都'重读是可以接受的，意思是'哪些书你是全部读了的？'，即'都'表示的是个体的全部，但这种意义是本文所不讨论的。"从注解看，宋文辉认为可以，董秀芳也认为可以，只是这里的"都"不是她要讨论的全称量化词而已。如果宋文辉他们的语感确切的话，则说明汉语的焦点只是不倾向移位，而非不能移位，这跟我们对(16a)、(17)的观察是一致的。其价值在于说明"都"既能右向约束有疑问用法的疑问短语，也能左向约束有疑问用法的疑问短语，后者之所以常常被忽视，其原因在于汉语焦点不倾向于显性(overt)移位而已。

不仅疑问焦点可通过移位或算子来满足"都"的语义关联，别的焦点也可以通过移位或算子来满足"都"的语义关联，如马真(1983)发现"他不吃[F 别的]，都吃[F 馒头]"中"都"跟"馒头"关联。从所举的例子来看，"馒头"跟"别的"对比，属对比焦点。蒋严(1998)在讨论"小李都买呢子的衣服"时之所以否定"都"与"呢子的衣服"关联，是因为该句表示"小李并没有把所有的呢子衣服买去，他只是买了其中的部分，但呢子衣服却是他所购买的衣服的全部"。蒋严的语感是正确的，但不能因此否定"都"作用于"呢子的衣服"，因为它跟"呢子的衣服""在数方面[也]有强制性的选择限制关系"，例如：

(21)a.小李都买(这些)呢子的衣服　　b.＊小李都买这件呢子的衣服

由于 C 有焦点特征,它能够在狭义句法(narrow syntax)中跟含有[焦点]特征的成分进行协约(Agree)操作,这种操作可以在原位执行,也可以移位执行,关键在于含该特征的 C 有无 EPP 特征。现在要做的工作就是要从语言事实的角度证明像"小李都买呢子的衣服"跟"他不吃[F 别的],都吃[F 馒头]"一样含有(对比)焦点,幸运的是袁毓林(2007)提供了大量的证据,尽管他的初衷是凸现话题,如:

(22)a. 他都写小说。←[写文章]他都写小说。

ⅰ.不写报告文学。　　ⅱ.*不读小说。/ 不读报告文学。

b. 他都买呢子的衣服。←[买衣服]他都买呢子的衣服。

ⅰ.不买丝绸的衣服。ⅱ.*不穿呢子的衣服。/ 不穿丝绸的衣服。

c. 他都说英语。←[说话]他都说英语。

ⅰ.不说汉语。　　　　ⅱ.*不教英语。/ 不写汉语。

袁毓林认为上组例句中只有(ⅰ)能够作为后续句,而(ⅱ)则在语用上不恰当,不能作为后续句。袁毓林的观察是正确的,但我们不难发现上组连贯的两个句子中存在着可以量化的对比焦点,而不连贯的两个句子中没有可量化的对比焦点,例如:

(23)a. ⅰ. 他都写[F 小说],不写[F 报告文学]。

ⅱ.* 他都[F 写]小说,不[F 读]小说。

b. ⅰ. 他都买[F 呢子的衣服],不买[F 丝绸的衣服]。

ⅱ.* 他都[F 买]呢子的衣服,不[F 穿]呢子的衣服。

c. ⅰ. 他都说[F 英语],不说[F 汉语]。

ⅱ.* 他都[F 说]英语,不[F 教]英语。

由于"都"需要同可量化的成分关联,所以(23ⅰ)全部合法,而(23ⅱ)全部不合法。如果"'都'需要同可量化的成分关联"的观点正确的话,合理的推论是在对比焦点不可量化时删除"都",不连贯的两个句子应该可以连贯。事实确实如此,如:

(23)a. ⅲ. 他[F 写]小说,不[F 读]小说

b. ⅲ. 他[F 买]呢子的衣服,不[F 穿]呢子的衣服。

c. ⅲ. 他[F 说]英语,不[F 教]英语。

这说明在(22)中"都"量化的并不是话题所表现的事件,而是其右侧的焦

点成分。因为事件的量化并不意味着个体的量化,如"张三总是打李四"并不需要多个"张三"来"打李四",而只需要"张三打李四"这个事件总是发生即可。再如:

(24)a. Mary always took [John]$_F$ to the movies.

b. Always e [∃x (Mary took x to the movie at e)][Mary took John to the movie at e]

在(24)中,always 量化的是事件,它本身并不量化也不要求量化任何个体。而(22)中"都"所关联的是焦点成分,而且是对比焦点。对比焦点很接近 Rooth(1985)提出的选项语义学(alternative semantics)中焦点的概念。Rooth 认为凡有焦点,必有选择,选中其一,排除其他,就成了焦点。因此,"他都写[$_F$ 小说]"表示"他不写小说之外的文章","他都买[$_F$ 呢子的衣服]"表示"他不买呢子衣服之外的衣服","他都说[$_F$ 英语]"表示"他不说英语之外的语言",这造成袁毓林(2007)的一种错觉,使他认为"都"有"隐性否定功能"。实际上,这种"隐性否定功能"是由对比焦点造成的。换句话说,在含对比焦点的句子中即使没有"都",句子也会有"隐性否定",例如:

(25)a.他写[$_F$ 小说],不写[$_F$ 报告文学]。

b.他买[$_F$ 呢子的衣服],不买[$_F$ 丝绸的衣服]。

c.他说[$_F$ 英语],不说[$_F$ 汉语]。

(25a)中"他写[$_F$ 小说]"也表示"他不写小说之外的文章","他买[$_F$ 呢子的衣服]"表示"他不买呢子衣服之外的衣服","他说[$_F$ 英语]"表示"他不说英语之外的语言"。含别的焦点标记词时,句子也会存在"隐性否定",例如:

(26)a. 是我明天乘火车去广州。→不是"别人"

b. 我是明天乘火车去广州。→不是"别的日子"

c. 我明天是乘火车去广州。→不是通过"别的方式"

d. 我明天乘火车是去广州。→不是"去别的地方"

如果观察正确的话,则"都"本身并不具有"隐性否定功能"。而这"隐性否定功能"是由对比焦点引起的,这进一步证明了"都"右向关联的成分确实是焦点。

"都"的右向成分之所以成为其关联对象,是因为它们含有"焦点"特征。而汉语含"焦点"特征的成分不倾向移位,所以最终造成"都"右向关联焦点成分。但有时候"都"右向关联的成分并非焦点,例如:

(27)a. 我都教过他们。　　　b. 妈妈都认识他们。

　　　c. 我都找他们谈了。　　d. 他都通知你们了?

(27)中关联成分不是焦点,即不含焦点特征。它要跟"都"发生语义关联,则必须含别的 C 特征,如话题特征,否则无法通过某种方式成分统制"都"。但上文说过,汉语焦点不倾向移位,而话题倾向移位,所以这些关联成分不会是话题。要想具有话题特征,唯一的策略是假定它们是话题移位之后留下的语迹。是不是语迹,要看它们有没有先行词(antecedent)。马真(1983)发现"这个格式中的人称代词总是有定的,所指代的人或物一定在上文出现过,人称代词在这里起着复指的作用"或者"在对话可以作为一个独立的句子出现"。例如:

(28)a. 王萍、李茂生我都认识他们

　　 b. "王萍、李茂生你认识吗?""我都认识他们。"

这样看来,它们确实是具有话题特征的成分移位之后留下的语迹,例如:

(29)[王萍、李茂生]ᵢ 我都认识　他们ᵢ

如果以上讨论正确的话,则说明"都"可以和其后的成分发生语义关联。之所以能够发生语义关联,是因为这些成分含有跟 C 相同的话题、焦点等特征。这些特征必然跟 C 发生协约操作或核查操作,使得焦点成分能够通过 LF 移位或算子成分统制"都",话题成分能够通过狭义句法移位成分统制"都"。正因为如此,"都"右向关联的成分不必一定是疑问短语,其他成分也可以(马真,1983),只要它能够通过某种方式成分统制"都"即可。

3. 句法证据

右向的焦点成分通过 LF 移位或算子成分统制"都",这跟左向的话题成分直接成分统制"都"没有什么两样,只不过一个发生在 LF 层面,一个发生在狭义句法而已,或者说一个隐性、一个显性而已。从平行性角度说,如果左向关联成分能够被"都"约束的话,则没有理由认为右向关联成分不能被"都"约束；从生成语法的角度说，"都"要约束其关联成分，则需成分统制其关联成分。这就需要"都"能够发生 LF 移位，其必然会产生某些句法影响，如造成歧义与不合法等，这些可以作为"都"确实约束其关联成分的证据。另外还将从关系化的角度证明"都"的关联成分确实具有话题或焦点等特征。

3.1 "都"的 LF 移位

为了讨论得简单，我们假定不管"都"关联的是左边的成分，还是右边成分，最终都会发生 LF 移位。Chomsky（1976）认为不仅"wh"可以发生移位，其他焦点成分也可以发生移位，如：

（30）a. His mother loves JOHN　　b. [[For X =John][his mother loves X]]
Huang（1982）也认为汉语的焦点在 LF 上可以发生移位，如：

（31）a. 我是明天要买那本书。　　b. [$_{S'}$[是明天]$_i$[$_S$ 我 t_i 要买那本书]]
（31）让"是"与焦点"明天"发生抽象的"wh-"移位。如果我们上文的讨论正确的话，则"都"也会同其关联的焦点发生"wh-"移位，即发生"都"的提升，[①]如（32a）：

（32）他都写[$_F$ 小说]　a. [$_{CP}$[都小说]$_i$[$_{TP}$ 他写 t_i]]

　　　　　　　　　b. [[$\forall$ x, x = 小说][他写 x]]

（32b）是语义表达式，它跟潘海华（2006）的三分结构不同，不过是可以互译的。根据 Hajičová、Partee & Sgall（1998）的看法，焦点标记词（focalizer）投射为算子（operator），背景投射为限定部分（restrictor），焦点（focus）投射为核心部分（nuclear scope），不管"都"是焦点标记词还是算子，最终都可以有如下的语义表达式：

（33）Dou [他写的 x] [x = 小说]

潘海华引进三分结构，其目的在于刻画"都"左向关联与右向关联时语义不同，如：

（34）a. 他都写[$_F$ 小说]。　　　　Dou [他写 x] [x = 小说]
　　　b. 小说他都看过了。　　　　Dou [x = 小说] [他都看过了 x]
本节的目的不在于刻画语义差异，而在于说明名词短语可通过话题、焦点

---

① Cheng（1991）也假定"都"在 LF 中移向其关联成分，这些关联成分在其框架中为话题，并要求近距离移位。我们认为焦点也可成为"都"的关联成分。

特征跟"都"发生语义关联,至于关联的方向,则由具有该特征的名词短语所在位置决定,但它们最终或通过算子或通过 wh- 移位成分统制"都"或"都"的踪迹。(34)的语义差异不是由"都"引起的,而是由"都"所关联成分的特征引起的,所以只要愿意,我们的表达式是可以直接翻译为三分结构的。不过我们用双分枝结构,即"都"伴随变量提升,也有一些额外的好处。这种额外的好处也反过来说明,"都"确实伴随变量提升,并量化变量。首先是可以解释歧义:

(35)那些书我们都看过

    a."都"语义指向 / 量化"那些书"

    b."都"语义指向 / 量化"我们"

    c.*"都"同时语义指向 / 量化"那些书"与"我们"

Cheng(1991)的解释是"都"一次只准允一个名词短语。在我们看来,就是因为"都"要跟其关联的成分在 LF 上发生移位造成的,"都"要跟"那些书"移位就不能跟"我们"移位,反之亦然。(35)的 LF 表达式如下:

(36)那些书我们都看过

    a. $[_{CP}[$都那些书$]_i[_{TP}$我们看过 $t_i]$

    b. $[_{CP}[$都我们$]_i[_{TP}$ t_i 看过那些书$]$

    d.*$[_{CP}[$都那些书$]_i[$都我们$]_i[_{TP}$ t_i 看过 $t_i]$

其次,"都"的提升也能解释句子的语法性,如:

(37)* 每个老师 每个学生都认识。

假如"每"字短语需要借助于语境提供的动力才能发生量词提升,而"都"只能满足其中一个"每"字短语,必然造成另一个"每"字短语无法提升,最终不能获得解释,必然造成推导的崩溃。所以汉语存在"每……都……"配合模式,如:

(38)a.* 每一个人看了这本书。   <u>每一个人</u>都看了这本书。

    b.* 每一个学生毕业了。   <u>每一个学生</u>都毕业了。

"每"字短语之所以需要借助语境提供量化动力(quantificational force),是因为它本身缺乏量化动力,而又必须作全称解读。语境中除了包含"都"以外,还有无定成分、反身代词等可以提供量化动力,如:

(39)a. <u>每一个</u>厨师做<u>一个</u>菜。   b. <u>每一个</u>歌星红了<u>一年</u>。

c. 每一个孩子有自己的床。

缺乏量化动力这种现象在别的语言中也存在,如在 Kamp-Heim 的理论中就认为英语中以前被分析作存在量词的无定成分缺乏量化动力,需要依靠语境提供。"每"字短语可能也是这样,不同的是,英语无定成分在不同语境中可以取不同的解读, 而"每"字短语只有全称解读。袁毓林(2005b)因为"每……都……"的配合模式,及所根据"一个变量不能被两个算子约束"的"禁止双重约束原则",认为"都"不能量化个体,只能量化事件,所以认为它只是个对事件进行加合的加合算子。上文已经指出,如果"都"是量化事件的话,则无法解释它为什么对个体"在数方面有强制性的选择限制关系"。如果"每"字短语缺乏量化动力,则需要"都"是显然的。我们还会通过关系化来说明这一点。

从歧义和语法性来看,"都"确实需要跟所关联的成分一道进行 LF 移位,其结果必然是"都"成分统制并约束关联成分。

3.2 关系化

LF 上的 wh- 移位有助于回答袁毓林(2005a)的问题,即"为什么在'的'字结构中,'都 VP'的关联 NP 是不能省略的;或者说,为什么名词化标记'的'不能提取'都 VP'的关联 NP"。例如:

(40)a. 那些人出过国 → 出过国的那些人

b. 那些人都出过国 → *都出过国的那些人

(41)a. 那几本书我还了 → 我还了的那几本书

b. 那几本书我都还了 → *我都还了的那几本书

袁毓林的解释是:"的"所提取的成分是句法上必须强制性地删除的;于是,"都"在一个小句的范围内就失去了所约束的对象,直接违反了禁止空约束原则(principle of prohibition of vacuous binding)。他并提出:"都 VP"的关联 NP 是可以省略或隐含的, 但不能是句法上必须强制性地删除的成分。袁毓林的解释在生成语法的框架内并不成立,不管是早先的附加语分析,还是现在通行的移位分析,都不存在成分的强制删除。例如:

(42)a. $[_{NP}[_{CP}[OP_i][_{C'}[_{TP} t_i (都)出过国][_C 的]]][_{NP} 那些人_i]]$

b. $[_{DP}[_{TP} t_i (都)出过国]_j[_{D'}[_D 的] [_{CP} 那些人_i t_j]]]$

(42a)为附加语分析,其中"(都)出过国的"作附加语(定语),附加语中存在空算子 OP 移位；(42b)为移位分析，语义中心语"那些人"是从关系小句"那些人(都)出过国"中移出的。所以在生成语法中，无论哪种分析都不存在"那些人"的强制删除。

在我们看来，(40b、41b)的不合法，跟"都"关联的成分需要 LF 上的"wh-"移位有关。上文已经指出，不管"都"关联的是左边的成分，还是右边成分，最终都会发生 LF 移位，即都要移到 C 的指示语位置。Li(2003)发现汉语关系化与话题化不平行，即能够关系化的不一定能话题化(43)，能够话题化的不一定能够关系化(44)。例如：

(43)a. 他修好那部车的方法　　a'. *那个方法，他修好那部车

　　b. 他修车的原因　　　　　b'. *那个原因，他修车

(44)a. 鱼，我喜欢吃鲜鱼　　　a'. *我喜欢吃鲜鱼的鱼

　　b. 书，我喜欢读红楼梦　　b'. *我喜欢读红楼梦的书

对此，熊仲儒(2005b)认为两种操作中所涉及的扩展的功能范畴不同，用 C 扩展 TP 则话题化，用 n 扩展 TP 则关系化。所以：

(45)a. 那些人都出过国　　　[$_{CP}$ [那些人]$_i$[$_{C'}$[c][$_{TP}$[t$_i$ 都出过国]]]]

　　　b. *都出过国的那些人[$_{DP}$[$_{TP}$ t$_i$(都)出过国]$_j$[$_{D'}$[$_D$ 的] [$_{nP}$ 那些人 $_i$ t$_j$]]]]

(45b)/(40b)的不合法是因为 t$_i$ 永远不能移到 C 的指示语位置，而"都"关联的话题成分又必须移到 C 的指示语位置或受 C 的指示语位置的算子约束。如果"都"右向关联焦点成分，这样的句子也不能关系化，如：

(46)a. 他都写小说　　　→　　*他都写的小说

　　b. 他写小说　　　　→　　他写的小说

这种情况也存在于以"是"标记焦点的关系小句中。

(47)a. *我喜欢[是[$_F$ 张三]买的那只狗]　　b. 我喜欢[张三买的那只狗]

有人可能提出以下反例，如(48a)：

(48)a. 你喜欢[[谁写 t]的文章]?　　b. [[谁写 t]的文章]，我都不喜欢。

表面看来，(48a)中的"谁"也是焦点，按理应该跟(47a)一样不合法。但实际上，"谁"本身并非焦点，如(48b)。上文已经指出，像"谁"这样的疑问短语作疑问用法还是非疑问用法，靠的是指派的算子（如 OP$_x$ [Q] 或 OP$_x$ [D]）或句法特征（[+WHQ]或[+WHD]）。

上文曾指出，"每"字短语缺乏量化动力，所以需要借助语境，如"都"

等。而在"都"的作用下,它必须量词提升,所以这样的"每"字短语句也不能关系化。可以预见,如果没有"都",缺乏量化动力的"每"字短语就不能也无需量词提升,这样的"每"字短语句可以关系化。事实确实如此,如:

　　(49)a. * 我喜欢[[每个学生都写 t]的文章]

　　　　b. 我喜欢[[每个学生写 t]的文章]

关系化是种比较好的测试,因为关系小句如果含有跟 C 中"话题"、"焦点"相同的特征,则因无法核查而不能关系化。"都"不能出现在关系化中,这也能证明"都"选择的是具有话题或焦点特征的成分。

4. 本节结语

袁毓林(2005a)不遗余力地证明左向关联成分 NP 具有话题性,如"关联 NP 必须是'都 VP'的话题,'都 VP'必须是关联 NP 的说明",其理论后果是右侧的焦点成分不能跟"都"发生语义关联。潘海华(2006)则强调右向关联成分的焦点性,按照三分结构的语义理论,焦点成分只能投射到核心部分,其理论后果是,右向关联的"都""只有关联,没有约束"。话题性也好,焦点性也好,说明这些左侧的或右侧的关联成分都具有 CP 层的特征。按照生成语法,具有该特征的成分必须跟 CP 层中的相关功能范畴建立核查关系或协约关系,换句话说,至少在 LF 层它们都会发生移位。"都"不管作为焦点标记词还是作为普通算子,都会同这些关联成分一起LF 提升,所以它不仅会跟焦点性成分或话题性成分发生语义关联,而且还会通过 LF 提升对这些成分进行约束与量化。语义关联作为一种语言事实,其动因是关联成分具有话题或焦点特征。根据这些,我们可以推出相关的句法后果:因为在关系小句中无法核查相关特征,所以"都"字句不能关系化;因为"都"要同关联成分发生 LF 移位,所以关联成分在"数"上有严格要求;因为"都"只能跟一项关联成分移位,所以会出现歧义与不合语法;此外,对比焦点也使得"都"字句具有"隐性否定"等等。

第六节　否定焦点及其句法蕴含

关于否定的焦点,吕叔湘(1985)指出:"跟问句有疑问点一样,否定句也常常有一个否定的焦点,这个焦点一般是末了一个成分,即句末重音所在(即除去语助词,人称代词等)。但如果前边有对比重音,否定的焦点就移到这个重音所在。"沈家煊(1999a)也有相似的表述,如"一般而言,句子中被否定的成分总是出现在否定词的后面,如果出现在否定词的前面,那就要加标志,例如加特殊重音"。一般说来,句末重音指示自然焦点,对比重音(或特殊重音)指示对比焦点。如果是这样的话,吕先生与沈先生的观点可以更进一步的概括为"否定的焦点即为句子的对比焦点或自然焦点",换句话说,否定算子(negative operator)跟焦点关联(association with focus)。这种看法得到徐杰、李英哲(1993)的论证,他们指出"否定中心的选择取决于独立于否定本身的焦点选择"。①对此,袁毓林(2000a)提出了相反的看法,即"否定句的焦点跟否定的焦点是可以不一致的"。这里就有个问题,即否定算子跟焦点到底有没有关系,有什么样的关系。另外还需要注意探讨的目的,以及语料处理上有什么好处。我们考察这个题目,一方面是为了加深人们对"否定跟焦点关联"这种普遍语言学观点的印象,另一方面考察一下这种观点的句法蕴含。在做语言研究时,我们有一种朴素的想法,即相信研究者都会忠实于自己的语感,所以有必要解释存在语感差异的原因。最后是结语。

1. 否定焦点

对于"是老王没来",徐、李两位先生(1993)认为否定词"没"否定的是由"是"标记的焦点"老王"(即表示"很多人都来了,但老王没来")而非动词"来"。袁先生(2000a)认为这种解说自相矛盾,他的理由是:一方面说"来"并没有否定,另一方面又说它的意思是"很多人来了,但老王没来"。

①从其所引文献来看,徐、李的看法可能受 Jackendoff 的影响。Jackendoff(1972:254)指出否定"跟焦点关联",其直觉是"否定词通常似乎并不是应用于整个句子,而是只应用于其部分"。所以徐、李说"否定中心的选择取决于独立于否定本身的焦点选择",但他们关于"是老王没来"的阐释并不十分地好,所以袁(2000)针对这个例子提出不同的看法,我们受 Givón(2001)的启发,将之阐释为"其他人来了,但不是老王",如果这种阐释通得过母语说话者的语感的话,可以维护 Jackendoff 的观点,更重要的是将语言规则变得更简单。如果我们没有理解错的话,袁只在第二节否定徐、李的看法,在第三节似乎又回到徐、李的看法。袁说:"如果让焦点成分前置于否定词,那么通常是要采用有标记形式;这标记大都是强调重音、'连、就、对、是'等强调性词语,这类强调标记提示人们否定词前面有标记的强调成分也可能是否定的项目。"

为了进一步解释"很多人来了,但老王没来"的语感,袁先生采用了分离的手段,让"很多人来了"由焦点标记"是"进行解释,"老王没来"由"没"否定"来"进行解释。这样一来,"是老王没来"中的否定词否定的是其后的成分("来"),而非句子的焦点("老王")。所以袁先生说:在有强调标记的句子中,否定句的焦点不一定就是否定词的否定中心,否定句的焦点跟否定焦点可以分离。

袁先生的分析虽比较谨严,但严重地依赖于徐李的语义诠释。换句话说,如果"是老王没来"的意思可以表述成"其他人来了,但不是老王"的话,则其结论就可能需要修改。先看个简单的句子,如"小张来了,老王没来",如果这句话的意思可以表述作"有人来了,但这个人是小张,不是老王"的话,我们有理由说,这个句子中否定的是"老王"(对比焦点)。如果再回头看"很多人来了,但老王没来"的话,我们就可以说这儿否定的也是"老王"。为什么会是这样呢,这儿涉及"先设"(presupposition)问题。"是老王没来"这个句子的的意思是"其他人来了,但不是老王",所以它的先设是"x 来了",如果用结构语义学来表达的话,可以表示成:

(1)　没'　　　(<λx[来'(x)],　　老王'>)
　　否定算子　　　　先设　　　　焦点

这里关键是个语言事实的认定问题,即"小张来了,老王没来"的先设能不能是"x 来了"(有人来了),如果"是老王没来"跟"小张来了,老王没来"一样,表示一种对比的话,则其先设也是"x 来了"。如果这种认定成立的话,则"是老王没来"否定的是"老王",而不是"来";这跟"老王没来"不一样,后者在"老王"没有重音的情况下否定的是"来"。

(2)a. 是[老王]$_F$ 没来　　　　(否定"老王")

　　 b. [老王]$_F$ 没来　　　　　(否定"老王")

　　 c. 老王没[来]$_F$　　　　　(否定"来")

如果这正确的话,则否定词否定的是焦点,或者说,否定算子跟焦点关联。我们也可以通过问答测试证明否定跟焦点关联,如:

(3)A: 谁来了?

　　 B: 我不知道,反正老王没来。

B 的意思是说,可能有别的人来了,不过这个人肯定不是老王。

有时候不妨跳出本族语的语料,看看别的语言的对应情况,可能会有一种意外的收获，这当然需要对语言的普遍性具有某种信心。Givón(2001:380)提到否定与对比焦点的关系,他发现英语中的否定在中性情况下否定 VP,在有对比焦点的时候否定对比焦点:

(4)a. 中性 VP 否定

John didn't [kill the goat] $_F$ (> He did not kill the goat)

b. 主语焦点

[John] F didn't kill the goat (>Someone else killed it, but not John)

c. 宾语焦点

John didn't kill the [goat] $_F$(>He killed something, but not the goat)

d. 动词焦点

John didn't [kill] $_F$ the goat(>He did something to the goat, but not kill it)

其中的(4b)跟汉语的"[老王] $_F$ 没来"相同,更进一步说,它也可能跟"是[老王] $_F$ 没来"相同。说"可能"是由于它们在形式上不同。如果认为重音模式与词汇标记模式只是表现形式不同,而所要表达的是一样的话,则可认为"[老王] $_F$ 没来"跟"是[老王] $_F$ 没来"与英语中的"[John] $_F$ didn't kill the goat"(4b)相同。Givón 对(4b)的解释是"其他人杀了山羊,但不是约翰",那么汉语对应的句子能不能解释成"其他人来了,但不是老王"呢？如果可以的话,则汉语的否定词否定的也只能是焦点,这正好与吕叔湘(1985)、沈家煊(1999a)以及徐、李(1993)等的语感一致。

2. 句法蕴含

从现在开始,我们不管上面的探讨正确与否(在第 3 部分再谈),开始承认或假设否定词否定句子的焦点,看看这种假设在句法上有什么好处。假定否定跟焦点有关系,而焦点是语用性质的,它可能变动不居,这样一来,否定在句法上可以不必跟其否定的成分在一起。单看汉语的话,我们会觉得否定词总有一种跟否定对象毗邻的倾向:

(5)他不[用筷子] $_F$吃饭　　　他不[在教室] $_F$看书

但如果再次将视野投向英语，会发现这种倾向是虚构的。这里还是引用

Givón(2001)的例子,他提到,当有一些可选参与者的时候,常否定可选参与者:

 (6)a. 可选的受益者

   She didn't write the book for [her father] F.

   (>She wrote it, but not for him)

  b. 可选的伴随者

   She didn't write the book with [her sister] F.

   (>She wrote it, but not with her sister)

  c. 可选的工具

   She didn't shoot him with [the gun] F.

   (>She shot him, but not with the gun)

为什么会出现这种情形呢?道理很简单,否定词的使用要遵守"句法规则":

 (7)a. 他在教室看书   * 他看书在教室

  b. *She for her father wrote the book. She wrote the book for her father.

英语中的介词短语要求在动词后面,而汉语的介词短语(修饰性的)要求在动词前面,而否定词概无例外的要求位于动词之前,所以汉语造成了一种毗邻倾向的假象。因为否定词要求在动词前,而汉语的介词短语又在动词之前,这样一来,否定词就有两种句法位置可以占据,如:

 (8)(Neg) PP (Neg) V

 a. 他不用筷子吃饭   ? 他用筷子不吃饭

 b. 他不在教室看书   ? 他在教室不看书

将否定词放在介词短语之后,语感上怪怪的,为什么这样呢?一般情况下,对比焦点不会放置在句末位置,而这些怪怪的句子是由句末的对比焦点造成的(Fc 表示"对比焦点"):

 (9)a. 他不在[筷子]F吃饭 他用筷子不[吃饭]Fc

  b. 他不在[教室]F看书 他在教室不[看书]Fc

说它们为对比焦点的证据是:

 (10)a. 他用筷子不[吃饭],光夹菜。

   ? /*他用筷子不吃饭,用勺子吃饭。

b.他在教室不[看书],光捣蛋。

？/*他在教室不看书,在寝食看书。

如果承认否定跟焦点关联,则否定词不必跟否定的成分毗邻,现在的问题是(9)中否定词为什么改变焦点位置,使焦点跟其毗邻这种现象。简单的解释是"否定的对象常常是否定词后面的成分,或成分的成分"或者说"否定的对象常常位于否定词之后"(默认规则),"只有在有对比焦点的时候,才会去跟对比焦点关联"(显著规则),道理在于对比焦点(Fc)具有比自然焦点更显著的特征,自然焦点是默认的关联对象。如(11)所示:

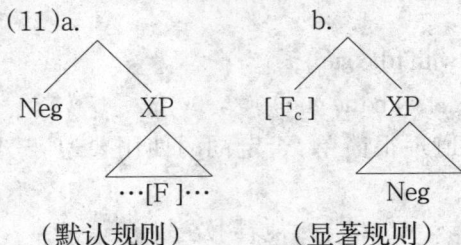

(11)a.   b.

Neg   XP   [Fc]   XP

···[F]···   Neg

（默认规则）   （显著规则）

（其中"F"包括自然焦点与可能的对比焦点,"Fc"为对比焦点,"Neg"为否定词）

(10)中 PP"用筷子"、"在教室"等不是对比焦点(没有标记词),所以否定词只能否定其后的成分(被它成分统制的成分)。在"他用筷子不吃饭"中,PP 似乎不能成为对比焦点,如例(12):

(12)* 他是[用筷子]_{Fc} 不[吃饭]_{Fc}

相关例子：* 是[老赵]_{Fc} 是[半夜]_{Fc} 才回来

　　　　　　* 是[老赵]_{Fc} 晚上是[在办公室里]_{Fc} 等你[①]

[①] 徐杰(2001)用"单一强式焦点原则"对此作过解释,他要解释的现象是:
a. * 是[老赵]_{Fs}是[半夜]_{Fs}才回来　　　　　　b. * 是[张三]_{Fs}打了[谁]_{Fs}?
c. [谁]_{Fs}连[这个简单的字]_{Fs}都不认识?　　　　d. [谁]_{Fs}买了[什么]_{Fs}?
我揣摩性地作了个标注(Fs表示强焦点)。根据我们的初步观察,这可能跟"是"有关,一个句子若用"是"标注焦点的话,就不能有其它的焦点。这说明焦点还有必要分类,Zhang(1997)根据Konic(1991)的三分法,认为汉语也有这三类焦点:对比焦点(contrastive)、排除焦点(restrictive)与包含焦点(additive),其中"是"为对比焦点的标志词(他是看了那本书),另外就是"OV"形式(他那本书看了)。而"连"则是包含焦点的标志词。如果徐杰的例子没有问题的话,倒可以概括为对比焦点(Zhang,1997)排斥另外的焦点,这样可以解释(12),也可以解释徐杰的这四个例子。为方便起见,本节将焦点分成自然焦点与对比焦点,如果细分的话,可以进一步将我们的对比焦点分成Zhang的那三类,所以我们的分类系统跟 Zhang 的是可以兼容的。这样一来,我们的自然焦点可叫常规焦点(canonical focus),而对比焦点可叫非常规焦点(noncanonical focus)。

（徐杰，2001）

根据默认规则，"不"否定其后的成分，或成分的成分，因为"不"跟焦点关联，所以(12)中"吃饭"成为焦点。在有修饰性成分的句子(12)里，"吃饭"成不了自然焦点，所以只能为对比焦点。(12)不能成立的可能原因是一个句子不能有两个对比焦点，或者有这种很强的倾向。

如果以上讨论正确的话，我们就可以用(11a)的"默认规则"来解释袁毓林(2000a)的无标记情况，即"否定辖域在否定词之后"的情况，如：

(13)a. 情况不完全一样　　　　情况完全不一样

　　 b. 我不同意小王去　　　　我同意小王不去

　　 c. 他们不抓住重点　　　　他们抓不住重点

　　 d. 明天不可能下雨　　　　明天可能不下雨　　（袁毓林，2000a）

用(11b)的"显著规则"来解释袁毓林(2000a)的有标记情况，即"否定辖域向否定词之前回溯"的情况，如：

(14)a. 他[一天]$_{Fc}$也没有拖延　　　c. 我就[这句话]$_{Fc}$听不下去

　　 b. 他连[工本费]$_{Fc}$也不给我　　 b. 老刘对[职工]$_{Fc}$不关心

（袁毓林，2000a）

"默认规则"要求否定词否定其后的成分，或其后成分的成分。所以，如果否定词在主句中，则内嵌句(embedding sentence)及其成分可以得到否定；但如果否定词在内嵌句中，则主句中的成分很难得到否定。比如说：

(15)a. I don't think she's bald.

　　 b. I think she's not bald.　　　　（方立，2002）

(15a)中否定词在主句，(15b)中否定词在内嵌句，根据"默认规则"，前者有歧义，而后者无歧义。为解释前者否定内嵌句，传统的转换生成语法采用"否定词提升"的策略。(方立，2002)主句中的否定词能不能否定内嵌句跟谓词的特性有关，非事实谓词可以，而事实谓词不可以。实际上也可以换成焦点进行解释，因为非事实谓词的补足语"非事实命题"是新信息，为焦点；而事实谓词的补足语"事实命题"是旧信息，不是焦点。根据"否定与焦点关联"，前者可以否定内嵌句。据沈家煊(1989)报道英语中的"非事实谓词"除了"think"之外，还有"believe、suppose"等，汉语的情况与此相同，沈先生的例子是"我不相信外国短期能发现这个，更不可能确定理论"，并且指出"不相信能发现这个"即表示"相信不能发现这个"。如果成立的话，则汉语同英语受着相同规则的制约。对于事实谓词，如果将内嵌句中的成分焦点化（如"小王"），则也可否定内嵌句中的成分，所以（13b）中的"我不同意[F 小王]去"也可以否定"小王"；"我同意小王不去"不能否定主句中的成分，但如果将主句中的成分焦点化，则也可以应用"显著规则"对主句焦点成分进行否定。如：

（16）是我同意小王不去的　　　（>有人同意小王去,但不是我）

在默认的情况下，我们都可以用"默认规则"表达，所以否定的对象可以是否定词后面的成分或成分的成分，这样一来，就常有歧义现象产生：

（17）我就是没在你家吃过午饭

　　a. 我在别的人家吃过午饭,但不是你家

　　b. 我在你家吃过其他餐饭,但不是午餐　　　（Teng,1974）

我们可以这样来解释：

（18）我就是没[在你家吃过午饭]

　　a. 我就是没[在[你]F 家吃过午饭]

　　b. 我就是没[在你家吃过[午]F 饭]

3. 语感解释

在这里，我们准备用优选论（Optimality Theory）解释存在于袁毓林与其他学者之间的语感差异。优选论由生成音系学研究者于 20 世纪 90 年代初提出，后借鉴运用到生成句法学领域。该理论认为语言受一些原则制约，但原则具有可违反性（对等级中相对最高制约的违反为致命的违反，由评价机制排除该候选项），制约条件在不同的语言中有不同的排列模式，对等级较高的制约条件的违反为致命的违反。优选论跟原则参数语法不同，对普遍原则，后者认为不可违反，而前者认为可违反；对语言变异，后者采用参数设置，前者采用等级排序。优选论的观点对最简方案很有影响，在最简方案中 Chomsky（1995）多次提到原则的可违反性，如"为收敛成功而违反拖延性原则不是对经济原则的违反，不为收敛成功的违反才是对经济原则的违反"等。

熊仲儒（2004b）在研究汉语主语选择时曾指出："母语说话者的语感

差异是客观存在的,就像不同的语言之间可以存在差异一样。"我们将根据优选论关于"制约条件在不同的语言中有不同的排列模式"的假设,进一步假设制约条件在同一种语言中的不同使用者的语感中也有不同的排列模式。如果以上讨论站得住的话,可以解释袁毓林关于"是老王没来"的语感。"默认规则"要求否定词前于(严格地说是 c-command)否定的对象。汉语的"是"前可以出现否定词,如"不是老王来了",这样一来,在袁的语感中就会出现这种情况:既然要否定"是"所标记的焦点,倒不如在"是"前直接加个否定词。如果是这样,我们可以考察他的两个例子,分别解释他跟徐杰、李英哲的语感差异。

(19)a. 袁毓林的语感解释:

	句法规则	默认规则	显著规则
他不连[工本费]也给我	*!		
☞他连[工本费]也不给我		*	
☞是老王没[来]			*
是[老王]没来		*!	

b. 徐杰、李英哲的语感解释:

	句法规则	默认规则	显著规则
他不连[工本费]也给我	*!		
☞他连[工本费]也不给我			*
是老王没[来]		*!	
☞是[老王]没来			*

注:"*"表示对规则的违反,"*!"为致命的违反,"☞"表示最优选择

在他们的语感中,句法规则压倒一切,差异在于默认规则与显著规则的排序不同。在不违反句法规则的前提下,袁毓林将默认规则排在显著规则之上;而徐杰、李英哲则将显著规则排在默认规则之上。表面看来,袁毓林在"他连[工本费]也不给我"句中表现的是"显著规则"高于"默认规则",而"是老王没[来]"句中却表现为"默认规则"高于"显著规则",其实并非如此,因为还有个凌驾于这两个规则之上的"句法规则",不能为迁就"默认

规则"而去违反"句法规则",所以只好让"显著规则"解决"他连[工本费]也不给我"。袁先生想用标记理论解释其语感,在我看来,可能不太成功,因为按其标记理论["在有标记的情况,否定的辖域可回溯到否定词之前的成分"(袁毓林,2000a)],"是老王没来"的否定辖域应该回溯到"是"所标记的"老王",但实际上其语感是"来"。如果三个规则都不违反的话,那当然最优,所以,对于"不是老王来了"而言,不论是按照袁的语感还是按照徐、李的语感,都会选择"老王"作否定对象:

袁毓林	句法规则	默认规则	显著规则	徐杰、李英哲	句法规则	默认规则	显著规则
☞不是[老王]来了				☞不是[老王]来了			
不是老王[来]了			*!	不是老王[来]了			*!

其实英语也是这样,这里再以 Givón(1993)的例子为证:

(20)a. It's not [John] F who killed the goat.

(>Someone killed it, but not John.)

b. [John] F didn't kill the goat.

(>Someone killed it, but not John.)

对(20a)而言,取 John 为否定对象,则三种规则都没有违反;对(20b)而言,取"John"为否定对象,违反了默认规则,看来 Givón 的语感同徐杰、李英哲等相同,都是"句法规则 > 显著规则 > 默认规则"。可惜的是,他没有判断"It's John who didn't kill the goat"中否定词到底否定什么①。用优选论不仅可以解释语感的个体差异,也可以解释不同算子在关联行为上的差异,如 only 只能和其后的焦点关联,而 "even" 可以跟其前的焦点关联

---

① 不过,Jackendoff(1972)曾对此作过判断,如:

a. Maxwell didn't kill the judge with a HAMMER.

b. ??It was with a HAMMER that Maxwell didn't kill the judge.

在 Jackendoff 看来,造成(ii)异常的原因是包含焦点的短语的移位。当(a)中否定的焦点移出否定的辖域之后,否定不能与焦点关联,从而说明否定的焦点关联有辖域限制。否定不能和焦点关联和(15b)相同,要遵守局域(local)的句法限制:

c. ??It was with a [HAMMER]F [CP that Maxwell didn't kill the judge].

d. ??[I]F think [CP she's not bald].

所以否定不能和 HAMMER 或 I 关联。"是老王没来"跟分裂句不同,"是"是个焦点标记词,如:

e. [是老王]F 没来 | 老王[是没来]F

(Kadmon,2001:357):

    (21)a. [John]$_F$ only won the lottery.

        ("Only John won the lottery"不是该句的可能解读)

      b. [John]$_F$ even won the lottery.

        ("Even John won the lottery"是该句的可能解读)

这说明"only"要求"句法规则 > 默认规则 > 显著规则","even"要求"句法规则 > 显著规则 > 默认规则"。其中"默认规则"可重新表述成"算子位于关联成分之前","显著规则"可重新表述成"算子与前于算子的焦点关联"。Kadmon 为解释这种现象,将"only"与"even"处理做不同的算子,前者为 VP 算子,后者为 S 算子。换成我们的说法是,"only"对"默认规则"敏感,而"even"对"显著规则"敏感。

4. 本节结语

否定句中"默认规则"要求否定词前于被否定的成分;"显著规则"则容许否定词后于被否定的成分;"句法规则"要求否定词必须在动前,或者说必须遵守句法要求。否定词作为句法成分,受"句法规则"强制性的制约。"默认规则"与"显著规则"可能是可违反的规则,它们在不同的母语说话者的语感中可能有着不同的排序(ranking)(如果袁毓林的'语感'是直觉判断而不是思辨判断的话)。当显著规则高于默认规则的时候,则否定跟"焦点关联"(Jackendoff,1972;吕叔湘,1985;徐杰、李英哲,1993);当默认规则高于显著规则的时候,则"否定句的焦点跟否定的焦点是可以不一致的"(袁毓林,2000a)。承认否定跟"焦点关联",则否定可以不必跟被否定的成分毗邻或者说否定可以不必跟其关联的焦点毗邻。其结果是语言的共性增强(参照 Givón 的例子),即否定跟焦点关联。

第七节 "来着"的词汇特征

"来着"是北京话中颇具特色的一个词。宋玉柱(1981)、张谊生(2000b)把"来着"分为两个:"来着$_1$"表示过去时间,是时间助词或时制助词,如例(1);"来着₂"表示委婉,是语气助词,如例(2)。

(1) 他刚才还在这里来着,怎么一转眼就不见了。

(2) 今儿个是什么日子来着?

陈前瑞(2002)通过历时考察发现:"来着"时间指称的发展表现出客观意义的淡化和主观意义的强化。这种研究在某种程度上导通"来着₁"与"来着₂"的联系,显示了"来着"的演化方向。

学者们对"来着"的认识过程大致可以描述成:由最初的一个"来着"(王力:近过去貌),到两个"来着"(一个表示时间,一个表示语气),然后又回到一个"来着"(朱德熙:表示最近过去的语气词)。每一次研究都深化了我们对"来着"的认识。按朱德熙先生的看法,"来着"是一个语气词,陈前瑞的研究大概也表明了这一点。

现在的问题是"来着"为什么表现出"客观意义的淡化和主观意义的强化"呢? 一种可能的解释是"主观化(subjectivisation)",另一种可能的解释是"来着"只表示"主观意义"(委婉语气)。其所谓的"客观意义"(过去时间)并非其固有,而是由别的成分所附加的,如例(1)中"来着"的"客观意义"即由"刚才"附加。我们认为后者可能更可信,为了证明这一点,我们先从经验上,接着从理论上进行论证。讨论这个问题的价值不仅仅在于探讨"来着"到底是什么,更重要的在于如何区分时体(aspect)标记、时制(tense)标记及语气(mood)标记。

1. 经验上的论证

1.1 汉语中有没有时制标记

在现实世界中有"过去、现在、将来",但在语言世界中不一定完全对应。比如说英语,其时制的语法标记只有两种:"过去时"与"现在时",而对于"将来"则采用情态(modality)来表达。

(3)a. He went to school.

b. He goes to school.

c. He would go to school.

d. He will go to school.

"will"并不是"将来"的语法标记,而是词汇标记。一般认为:汉语中的时制并没有具体的形态标记。像"了₁"，它并不表示"过去时"，它只是一种时体(aspect)标记。朱德熙(1982)指出"动词后缀'了'的作用在于表示动作的完成"，他并且将汉语的"了"与印欧语动词的过去时词尾作了比较，其结论是：印欧语过去时表示说话以前发生的事，汉语的"了"只表示动作处于完成状态，跟动作发生的时间无关，既可以表示过去发生的事，也可以用于将要发生的或设想中发生的事，例子是：

（4）他下了课就上图书馆去了

（5）下了课再去

（6）关了灯就什么也看不见了

(4)的"下了课"说的是过去的事，(5)的"下了课"说的是尚未发生的事，(6)的"关了灯"是假设发生了的事。当然，以上论证只能说明"了₁"等是时体标记而不是时制标记，还不能证明"来着"不是时制标记。要证明"来着"不是时制标记要正面论证。

1.2 离析法

为证明"来着₁"的"客观意义"(表示过去时间)是由别的成分所附加，或者说为了证明"来着"不是时制标记，我们可采用"离析法"，其工作原理是看看离析后的句子能不能表示"过去时间"，如果能够，则说明"过去时间"跟"来着"关系不大(如果有关系，则"来着"为冗余成分)，甚至可以说"来着"并不表示"过去时间"。试比较：

（7）a. 他刚才还在这里来着，怎么一转眼就不见了。

　　 b. 他刚才还在这里，怎么一转眼就不见了。

(7b)中离析"来着"之后，句子仍表示"过去时间"，可见"来着"并不表示"过去时间"。如果将表示"过去时间"的"刚才"离析掉的话，句子就不太通顺了：

（7）c.? 他(还)在这里来着，怎么一转眼就不见了。

1.3 替换法

为防止"随文释义"，我们可以采用替换法，比较最小对立体，如：

（8）a. 今儿个是什么日子来着？

　　 b. 昨儿个是什么日子来着？

如果(8b)中"来着"表示"过去时间",则(8a)中的"来着"表示"现在时间",而不必因为它表过去时间的作用不明显而认为它表委婉语气。如果(8a)中的"来着"表示委婉语气,则(8b)中的"来着"也表示委婉语气。

1.4 小结

如果上面的论证靠得住的话,则"来着"并不表示"过去时间",我们之所以认为它表示过去时间是因为它多用于追述或描述过去的话语或由表示过去的副词所附加。人们在说话的时候,其内容多是讲述已发生的事,其次是目前正发生的事,很少谈及未来要发生的事。所以过去时较易语法化(有形态标记),其次是现在时,再次是将来时(如英语中过去时与现在时已经语法化,而将来时借用词汇来表达);可能是因为"过去时间"最容易语法化,所以人们将用于"过去时间"的"来着"当作"时间助词"或"时制助词",将用于"现在时间"中的"来着"另眼看待,当然这也只是一种推测。

2. 理论上的证明

2.1 关于时制

在形式语言学上,时制有一个确切的句法位置,即 TP 的核心 T。设置 T 的一个重要的理由就是对主语进行结构格的指派(assign)和核查(check),当 T 的 phi 特征完整的时候,就可以将主格指派给主语;当 T 的 phi 特征不完整或有缺陷的时候,就不能将主格指派给主语。如:

(9)a. John goes to school

　　b.*John to go to school

(9a)中 T 的 phi 特征完整,所以 John 获得结构格;(9b)中 T 的 phi 特征不完整,所以 John 不能获得结构格。关于"goes"中现在时的句法位置,目前有两种看法,或在 T 位置,或不在 T 位置,如:

（10）（a）TP　　　　　　　　　（b）TP

显性移位　　　　　　　　　隐性移位

假定汉语中的"来着"是时制标记，它也应该有两种可能的位置，一种是在T位置，另一种是和动词捆在一起。例如：

（11）a. [$_{TP}$ 师父 $_i$[[$_T$ 夸－来着][$_{VP}$ t$_i$ ＜夸＞　　　你]]]

　　　b. [$_{TP}$ 师父 $_i$[[$_T$ 夸来着][$_{VP}$ t$_i$ ＜夸来着＞　　你]]]

其结果都只能是"*师父夸来着你"。要想生成"师父夸你来着"，只能依靠诸如以下的结构：

（11）c. [TP [师父 $_i$][[T][vP[t$_i$][[v 夸][你][＜夸＞来着]]]]]]

然后让"夸来着"进行分解（excorporation）操作，生成合适的句子。从操作而言，这并非不可以；但从语言的系统性来看，这样处理是较为特殊的，因为汉语中的"时体标记"都不是一开始就同动词捆在一起的，如：

（12）张三把书放在了桌上

假设"了"先与"放"合并，是很难生成该句的，所以我们接受 Tang（1998：27）的主张，让时体等功能范畴（functional categories）在推导中与动词合并。如果这可信的话，则"来着"不能一开始就附着在动词上，否则会难以解释"来着"与"着、了$_1$、过"的共现，下文将对此作进一步分析。

2.2 重新处理

我们把"来着"统一处理成语气词，假定它与 CP 合并，其结果是：

（13）a. [$_{Mo}$ 来着][$_{CP}$ ……]

但由于汉语中不存在"来着师父夸你",针对这种现象,我们可以假定汉语中的 Mo 有 EPP 特征,促使 CP 移位到[Spec,Mood]位置,其结果是:

(13)b.

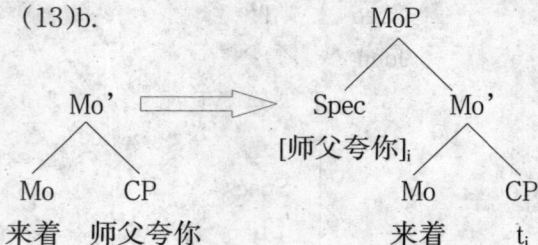

得到"[[师父夸你] $_i$ [[来着][t_i]]]"(师父夸你来着)。

这样处理在汉语中是不是孤例呢? 大概所有的语气词都得这样处理,比如说要生成"师父来了吗",我们也得构造如下的句法结构(演示性的):

(14)[$_{MoP}$[$_{Spec}$ [$_{CP}$ 师父来了] $_i$ [[$_{Mo}$ 吗][$_{CP}$ t_i]]]

在这里我们很难用文中的分解操作,因为"吗"是对全句(CP)进行操作的(语气词不能同动词捆绑起来);而时制只对 vP 进行操作(时制可以同动词捆绑起来)。汉语中的"来着"是对全句进行操作呢? 还是仅对 vP 进行操作呢? 如果是对全句进行操作,那它当然不是时制标记,更谈不上是时体标记。陈前瑞(2002)认为"来着"是对全句进行操作,他说:"'来着'处在句末位置,它的辖域是整个句子。"既然如此,"来着"大概就称不上"时制标记"或"时体标记"了。如果我们所用的理论是正确的话,我们就可以解释下列现象。

2.2.1 "来着"与其他时体标记的搭配

在理论语言学中,每个句法位置都只能由特定的句法成分所占据。"着、了、过"是汉语中公认的时体标记,如果"来着"也是一种时体标记的话(王力,1957;He,1998),按道理是不可以连用的,但事实上是可以的,请看下面几例:

与"了"的搭配:

(15)小二德子:市党部派我去的,法政学院。没当过这么美的差事,太美,太过瘾! 比在天桥好得多! 打一个学生,五毛现洋! 昨天揍了几个来着?

王打栓:六个。

与"着"的搭配:

(16)乔老爷马上占了优势:"病成这样,亏你们想得出来。"范大妈是干什么的:"哼! 我掐着表来着,好几个钟头,再壮的小伙子架不住!"其实,那好几个钟头,正是两个年轻人在房间里,想方设法把钱藏到别人决找不到的地方的时间。

与"过"的搭配:

(17)老太太说朝阳是吵百日的孩子,这种孩子要哭到一百天才不哭。只有贴"天皇皇"才有点效果。他们几曾相信过封建迷信老太太来着? 没治了,宁可信其有吧。

看来"来着"不能是时体标记,否则难以解释上述现象。正如前文所述,"来着"为时制标记的可能性也不大。如果它为语气标记,上述现象可迎刃而解。陈前瑞(2002)的解释是:"'来着'时间指称意义的弱化,使之与其他体标记得以共存和互补;'来着'语用意义的强化,使之与其他体标记的配用成为必要。"这种解释,在我们看来几近问题的实质。两种解释的差别在于"来着"有没有"时间的指称意义",如果没有"时间的指称意义",就谈不上"语用意义的强化"。所以陈前瑞认为是"时间指称意义的弱化",我们认为"来着"根本没有时间指称意义;陈前瑞认为"来着"语用意义的强化,我们认为"来着"只表示语气。

2.2.2"来着"与动词或动词结构之间的关系:

He(1998)认为"来着"标记最近的过去时间里进行的动作,像是近过去的进行体的标记。据此他认为与"来着₁"共现的动词,其情状类型只能是动作动词,而不能是完成动词或达成动词。吕叔湘等(1980:349)认为,用"来着"的句子,其谓语动词不能用动结式、动趋式。陈前瑞(2002)发掘了一些相反的语料:

(18)a.武将军马上想起话来。这所房子值五万;家里只剩了四个娘们,原来本是九个来着,裁去了五个,保养身体,修道。

b.可我这回想洗手倒并不是因为那訇的一声。我下午才在电视摄影机镜头前被碳精灯照得光亮亮明晃晃来着。

c.我也曾到过闽粤,在那里过冬天,和暖原极和暖,有时候到了阴历的年边,说不定还得拿出纱衫来着。

d.我什么时候变狼来着?你怎么知道我一定变狼?就是我爱变着

　　　　　　玩吧,什么不可以变,单单变狼?

这进一步证明了"来着"不能从时体标记角度来考虑,如果它是一个纯粹的语气词,那就容易解释得多了。

2.3 "来着"的词汇特征

关于"来着",朱德熙(1982)的看法是表示时态的语气词,王力(1957)称之为"近过去貌(recent aspect)"。这些看法是一种直觉,理论语言学是不应该忽视这种语感的,最正确的做法是解释它。在跨语言的研究中,我们也不知道哪种语言会将"时态"与"语气"合二为一。朱德熙对"时态"没有进行定义,我们也不好揣测。我们可以看出的是两位先生在处理的细节上的不同,朱德熙认为"来着"是语气词,而王力并不这么看。这点相当重要。根据我们上文的考察,我们认为"来着"是语气词。但这样一来,给人的感觉是忽视了"来着"表示"近过去"与表示"最近的过去发生过的事"这一语言直觉。其实[+近过去]只是它所选择的补足语的语义特征,而非"来着"本身所固有。所以我们可以这样来描写"来着"的词汇特征,对于语义选择(S-Select)我们用[+α]来表示①:

(19)a. 来着:功能范畴　语气词(mood)

　　　　　　语义选择　[+近过去]/[+α]

　　　　　　范畴选择　CP(相当于句子)

　　b. 吃:词汇范畴　V

　　　　　语义选择　[+食物]/[+β]

　　　　　范畴选择　NP

正如我们不能认为"吃"有"[+食物]"义一样,我们也不能认为"来着"有"[+近过去]"义。我们说"吃"要选择"NP",但并非所有的"NP"都可以做"吃"的补足语;同样,我们说"来着"选择CP,也不能让所有的CP都来做"来着"的补足语,而只能是带有[+近过去]或[+α]特征的CP才可以。如英语中标句词(complementizer)that与for对其范畴选择(C-Select)的TP也有不同的语义要求,前者选[+Tense]特征的TP(that John has been to England),后者选[-Tense]特征的TP(for John to go to England);通俗地说,that与限定动词共

――――――――――

　　①用[+α]来表示,一则因为概括较难,另则这不是我们目前所关心的。

现,for 与非限定动词共现。对此,我们大概不好说 that 或 for 有时制特征。

如果我们的看法站得住的话,我们再回头看上文的分析。我们通过离析法认为"他刚才还在这儿来着"其中的"近过去"由"刚才"所负载或附加,我们现在可以说"来着"语义选择了"[+ 近过去]"。这样表达有什么好处呢? 我们可以预测有的句子(如:"你干什么来着")并没有表示[+ 近过去]的字眼,但也有[+ 近过去]语义,这是由"来着"的语义选择所决定。如果"来着"语义选择"[+ 近过去]",那又该如何解释所谓的"来着 ₂"呢?

(20)今儿个是什么日子来着?

说话人用"今儿个是什么日子来着",预设着他在"近过去"知道"今儿个是什么日子,不过现在突然想不起"。这与"今儿个是什么日子呢"不同。说到底,"来着"只是个语义选择"[+ 近过去]"的语气词。

3. 语气助词的句法位置

在理论语言学中,每个成分都有自己特定的句法位置,只有弄清了这一点,我们才不会搞混。根据朱德熙(1982),我们可以将句末语气词的句法位置表示成:

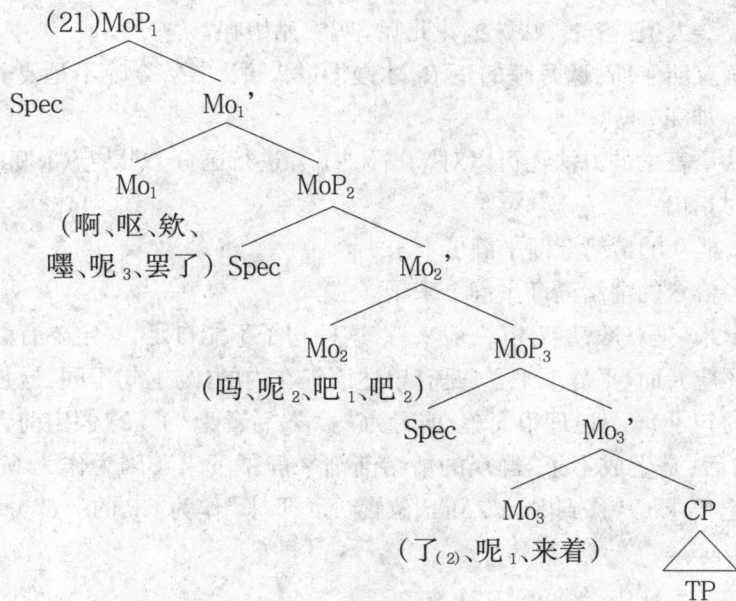

(21)MoP₁

```
(21)MoP₁
        ╱      ╲
    Spec        Mo₁'
             ╱        ╲
         Mo₁            MoP₂
      (啊、呕、欸、
      嘿、呢₃、罢了)  Spec        Mo₂'
                            ╱        ╲
                        Mo₂            MoP₃
                    (吗、呢₂、吧₁、吧₂)
                                    Spec        Mo₃'
                                             ╱        ╲
                                         Mo₃            CP
                                    (了₍₂₎、呢₁、来着)    △
                                                        TP
```

可以看出："来着"这类语气词离 CP 最近,跟"时间"沾上一点关系也很容易理解,因为 CP 的下层即为 TP(Tense Phrase)。生成的方式是 CP 移位到[Spec, MoP_3];如果有 Mo_2,则 MoP_3 再移到[Spec, MoP_2];依此类推。如果"来着"在该位置,那就肯定是"语气词"。以下证明 MoP_3 确实在 MoP_2 与 MoP_1 之下。

(22)a. 只见宝钗又笑着问五儿道:"你听见二爷睡梦中和人说话来着么?"

b. "昨日家里问我来着么?"

"来着"前于"吗(么)",说明"来着"的句法位置在"吗(么)"之下。MoP_3 在 CP 之上的证据如下例:

(23)这里贾母忽然想起,和贾政笑道:"娘娘心里却甚实惦记着宝玉,前儿还特特的问他来着呢$_3$。"

理论基础是左向嫁接(Kayne,1994)或嫁接与移位同向假设(熊仲儒,2002a)。因为"来着"短语向左移位,所以嫁接于"吗"或"呢$_3$"的左侧,得到"来着么"或"来着呢$_3$"。再举些相关例子,以说明句法位置的设置及其句法后果:

(24)a. 袭人道:"坐着,妹妹掐花儿呢$_1$吗? 姑娘呢?"

b. 又听了听,麝月睡的正浓,才慢慢过来说:"二爷今晚不是要养神呢$_1$吗?"

用形式语言学的方法还可以对"了$_1$"、"了$_2$"进行区分,刘勋宁(1990)比较下句时指出:

(25)a. 群众的情绪渐渐平静了下来。

b. 群众的情绪渐渐平静下来了。

"'平静了下来'是一般性叙述(一般来说,这种句子不能自足,一定要有前后的语境照应),而'平静下来了'是有申述语气在内的(与上句不同,这是一个自足的句子)。"① 道理很简单,前者为"了$_1$",后者为"了$_2$"。假定前者为"了$_2$"的话,是生成不了"群众的情绪渐渐平静了下来",因为作为 Mo 的"了$_2$",它要求 CP 移到[Spec, MoP]位置,而"下来"作为 CP 的一部分,

---

① 刘月华等(1983)认为(26)中的"了"为"了$_2$"。

是绝对不会落下的。

（26）a. [$_{Mo}$ 了$_2$] [CP 群众的情绪渐渐平静下来]

b. [$_{MoP}$[群众的情绪渐渐平静下来]$_i$ [[$_{Mo}$ 了$_2$][$_{CP}$ t$_i$]]]

如果作"了$_1$"，则顺理成章。原因在于主语"群众的情绪"要经过[Spec，AspP]到[Spec，TP]进行 T 的 EPP 特征的核查。简单的说，"了$_2$"要求整体移位，"了$_1$"只要求部分移位（核心移位）。所以学界基本上同意"了$_2$"处于句末，我们可以进一步肯定"了$_2$"一般不可能处于句中。要是处在句中的话，其后的成分得是一个可作话题的成分（准确地说，是可以移到[Spec，CP]的成分），原因在于 Mo$_3$ 范畴选择 CP 而非 TP，"了$_2$"的例子手头没有，暂以"来着"为例进行说明：

（27）a. 老太太吩咐来着，不要让旁人进屋来。

b. [$_{MoP}$ [TP$_i$][[$_{Mo}$ 来着][$_{CP}$[不要让旁人进来]][$_C$][$_{TP}$ 老太太吩咐 <不要让旁人进来 >]]]]]

之所以发生如此生成，可能是重成分漂移（heavy-shift）。

4. 本节结语

对"来着"，我们的看法是它只是一个语气词，至于"时间"意义是它的补足语 CP 的语义特征，或者说它语义选择（S-Select）了[+ 近过去]或相似的语义特征。何容（1985）有段话很有启发，不妨抄下来作个结语，他说："[在研究助词时]，难免把这个被帮助的东西所生的作用，一并当作那个帮助它的助词所生的作用，这是我们研究助词的作用的时候应该注意的。"

第八节　"是……的"的构件分析

传统语法论著多数承认语气词"的"的存在，如吕叔湘（1990）说"'的'字表示的是一种确认的语气"，高校教材《现代汉语》（黄伯荣、廖序东，1997）也认为有一个表示"表示事情本来如此"的语气词"的"。朱德熙的看法与此不同，他把这种语气词"的"看作结构助词"的$_3$"（朱德熙，1961、1978）。不过，朱先生（1966）也说："语气词'的'和'的$_3$'的界限实在不容易划清楚。这个问题相当复杂,应作为专题讨论。"李讷等(1998)从话语角度专门论证了"的"的范畴地位,认为它是个语气词。接着是杉村博文(1999)的讨论,他认为"的"是结构助词。后来,袁毓林(2003)又用焦点理论和非单调逻辑探讨了这一问题,也认为"的"是结构助词,并从句法功能、语用功能、语义功能三个角度解释了人们对"的"的认识。木村英树(2003)提出功能扩展说,大概也认为"的"是个结构助词。本节将在生成句法的框架里探讨这一问题,因为该理论能够在句法结构中为所有的词项指派合适的句法位置,这能够帮助我们识别词项在词库中的特性,包括范畴属性。

1. 构件"的"的词汇特性

1.1 句尾"的"

朱德熙(1982)将语气词分成三组,第一组表示时态,包括"了$_{(2)}$"、"呢$_1$"、"来着";第二组表示疑问或祈使,包括"呢$_2$"、"吗"、"吧$_1$"、"吧$_2$";第三组表示说话人的态度或情感,包括"啊"、"呕"、"欸"、"噻"和"呢$_3$"、"罢了"。朱先生的分类是根据这三类词的分布的,即共现时遵守严格的次序。第一组在最前边,第二组次之,第三组在最后。如:

(1)1+2　　　下雨了吗?　|　你把它吃了吧$_2$!

　　1+3　　　不早啦(=了+啊)!　|　还小呢$_1$噻!

　　2+3　　　走啵(=吧$_2$+呕)!　|　好好说呗(=吧$_1$+欸)

　　1+2+3　　已经有了婆家了呗(=吧$_1$+欸)

袁毓林(2003)根据"的"出现于这三类语气词之前的句法分布,认为"从分布上看,这种'的'不像语气词"。如:

(2)a. 这也是再明白不过的了。

　　b. 这事情是可以玩的吗?

　　c. 是哪儿来搭(=得+啊)?

正像任何研究都依赖于一定的理论框架一样,袁毓林的看法依赖于朱德熙等的看法。但依赖有时会有一种危险。可以想见,如果朱德熙的看法失误的话,则袁毓林的看法也就会随之失误。从这些例句来看,"的"完全有可能是朱德熙三类之外的第四类语气词。

文献上,一些高校教材就将"的"处理作语气词。如:黄伯荣、廖序东(1997)将语气词分成三组,不同于朱德熙的是,他将"的"也确认为语气词,看作第一层次的语气词,第二层次是"了",第三层次是"呢、吧、吗、啊"。此外,胡裕树(1995)也将语气词分成三层,第一层是"的"、"了",第二层是"么"、"呢"、"吧",第三层是"啊"。他们也是根据词的分布,只是考察语料和具体语气词的不同。

词项特性是词项的不可预测的信息,如语音信息、语义信息、句法信息等。句法信息通常包括是哪一类词(范畴)、选择什么样的范畴作补足语(范畴选择)、选择什么样的语义角色作论元(语义选择)。如"批评",它的句法信息有"动词"、"+[___NP]"、"< 施事、受事 >"等。句法信息的内容也不是一成不变的,它会随着理论模型不断地修正,就目前而言,还经常提到 EPP 特征、phi 特征等。EPP 特征是对扩展的投射原则(Extended Projection Principle)的发展,扩展的投射原则要求每个句子都要有一个主语,这是为了让非论元的虚成分如"it、there"等能够成为主语;EPP 特征是激发与核心特征匹配的成分移向其指示语的诱因,实际上是让每个有该特征的核心都有一个主语,它不仅融合了扩展的投射原则,而且为短语移位提供了动因,使理论更一致。phi 特征是指性、数、人称等特征。

生成语法的范畴跟传统语法不完全一致。它将范畴分成词汇范畴与功能范畴,词汇范畴不仅包括名词、动词、形容词,也包括介词;功能范畴是扩展词汇范畴的范畴,如 T(ense)、C(omplementizer)、D(eterminer)等。目前的研究认为语言的变异跟功能范畴有关, 所以功能范畴的设置也就越来越多,而且具体的归类也各自不同。比如说,为解释"了"、"吗"的严格次序,Tang(1998)将"了"定为 T 的语音实现,"吗"定为 C 的语音实现,并为之指派如下的句法结构:

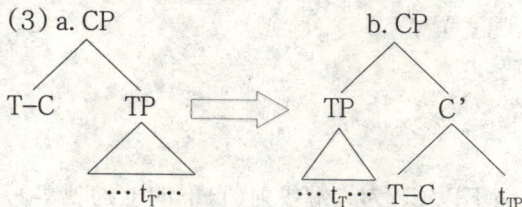

(3) a. CP　　　　　　　　　　b. CP

　T–C　　TP　　⟹　　TP　　C'

　　　… t_T …　　　… t_T …　T–C　t_TP

在这里,Tang 采用了拖带移位(pied-pipping)的技术,即让功能范畴 C 激发 TP 整体移位到它的指示语位置,这种技术路线由 Kayne(1994)提出。移位的诱因就是 C 的 EPP 特征,至于"了"是不是 T、"吗"是不是 C,那需要另作研究。这种技术路线能够为我们探讨汉语语气词系统提供很好的思路。由于汉语语气词严格的遵守次序规则,说明它们在句法上实现于不同的句法位置。熊仲儒(2002a)为了解释汉语动结式的生成,他提出了"嫁接与移位同向假设",根据该假设,所有扩展词汇范畴的功能范畴都是核心在前,所以他(2003a)曾根据朱德熙的语气词分层理论指派了如下的句法结构:

(4)$[_{Mo1P} [Spec][_{Mo1'}[Mo_1][_{Mo2P}[Spec][_{Mo2'}[Mo_2][_{Mo3P} [Spec][_{Mo3'}[Mo_3][CP\cdots]]]]]]]$

　　　　a. Mo_1:啊、呕、欤、噻、呢$_3$、罢了

　　　　b. Mo_2:吗、呢$_2$、吧$_1$、吧$_2$

　　　　c. Mo_3:了$_{(2)}$、呢$_1$、来着

Mo 是语气词(Mood),Spec(ifier)是指示语。在这个句法结构中,只要持续地采用 Tang 式的拖带移位,就会产生如下的语序:

(5)a. $[[CP+Mo_3]+Mo_2]+Mo_1$

　　　 b. 已经有了婆家了呗(= 吧$_1$+ 欤)

这种持续的拖带移位,Aboh(2004)称之为滚雪球式移位(snowballing movement)。与 Tang 不同的是,熊仲儒(2003a)将"了$_{(2)}$、呢$_1$、来着"等也处理做语气词。本节准备采用后者的句法结构,因为不管接受 Tang 的看法还是熊仲儒的看法,都须将 Mo_1 与 Mo_2 分别处理做独立的范畴。既然如此,多分解出几个功能范畴在理论上也是可能的。所以本节将在熊仲儒(2003a)的基础上,增加一个新的功能范畴 Mo_4 以容纳"的"。如:

(6)$[_{Mo1P} [Spec][_{Mo1'} [Mo_1][_{Mo2P} [Spec][_{Mo2'} [Mo_2][_{Mo3P} [Spec][_{Mo3'}[Mo_3][_{Mo4P}$
　　　 $[Spec][_{Mo4'} [Mo_4] [CP\cdots]]]]]]]]]$

　　　 a. Mo_1:啊、呕、欤、噻、呢$_3$、罢了

　　　 b. Mo_2:吗、呢$_2$、吧$_1$、吧$_2$

　　　 c. Mo_3:了$_{(2)}$、呢$_1$、来着

　　　 d. Mo_4:的

用功能范畴 Mo 扩展 CP,而不以 CP 为终端投射(自下向上的观察),这在

Rizzi(1997)的系统中是可以接受的。自 Pollock(1989)分解形态层(IP)之后,Rizzi 再次将语势层(CP)进行分解。我们为讨论的简单,直接采用 CP,而不再区分(TopP、ForceP)等。用 Mo 扩展 CP,而不是将语气词直接放在 C 位置的经验证据是:

(7)a. [$_{CP}$ 那本书,他是昨天看 ____]

　　b. [$_{CP}$ 那本书,他是昨天看 ____]的

　　c. [$_{Mo4P}$[$_{CP}$ 那本书,他是昨天看 ____]的]吗?

首先是"那本书"向 CP 的指示语位置移位,如(7a);用"的"扩展后,其补足语 CP 拖带移位到"的"的指示语,如(7b);如果继续用"吗"扩展的话,其补足语 Mo$_4$P 拖带移位到"吗"的指示语,如(7c)。Mo$_4$ 的设置,可以比较方便地解释袁毓林(2003)的观察,即"的"位于其他三类语气词之前。

如果正确的话,则"的"的范畴是语气词 Mo(od),范畴选择 +[__CP],有 EPP 特征。范畴选择告诉我们"的"合并时的句法位置,EPP 特征告诉我们"的"会激发移位,及其最终的句法位置。

1.2 "的"的前置

根据胡裕树、范晓(1996),语气词"的"既可以位于句尾,也可以位于句中,如:

(8)a. 是解放军开炮的　　　　　b. 是解放军开的炮

将(8b)中的"的"处理成语气词最易受到人们的质疑,因为语气词的典型位置是在句尾或较大停顿前["小王嘛,我见过",在赵元任(1979)看来,是零句句尾],而(8b)中的"的"却位于句中,而且其后没有较大的停顿。可能正因为如此,朱德熙(1978)将(8)中的"的"处理作结构助词,相应地,就将(8b)分析作"主语后置",即由"炮是解放军开的"通过"炮"后置造成。"主语后置"说备受争议,见袁毓林(2003)、木村英树(2003)等。但是,木村英树(2003)认为无论是从句法层面、意义层面还是语用层面,(8)中这两句都具有共同特征,应视为同一种句式;李讷等(1998)也做统一处理。赵元任(1979)认为(8a)中的"'的'是跟前边整个小句结合的,因此严格说它是句末助词",并认为(8b)是由(8a)"把有宾语的句子里的宾语挪到'的'字后边去"造成的。如果赵元任等学者的看法正确的话,根据(6)则可指派如下的句法结构(为简单起见,直接将 Mo$_4$ 标记为 Mo):

（9）a. MoP　　　　　　　b. MoP

Spec　　Mo'　　　Spec　　　Mo'

Mo　　　CP　　　Mo　　　　CP

　　　　　　　　　　　　Spec　　…　TP

的　　炮ᵢ[是解放军开 tᵢ]　　的　　炮ᵢ　　　是解放军开 tᵢ

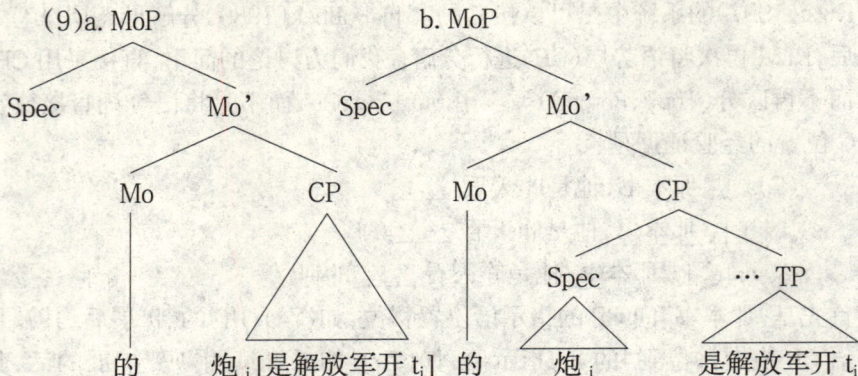

TP 中动词要实现其所有的论元，如"开"是朱德熙（1978）所说的"二向动词"，所以 TP 中会有两个名词短语，如"解放军"与"炮"。"炮"如果不移位的话，在 Mo 扩展 CP 之后，可得到"[是解放军开炮]ₘ[[的][tₘ]]"。TP 中"炮"也可以移到 CP 的指示语位置，如（9）所示，这是话题化操作。这一话题在 CP 整体向 Mo 的指示语移位之后，处于句子的开头，如"[炮是解放军开]ⱼ[[的][tⱼ]]"（如 9a）；在 TP 向 Mo 的指示语移位之后，处于句子的末尾，如"[是解放军开]ₖ[[的][炮 tₖ]]"（9b）。不管它位于句首还是句末都是话题：是整体（CP）移位使得 Mo"的"出现于句末；是部分（TP）移位使得 Mo"的"出现于句中。TP 与 CP 之所以发生移位，是因为 Mo 有 EPP 特征。

　　因为涉及话题化操作，所以这种分析可解释"的"字前置句中宾语的指称要求。一般认为汉语的话题总是有定的，包括类指／通指，不能无定。"炮"移位到 CP 的指示语位置，相当于一种话题化，如（9）所示。所以，"的"字前置句中宾语也有着跟话题相同的指称要求，据杉村博文（1999）观察，其宾语不能是无定成分，如：

　　（10）a. 老张买了一辆新车……噢，对，他是去年年底买的那辆自行车
　　　　　b.* 老张买了一辆新车……噢，对，他是去年年底买的一辆自行车
木村英树（2003）也认为"的"字前置句中的宾语必须由有定的特指成分充当（她去年年底买的这辆车），或者由通指成分充当（她去年结的婚）①。这

①木村将"婚"处理为"通指"可能不恰当。实际上，它应是非指称性成分，跟"他不是要考研究生吗？——研究生他不考，正准备出国呢。"中的"研究生"一样。非指称性成分也可以成为话题（徐烈炯、刘丹青，1998），当然也可以成为"的"字前置句的宾语，如"他是去年考的研究生"。

也说明 Mo"的"扩展的是 CP。

因为涉及移位，所以这种分析可解释汉语双及物动词的间接宾语不能成为"的"字前置句的宾语。名词短语在向 CP 移位时，遵守距离原则，相当于"名词短语可及性等级"，按沈家煊(1999a)的意见，汉语的截止点是直接宾语，所以汉语双及物动词的间接宾语不能成为"的"字前置句的宾语，如：

(11)a. 真奇怪！阎德海老婆怎么突然心脏衰弱，失去知觉？这是受的什么刺激？是谁给她的刺激呢？（＊是谁给刺激的她呢）

　　 b. 是我告诉他的时间，他是一个很懒的人，他手上的手表是从来不看的。（＊是我告诉时间的他）

木村英树(2003)也发现"的"字前置句宾语不能为表示动作次数和动量的数量宾语，如"＊我等的一个小时"，其实也是因为它们位于截止点之下，即它既非主语又非直接宾语。至于"是谁给的她刺激？"也合法，将在下文中做出解释。

顺便说一下，关系化跟话题化不同，它对移位的成分在指称上没有限制，可以是无定成分，如"这是我昨天买的一本书"。根据刘丹青(2005)的研究，结构助词"的"是关系化标记。这也反证了"的"字前置句中的"的"不可能是结构助词，因为它不允许"的"后成分无定（如10b）。

因为包含语气词"的"的句子的范畴标记为 MoP，所以这种分析可解释"的"字前置句中的成分不能话题化。Li(2002)发现汉语关系化与话题化不平行，即能够关系化的不一定能话题化，如(12)；能够话题化的不一定能够关系化，如(13)：

(12)a. 他修好那部车的方法　　a'.＊那个方法，他修好那部车

　　 b. 他修车的原因　　　　　b'.＊那个原因，他修车

(13)a. 鱼，我喜欢吃鲜鱼　　　a'.＊我喜欢吃鲜鱼的鱼

　　 b. 书，我喜欢读红楼梦　　b'.＊我喜欢读红楼梦的书

对此，熊仲儒(2005b)认为两种操作中所涉及的扩展的功能范畴不同，用 C 扩展 TP 则话题化，用 n 扩展 TP 则关系化。根据上文的研究，"的"字前置句涉及 C 扩展 TP、Mo 扩展 CP 的操作，其最终范畴标记为 CP 之上的 MoP。既然连 CP 都不能关系化，MoP 当然更不能关系

化①。换句话说，"的"字前置句应该一定不能关系化。事实确实如此，如（杉村博文，1999）：

(14)a. 他是在西单看的电影。～*在西单看的电影的人

b. 他是为我受的伤。～*为我受的伤的战士

c. 她是从北京地区推荐上的大学。～*从北京地区推荐上的大学的学生

从话题化与关系化的两个方面，我们认为"的"字前置句中的"的"不可能是结构助词，只能是语气词，或者说功能范畴 Mo。

因为"的"的范畴为语气词(Mo)而不是结构助词，所以这种分析可以避免朱德熙(1978)的"主语后置的主谓句"。朱德熙将 S₃"是我[请张三来的]"看成主语"DJ 的"后置的主语句，S₄"是我开的[门]"看成主语 M 后置的主语句。袁毓林(2003)对此的评价是："'主语后置的主谓句'是他为了分析这种句式而建立的一种特设(ad hoc)句型，缺乏句法类聚方面的根据。"杉村博文(1999)说："'的'字后边的成分究竟是主语，还是宾语？如果是主语，它为何要后置？如果是宾语，为何允许'的'字移至其前？"木村英树(2003)也对此提出了质疑。朱先生之所以将 S₃ 看作主语后置是因为"是[[DJ M+DJ]的]"中"的"字短语中没有句法空位，按理不能独立存在，换成朱德熙(1983)的说法是自指的"DJ 的"不能独立存在，所以只能分析作"是 +M+DJ( )的"，即让"DJ 的"有空位，成为可转指的短语。朱先生的立论基础是"的"为结构助词，如果这里的"的"不是结构助词，比如说为语气词 Mo，则无须设置"主语后置的主谓句"。

2. 构件"是"的词汇特性

黄伯荣、廖序东(1997)指出，语气词"的"可以单独附着于句尾，也可以跟

---

① 所有的 MoP 都不能关系化，如：

（ⅰ）他去了南京吗　　　　*去了南京吗的人

（ⅱ）他看了这本书了　　　　*看了这本书了的人

这不是因为"的"前不能出现虚词，试对比：

（ⅲ）看了的人　　　　　　看了的这本书

（ⅲ）中的"了"是助词，出现于 TP 内部，所以可以关系化；（ⅱ）中的"了"是语气词，出现于 TP 外部，所以不能关系化。

加重语气的"是"配合着用。学者们注意到这种"是"在位置上灵动不居,如:

(15)a. 是他昨天在火车上生的小孩儿

　　b. 他是昨天在火车上生的小孩儿

　　c. 他昨天是在火车上生的小孩儿

所以 Teng(1979)将这种"是"处理做焦点标记,但他也指出这种分析存在两大困难:一是忽略了"是"的动词性,即可以进入"是不是"的正反问;二是不能解释"是"的分布,即作为焦点标记的"是"为什么不能出现于介宾或述宾之间,如:

(16)a. 是他昨天在火车上生小孩儿(的)

　　b. 他是昨天在火车上生小孩儿(的)

　　c. 他昨天是在火车上生小孩儿(的)

　　d. 他昨天在火车上是生小孩儿(的)

　　e. *他昨天在是火车上生小孩儿(的)

　　f. *他昨天在火车上生是小孩儿(的)

为此,黄正德(1990)将这种"是"分析作不同于判断句中的"是"的一般助动词,它是准许主语提升的不及物动词。将"是"区别对待,在石定栩(2003)的文章中也有论证。"是"是一种什么样的助动词呢?如何将人们关于"是"标记焦点的语感融进来呢?这在早先是不太容易的,不过随着功能范畴研究的深入,倒是有可能重新解释。可以这样说,如果"是"是一种扩展动词的功能范畴 Foc(us),就可以克服 Teng 的两大问题。比如说,Foc是动词性的功能范畴,所以它本身可具有动词性;因为 Foc 扩展动词,所以"是"不能扩展名词,也就不能介于动宾或介宾之间。根据黄正德(1990),可指派如下的句法结构:

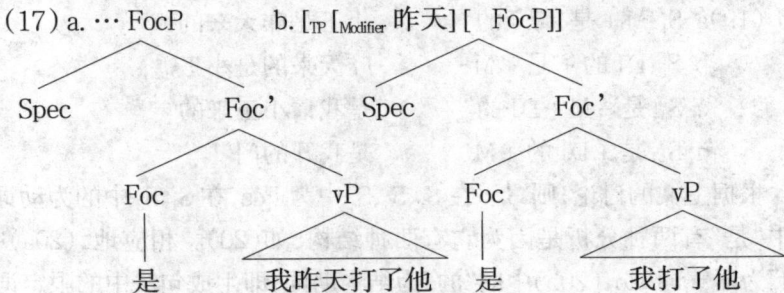

(17) a. … FocP　　　b. [$_{TP}$ [$_{Modifier}$ 昨天] [FocP]]

```
        FocP                          FocP
       /    \                        /    \
    Spec    Foc'                  Spec    Foc'
           /    \                        /    \
        Foc      vP                   Foc      vP
         |      /  \                   |      /  \
         是   我昨天打了他             是    我打了他
```

在图(17)中,"昨天"位于不同的句法位置,这是因为状语(修饰语)可以是动词短语的修饰语(17a),也可以是句子修饰语(17b)。汉语 T 的 EPP 特征不强,"我"可以不移向 T 的指示语位置,所以"是"可以位于"我"之前,如"是我昨天打了他";如果"我"移向 T 的指示语位置,则"是"位于"我"之后,如"我是昨天打了他"。将"是"放在介于 TP 与 vP 之间,可以解释下面的句子何以不合法:

(18)a. *我被他是骗了　　　(我是被他骗了)

　　 b. *我把他是骂了一顿　　(我是把他骂了一顿)

　　由"是"实现的 Foc 有没有可能在 TP 之上呢? 从理论上来说,这是不会的。因为存在"我是昨天打了他"这样的句子,它要求目标"我"移到 Foc 的指示语位置。按 Chomsky(2001a)的协约操作,目标("我")与探针("是")之间需要特征匹配,但"我"并不是焦点,换句话说,它并没有[Foc]特征。能不能假定它们通过别的特征进行匹配呢? 假定当然可以,但还需要考虑"在火车上"、"昨天"这样的状语,因为它们没有理由嫁接到 Foc'位置。当然有人会指出"是"并非功能范畴 Foc,而是别的什么,这样一来,"是"或"ShiP"当然可以位于 TP 之上。在没有强烈的反面证据的前提下,我们假定"是"是个位于 TP 与 vP 之间的功能范畴 Foc。这样做大概也可以解释"花儿是他浇的"与"*是花儿他浇的"之间的对立,因为"花儿"在 TP 之外的话题位置,而"是"在 TP 之内,所以"*是花儿他浇的"不合法。

　　Foc"是"只扩展动词性成分,而不能扩展名词性成分,这一特性也方便我们进行鉴别某个位置的"是"是不是 Foc 的语音实现以及"的"是不是 Mo 的语音实现。比如说,朱德熙(1978)讨论了含"的"的五种判断句句式,以下是其中的四种:

(19)a. S_1:M + 是 + DJ 的　　　小王是昨天来的

　　 b. S_2:DJ 的 + 是 + M　　　昨天来的是小王

　　 c. S_3:是 + M + DJ 的　　　是我请小王来的

　　 d. S_4:是 + DJ 的 + M　　　是我开的门

　　根据上文的讨论,则"是"在 S_1、S_3、S_4 中为 Foc,在 S_1、S_2 中的为动词 V。S_1 中"是"有两种分析是因为它有两种结构,如(20)。相应地,(20a)中的**"的"**为语气词 Mo,(20b)中的"的"为结构助词,即生成句法中的限定词 D。

（20）a. [M + 是 + DJ] 的　　　　b. M +[是 +[DJ 的]]

经验上的证据是这种句式有歧义。朱德熙只做（20b）分析，即将"的"看作结构助词，"是"看作动词，所以其中 M 与"DJ 的"只具有成素与类的关系。袁毓林（2003）指出："这种分析跟许多人的语感不协调，因为大家都能意识到'小王是昨天晚上来的'说的似乎不是'小王是昨天晚上来的人中的一个成员'，而是'小王具有"昨天晚上来"这种属性'"。朱德熙的语感也是实际存在的。牛秀兰（1991）说"'我是中午看电影的'，可以有两种意思，第一种意思是强调'我看电影'的时间；第二种意思可以看成是对'我'的类别的确认，即'我是中午看电影的人，晚上没发我的票'。"黄正德（1990）也有类似的语感，如他对"我是昨天买书的"的描述。还有赵元任（1979）对"他是从中国来的"的描述。这种语感实际上就是来自两个不同的"的"，前者为语气词，后者为结构助词。可指派如下结构：

（21）a. [MoP[我是中午看电影] i [Mo'[Mo 的][CP ti]]]

　　　b. [TP[我][T'[T][VP[V 是] [DP[e 中午看电影] i [D'[D 的][ti]]]]]]

有人可能想试图通过（21b）分析包括语气词"的"在内的所有"的"字结构，但问题是不大方便解释它跟话题化的一致与它跟关系化的差异，也不便解释它的歧义。

Foc"是"的系联焦点特性，也方便我们描述相关句式的语义。李讷等（1998）讨论了三类在他们看来确为语气词"的"的句式，并指出它们的语义分别是 "断定现实事件的责任者"、"强调现实事件的条件"、"对非现实事件的肯定"，如：

（22）a. （是）我去跟他谈的

　　　b. 我是在路上遇见他们的

　　　c. [韩劲]是一定会对你好一辈子的。

从本节的角度看，"断定"、"强调"、"肯定"的对象是由 Foc"是"划定或系联的。如果将"是"看作一般的助动词或别的东西，在解释上可能要迂曲一点。朱德熙（1978）也是用 Foc 所标记的焦点将所讨论的各种句式进行关联，如 S4（"是小王打来的电话"）与 S3（"是小王打电话来的"）的主语部分都是"语义重心所在"，是"对于施事的确认"，再如 S4（"是瓦特发明的蒸汽机"）和 S1（"蒸汽机是瓦特发明的"）的"语义重心也在核心动词前边的成分,因此这两种句式在意义上的联系也是很明显的"。

Foc"是"可以有语音实现,也可以没有语音实现。只要参与了句法计算,必然有所系联。如"、我去跟他谈的",其中"我""不大可能成为焦点的主语成为当下言谈的焦点"(袁毓林,2003),就是因为其中含有没有语音实现的 Foc。再如:

(23)a. 我(是)1998 年去广州的。　　我(是)1998 年去的广州。

b. 我(是)在美国学英语的。　　我(是)在美国学的英语。

袁毓林说:"为了显性地、无歧义地标示出事态句 S_{20} 中的焦点,最简单的办法是在 S20 中的焦点前面插入'是'作为焦点标记。"实际上,就是从语音上实现功能范畴 Foc。将"是"处理成 Foc 的语音实现,也可以将焦点标记直接归因给"是",而不是归给"(是)……的"。据袁毓林研究,"(是)……的"可以标记广焦点与窄焦点,前者为整个处于"(是)……的"结构中的事件句,后者是句法结构中的某个成分。袁毓林观察是正确的,但结论可能偏颇。因为除"(是)……的"之外,"(是)……"中也有相应的宽、窄焦点之分。在我们看来,只有功能范畴 Foc 标记焦点,而跟 Mo"的"无关。如:

(24)a. 是谁来了?　　是[张三]$_F$ 来了。

b. 那儿发生了什么事儿?　　是[张三撞了车]$_{Fo}$。

3. "的"的其他分析

3.1 "的"为 D

汉语的生成语法研究认为结构助词"的",是功能范畴 D(Simpson,2002;熊仲儒,2005b)。能不能将语气词"的"也分析作 D 呢? 就事论事的话,大概是可以的。如"是我请他来的",可根据小句分析法指派如下的句法结构:

(25)[$_S$　][$_{VP}$[$_V$(是)][$_{SC}$ [$_{DP}$ 我][$_{DP}$ 请他来的]]]]

在这个结构中,小句(small clause)独立成句的话,则得到"我请他来的"。V 实现为"是"时,如果小句内不发生移位,则得到"是我请他来的";如果"我"移位的话,则得到"我是请他来的";如果"请他来的"发生移位,则得到"请他来的是我"。这种分析也有人提出,如 Moro(1997)分析下面的句子时就曾采用该方法:

(26)a. I consider [[_DP_ John] _i_ to be [_SC_ [t_i_][my best friend]]]

b. I consider [[_DP_ my best friend] _i_ to be [_SC_ [John][t_i_]]]

这种分析也可以避免朱先生的"主语后置"分析,因为在小句分析法中"请他来的"不是主语而是小句的谓语。而且还可以将朱先生的五种句式化为一种句式,即实现木村(2003)将"你在哪儿买的车"与"你什么时候来的"进行句式归并的愿望。尽管如此,我们还是不采用小句分析法,因为它一则不能明晰地表示主语为谓语中动词的一个论元,二则不能说明"的"字前置句何以不能关系化,三则也不能明晰地表示母语说话者的语感,如牛秀兰(1991)、黄正德(1990)、赵元任(1979)等的描述。经验上,小句分析法也不能解释下面的句子:

(27)a. 我是昨天给的他们三本书 (Wu,2000)

b. 是谁给的他刺激

"他们三本书"、"他刺激"是"给"的两个宾语,它们并不能组成一个名词短语,所以不能用小句分析法,但可用移位分析。根据熊仲儒(2004c),"我是昨天给他们三本书"的句法结构是(无关细节忽略不计):

(28)[_CausP_[我][[_Caus_ 给][_PossP_[他们][[_Poss_< 给 >][_VP_[三本书][< 给 >]]]]]]

"他们三本书"是"给"移出之后的 PossP,所以可以移位到 C 的指示语位置。(28)的经验证据是并列测试:

(29)我给了[林华三支笔,郭峰五本书]。

这说明即使采用小句分析法,结构助词(或者 D)说也是不充分的。

3.2 "的"为 T

Wu(2000)也曾从生成句法学的角度考虑过类似的问题,他借助于语法化的理论首先将 D"的"重新分析作 T"的",参考(21b),然后指派如下的句法结构。

(30)a. 我是昨天来的

b. [_TopP_[我][[_Top_[_ShiP_[_shi_ 是][_TP_[昨天 pro 来]_i_[_T_ 的][_VP_ t_i_]]]]]]

如果 Wu 正确的话,则表明确实存在两个不同的"的",一个是 D,一个是 Wu 的 T 或者是我们的 Mo。该图示将"我"在话题位置生成,也能阻止"的"字前置句中成分的关系化。但是该图示难以阻止"的"字前置句中无定宾语的出现,或者说难以说明"的"字前置句宾语为什么具有话题的指称属性。更为麻烦的是,该图示很难解释"的"如何"前移"到动词之后,虽然其主旨是为了解释该问题(如 27a 例)。一则"的"能不能核心移位到它的指示语的核心位置,二则"的"是不是 T 的语音实现。所以我们不打算将"的"分析作 T。

宋玉柱(1981)、马学良、史有为(1982)等都观察到含语气词"的"的句子有已然义,并将此归结为"的",如称之为"时间助词"、"体—时助词"等。对此,杉村博文(1999)用其"先 le 后 de"的承指理论来解释,但他也发现在更多的时候,先行成分"V 了 O"并不出现,这在很大程度上就取消了承指理论的解释力。袁毓林在此基础上提出预设论,即"V 的 O"在无标记情况下预设"V 了 O",袁毓林的预设论克服了杉村博文承指论的弱势。Wu 通过结构解释了该句式的时制意义。在语气词框架中也得解决这一问题。英语中标句词(complementizer)"that"与"for"对其范畴选择(C-Select)的 TP 也有不同的语义要求,前者选[+Tense]特征的 TP(that John has been to England),后者选[-Tense]特征的 TP(for John to go to England);通俗地说,that 与限定动词共现,for 与非限定动词共现。对此,我们大概不好说 that 或 for 有时制特征。我们的做法是假设"的"的语义选择包含过去时制的 CP,而不认为"的"本身是过去时制。如果正确的话,则只有 Foc 而没有表示过去时制的 T,则这样的 CP 不能为 Mo"的"选择。所以,石定栩(2003)认为"当句中的主要动词表示将来才会发生的动作时, 或者处于进行体时,'的'一般并不出现",如"他们是后天才走 / 王师傅是正开着车呢"。这种分析也说明"的"字前置句中的"的"不是时间助词。有人可能会提出质疑,因为"的"可与"会 / 要"等共现,如"他是会对你好一辈子的"。这不成其为问题,因为在生成句法中"会 / 要"是个情态范畴(Modality),而不是时制范畴。

4. 本节结语

"的"有语气词的用法,这一点大概是毋庸置疑的,连朱德熙(1966)都认为:"把通常解释作语气词的'的'也看成'的 3'。这个说法在某些类型的句子里确实会碰到困难。"但我们也毋庸讳言,将语气词"的"处理成结构助词(D)在纯句法的分析上确实较为方便,请参见上文的小句分析法。本节认为存在语气词"的",它范畴选择包括 Foc 的 CP,可能还要求其中的 T 是过去时制,"是"是 Foc 的语音实现。如果"的"含有确认语气的话,则由"是"去确定确认对象,这一对象可以是整个 CP,也可以是其中的部分句法结构,即标记袁毓林的广焦点与窄焦点。这种研究也满足了朱德熙的"向"要求,因为动词短语内部主语假设要求动词的论元在其内部(vP 中)实现,而且还克服了主语后置的理论缺陷。

第四章 结 语

Chomsky(1995)认为语言的差异只与各种语言的语音选择、索绪尔任意性和功能范畴三个可见的部分有关。功能范畴是对词汇范畴进行扩展的范畴。早先,扩展词汇范畴如动词的是 I 与 C,后来 Abney(1987)增加了个扩展名词的 D。I、C 与 D 是公认的功能范畴,按我们的定义也是功能范畴。I、C 可能不是原子范畴,还可以进行分解,如 Pollock(1989)将形态层的 I 分解为 T(ense)与 Agr(ee),Rizzi(1997)将话语层的 C 分解为 Force、Top(ic)、Foc(us)和 Finite。在论元层 VP 中,学者们也引进了功能范畴,如Kratzer(1996)的 Voice、Bowers(1993)的 Pred(icate)以及 Chomsky(1995)的 v 等,现在通常标记作 v,即轻动词。轻动词大概同 I、C 一样也可以分解。我们用这些功能范畴对汉语进行了探讨,现总结如下:

1. 动词短语内部的功能范畴

动词短语内部的功能范畴,主要是轻动词,此外还有被动范畴。被动范畴从理论上来说,应该属于动词短语外部的功能范畴,像英语中的"-en",但由于汉语的被动范畴比较独立,不好放到形态层,所以还是归到动词短语内部。从传统语法来讲,这涉及到谓词的配价、语序与句式等。

轻动词,是个总称,还可以分解,我们用它选择论元并指派题元。汉语动词(包括形容词)在论元数目上表现出很强的动态性,据朱德熙(1978)观察,像"死"、"切"在不同的句子中有不同的"向"数,以致有学者认为朱德熙的"向"研究有"依句辨向、离句无向"之嫌,实际上这是动态性表现。据新戴维森事件语义学研究,所有的谓词都是以事件为论元的一元谓词,从一般的理解角度看,实际上就是说谓词只是指示事件图景。据此,我们可以假设句法中的论元是由别的成分从谓词的事件图景中选择的参与者,这个别的成分就是功能范畴,对动词而言就是轻动词,对名词而言就是轻名词。在动结式中,选择论元的轻动词,我们定为"致使"与"达成",两者合起来,就是王力(1980)的"使成";在差比句中,选择论元的轻动词是"量度"与"比较",所以"张三比李四高"并不意味着"张三高"而是"张三相对高一点"。

被动范畴,我们探讨了"被"与"给"。被动范畴在英语中有两个作用,用管约论的术语说,就是"贬抑外部论元"与"吸收动词的赋格能力"。汉语中的"被"并没有英语被动范畴的两个作用,所以一部分学者在管约论框架里将"被"处理为主动词,我们在最简方案中采用 Chomsky(2001a)的看法,认为汉语"被"与英语"-en"扩展的成分不同,前者扩展的 v*P,其核心 v* 的 phi- 特征集完整;后者扩展的 vP,其核心 v 的 phi- 特征集不完整。如果"被"确为被动范畴,则表明语言中相应的范畴不一定有相应的特征,这也是索绪尔"价值"观的要义。在同一种语言中,同为被动范畴的"被"、"给"也不同,前者扩展的是致使短语(CausP),后者扩展的是达成短语(BecP)。

选择论元的轻动词会将自己选择的论元放置在自己的周围。被动范畴,还有其他激发移位的范畴会改变论元的位置,使得论元的配位方式或语序发生变化。

2. 名词短语内部的功能范畴

名词短语内部的功能范畴,有 DP 层与 nP 层,有时还会有 vP 层。我们讨论的是限定范畴 D、轻名词范畴与轻动词范畴。从传统语法来讲,这涉及到定中结构中的中心语位置的动词词类问题、结构主义与生成语法的向心结构理论等理论问题,也涉及到"的"字短语的转指、"N 的 V"中 N 的选择及名词短语的句法结构问题等。

限定词,我们研究的是"人称代词"与"的"。在语义上它们都有"限定"义,在音韵上都有黏附性,对于轻声的"的"来说,则是强制性的左向黏附。没有描写内容的功能范畴强制性黏附会造成句法结构与语音结构的不平行,这不仅会影响到句法结构的识别或切分,也会影响到词类的识别。这一案例表明:区分语音结构与句法结构,或者说重视功能范畴的黏附性,对传统语法中的虚词研究意义也很重大。

轻名词，是我们对词缀 Af 的技术改造和拓展。主语位置的动名词短语与非限定词短语在生成语法的早期被处理作名词短语，采用"NP→Af VP"进行描写。我们用这个规则描写汉语"N 的 V"结构，能维护词类不变观与结构主义的向心结构理论，即 V 仍是动词，"N 的 V"是以直接成分 NP 为核心的向心结构。但这个核心成分 NP，由于其内部结构为"Af VP"，它本身仍是个离心结构，为适应 X'-理论并使得所有结构具有向心性，我们用 n 与 nP 分别取代词缀 Af 与名词短语 NP。轻名词 n 可推广到其他结构中去，如关系化结构。我们用 n 扩展 TP 进行关系化，其后果是与话语层相关的范畴不能被关系化，即定语从句中不能有语气词、焦点范畴与话题范畴等。这也是后来识别语气词"的"与区分汉语式话题句的理据之一。

轻动词，是我们将动词短语领域获得的成果的一次应用。汉语存在"N 的 V"结构，N 与 V 之间有论元—谓词关系，如果简单地将"N 的"处理成附加语，就会掩盖这种语义关系。根据功能范畴假设，我们用轻动词 v 为 V 引进论元。其理论后果之一是"的"就要脱离 N，在更高的句法位置成为一个核心；之二是轻动词 v 不同，则会影响到 N 的选择。

3. 动词短语外部的功能范畴

动词短语外部，分形态层 IP 与话语层 CP。对形态层，我们讨论的是时制范畴；对话语层，我们讨论的是话题范畴、焦点范畴与语气词范畴。从传统语法来讲，这涉及句法成分、语用成分、语义指向、词类等问题。

时制范畴，在生成语法中很重要，它决定着动词的形态以及主语名词性词组的分布，另外它还可以确定主语语法功能的负载者。时制范畴决定着主语名词性词组的分布，意味着时制范畴的指示语位置只能容纳主语，这种特性有助于识别语气词。时制范畴可以确定主语语法功能的负载者，我们进一步提出"主语的语法功能由所有跟 T 进行协约操作的成分负载"。跟时制范畴进行协约操作的成分是论元性成分或没有描写内容的虚成分，其后果是：时地性成分将不再被识别为主语，主语可以分布在动词之后，还可以存在双主语句等。要求主语表现论元属性，也是跨语言的比较研究的前提之一，可参见刘丹青（2003a）对结构主义主语观的批评；也可参见陆俭明(2003b)的反思,他希望将语用规则从过去所谓的语法规则中剥离出来。

话题范畴,在汉语中强制性要求协约操作,汉语表现出话题优先性。协约操作,可通过句中成分满足,也可以插入别的成分,所以汉语有移位生成的话题与基础生成的话题。协约操作,可在原位执行,这使得负载话题功能的成分可以有 1 个或多个,徐烈炯、刘丹青(1998)的研究也说明这一点。阶段层面谓词可以有抽象的时空论元,这种论元同话题范畴协约操作后,无定主语不必移位到话题范畴的指示语位置,所以,汉语可以存在无定主语。话题范畴要求匹配成分具有非无定特征,据此也可以识别语气词"的"。

焦点范畴,要求跟焦点成分协约操作,但在汉语中焦点成分不倾向于显性移位,或者说汉语的焦点不倾向于通过语序标记。从焦点影响真值语义来说,焦点会发生 LF 移位,像"都""不"这样的焦点敏感算子必然会跟它一道提升,所以"都""不"会跟焦点系联,即指向焦点。"都"指向右向成分并要求该成分有复数性就顺理成章了,此外,因为右向成分是焦点,句子有隐性否定也不奇怪。对于"不"的语感差异,我们从优选论的角度作出了解释。

语气词范畴,按我们的目前研究,大致有四层:最低位置的是"的",次为"来着"类,再次为"吗"类,最高位置的是"啊"类。识别出最低位置的语气词是关键,其后的虚词自然可归为语气词。"来着"的语气词身份从分布上来说,相对比较容易识别,但由于它所在句式含有"近过去"义,使得有些学者认识它是个表"时"的助词。我们根据时制的赋格属性,认为"来着"只能分布在一个高于时制范畴的句法位置;相应地,"近过去"只能归结给它所在句的时制范畴。有些成分是处于句子的末尾还是动词短语的末尾,是不容易辨识的,如语气词"的"。我们在研究限定词 D"的"后,就开始考虑是不是所有的"的 $_3$"都是同一的,后来通过话题范畴及关系化测试等识别出语气词"的"。

参考文献

一、中文部分

包智明,侍建国,许德宝. 1997. 生成音系学理论及其应用[M]. 北京:中国社会科学出版社.

布龙菲尔德.1980.语言论[M].袁家骅,译.北京:商务印书馆.

蔡维天. 2004.谈"只"与"连"的形式语义[J].中国语文,(2):99–111.

陈平. 1989.英汉否定结构对比研究[M]// 现代语言学研究——理论·方法与事实.重庆:重庆出版社.

陈平. 1996.汉语中的话题结构的语用解释与关系化[J].国外语言学,(4):27–36.

陈法今. 1982.闽南话的两种比较句[J].中国语文,(1):62–65.

陈宁萍. 1987.现代汉语名词类的扩大[J].中国语文,(5):379–389.

陈前瑞. 2002."来着"的发展与主观化[C] // 第十二次现代汉语语法学术讨论会.中国:长沙.

陈淑静,许建中. 1997.定兴方言[M].北京:方志出版社.

陈淑梅. 2001.鄂东方言语法研究[M].南京:江苏教育出版社.

陈玉洁. 2007.量名结构与量词的定语标记功能[J].中国语文,(6):516–530.

陈章太,李如龙. 1991.闽语研究[J].北京:语文出版社.

程工. 1999a.名物化与向心结构理论新探[J].现代外语,(2):128–144.

程工. 1999b.语言共性论[M].上海:上海外语教育出版社.

储泽祥. 2001."名＋数量"语序与注意焦点[J].中国语文,(6):411–417.

储泽祥. 2002.汉语联合短语研究[M].长沙:湖南大学出版社.

戴浩一,薛凤生. 1994. 功能主义与汉语语法[M]. 北京:北京语言学院出版社.

邓思颖. 2000. 自然语言的词序和短语结构理论[J]. 当代语言学,(3):138-154.

邓思颖. 2003a. 汉语方言语法的参数理论[M]. 北京:北京大学出版社.

邓思颖. 2003b. 数量词主语的指称和情态 [M] // 语法研究和探索:第十二辑. 北京:商务印书馆.

董秀芳. 2002."都"的指向目标及相关问题 [J]. 中国语文,(6):495-507.

范晓. 1996. 三个平面的语法观[M]. 北京:北京语言文化大学出版社.

范继淹. 1985. 无定 NP 主语句[J]. 中国语文,(5):321-328.

方立. 1993. 美国理论语言学研究[M]. 北京:北京语言学院出版社.

方立. 1995. 论语言的可分离性[J]. 外语教学与研究,(4):9-13.

方立. 2000. 逻辑语义学[M]. 北京:北京语言文化大学出版社.

方立. 2002."I don't think …"和"I think … not …"[J]. 外语教学与研究,(6):450-453.

方立,纪凌云. 1999. 主题化结构[J]. 语言教学与研究,(4):69-79.

冯爱珍. 1993. 福清方言研究[M]. 北京:社会科学文献出版社.

冯胜利. 1997a."管约"理论与汉语的被动句[J] // 中国语言学论丛:第一辑:1-27.

冯胜利. 1997b. 汉语的韵律、词法与句法[M]. 北京:北京大学出版社.

冯胜利. 2000. 汉语韵律句法学[M]. 上海:上海教育出版社.

傅国通. 2002. 武义方言比较句的表达方式[C] // 中国东南部方言比较研究 2002 年会论文.

高然. 1999. 广东丰顺客方言语法特点述略[J]. 暨南学报,(1):108-118.

郭锐. 1995. 述结式的配价和成分整合[M] // 沈阳,郑定欧.现代汉语配价语法研究. 北京:北京大学出版社.

郭锐. 2000. 表述功能的转化和"的"字的作用[J]. 当代语言学,(1):37-52.

韩玉国. 2005. 范畴语法与汉语非连续结构研究[D]. 北京:北京语言

大学博士学位论文.

何容. 1985. 中国文法论[M]. 北京:商务印书馆.

何洪峰. 2001. 黄冈方言的比较句[J]. 语言研究,(4):28-38.

胡附,文炼. 1982. 句子分析漫谈[J]. 中国语文,(3):161-167.

胡素华. 2002. 彝语结构助词研究[M]. 北京:民族出版社.

胡裕树. 1962. 现代汉语[M]. 上海:上海教育出版社.

胡裕树. 1995. 现代汉语[M]. 上海:上海教育出版社.

胡裕树,范晓. 1994. 动词形容词的"名物化"和"名词化"[J]. 中国语文,(2):81-85.

胡裕树,范晓. 1996. 动词研究综述[M]. 太原:山西高校联合出版社.

黄伯荣,廖序东. 2002. 现代汉语[M]. 北京:高等教育出版社.

黄景湖. 1987. 汉语方言学[M]. 厦门:厦门大学出版社.

黄师哲. 2004. 无定名词主语同事件论元的关系[J]∥黄正德.中国语言学论丛(第三辑).北京:北京语言文化大学出版社.

黄瓒辉. 2002. 人称代词"他"的紧邻回指与紧邻预指[J]∥第十二次现代汉语语法研讨会.中国:长沙.

黄正德. 1990. 说"是"和"有"[J]∥中央研究院历史语言研究所集刊.第59本.

霍凯特. 1986. 现代语言学教程[M]. 索振羽,叶蜚声译. 北京:北京大学出版社.

蒋严. 1998. 语用推理与"都"的句法/语义特征[J]. 现代外语,(1):11-24.

蒋严,潘海华. 1998. 形式语义学引论[M]. 北京:中国社会科学出版社.

江蓝生. 1999. 处所词的领格用法与结构助词"底"的由来[J]. 中国语文,(2):83-93.

江蓝生,侯精一. 1999. 汉语现状与历史的研究[C]. 北京:中国社会科学出版社.

孔令达. 1994. 影响汉语句子自足的语言形式 [J]. 中国语文,(6):434-440.

黎锦熙. 1924. 新著国语文法[M]. 北京:商务印书馆.

黎锦熙,刘世儒.1959.汉语语法教材[M].北京:商务印书馆.

李保伦,潘海华.1999.焦点与"不"字句之语义解释[J].现代外语,(2):111-127.

李蓝.2003.现代汉语方言差比句的语序类型[J].方言,(3):214-232.

李讷,安珊笛.1984.主语与话题:一种新的语言类型学[J].李谷城摘译.当代语言学,(2):38-44.

李讷,安珊笛,张伯江.1998.从话语角度论证语气词"的"[J].中国语文,(2):93-102.

李珊.1994.现代汉语被字句研究[M].北京:北京大学出版社.

李临定.1984a.动词的宾语和结构的宾语 [J].语言教学与研究,(3):103-123.

李临定.1984b.究竟哪个"补"哪个:"动补格"关系再议[J].汉语学习,(2):1-10.

李临定.1988.现代汉语变换语法[M].北京:中国社会科学出版社.

李启群.2002.吉首方言研究[M].北京:民族出版社.

李如龙,张双庆.1992.客赣方言调查报告[M].厦门:厦门大学出版社.

李新魁.1994.广东的方言[M].广州:广东人民出版社.

李小荣.1994.对动结式带宾语的功能考察[J].汉语学习,(5):32-38.

李艳惠,陆丙甫.2002.数目短语[J].中国语文,(4):326-336.

梁玉璋,冯爱珍.1996.福州话音档[M].上海:上海教育出版社.

林焘.1957.现代汉语补语轻音现象反映的语法和语义问题 [J].北京大学学报,(2):61-74.

林连通.1993.泉州方言志[M].北京:社会科学文献出版社.

刘纶鑫.1999.客赣方言比较研究[M].北京:中国社会科学出版社.

刘安春.2003."一个"的用法研究[D].北京:中国社会科学院研究生院博士学位论文.

刘丹青.2001.汉语给予类双及物结构的类型学考察 [J].中国语文,(6):387-398.

刘丹青.2003a.语序类型学与介词理论[M].北京:商务印书馆.

刘丹青.2003b.论元分裂式话题结构初探 [M]// 话题与焦点新论:

220–241.

刘丹青. 2005. 汉语关系从句标记类型初探[J]. 中国语文,(1):3-15.

刘丹青,徐烈炯. 1998. 焦点与背景、话题及汉语"连"字句[J]. 中国语文,(4):243-252.

刘勋宁. 1990.现代汉语句尾"了"的语法意义及其与词尾"了"的联系[J]. 世界汉语教学,(2):80-87.

刘月华等. 1983. 实用现代汉语语法[M]. 北京:外语教学与研究出版社.

鲁川,缑瑞隆,董丽萍. 2000. 现代汉语基本句模[J]. 世界汉语教学,(4):11-24.

陆丙甫. 2006. 不同学派的"核心"概念之比较[J]. 当代语言学,(4):289-310.

陆丙甫,徐阳春. 2003. 汉语疑问词前移的语用限制[J]. 语言科学,(6):3-11.

陆俭明. 1985. 由指人的名词自相组合造成的偏正结构 [J]. 中国语言学报,(2).

陆俭明. 1991. 现代汉语句法里的事物化指代现象[J]. 语言研究,(1):34-39.

陆俭明. 1993a. 陆俭明自选集[G]. 郑州:河南教育出版社.

陆俭明. 1993b. 八十年代中国语法研究[M]. 北京:商务印书馆.

陆俭明. 2003a.对"NP+的+VP"结构的重新认识[J]. 中国语文,(5):387-391.

陆俭明. 2003b. 汉语句法研究的新思考[J]∥语言学论丛:第26辑:261-278.北京:商务印书馆.

陆俭明. 2004. "句式语法"理论与汉语研究[J]. 中国语文,(5):412-416.

陆俭明,沈阳. 2003. 汉语和汉语研究十五讲[M]. 北京:北京大学出版社.

罗福腾. 1992. 山东方言比较句的类型及其分布[J]. 中国语文,(3):201-205.

吕叔湘. 1948. 把字用法的研究[G]∥汉语语法论文集. 增订本. 北京:商务印书馆.

吕叔湘. 1956. 汉语语法论文集[G].增订本. 北京：商务印书馆.

吕叔湘. 1965. 被字句、把字句带宾语[J].中国语文,(4).

吕叔湘. 1979. 汉语语法分析问题[M]. 北京：商务印书馆.

吕叔湘. 1980. 现代汉语八百词[M]. 北京：商务印书馆.

吕叔湘. 1985.疑问·否定·肯定[J]. 中国语文,(4):241-250.

吕叔湘. 1990. 中国文法要略[M]:中卷. 北京：商务印书馆.

吕叔湘,朱德熙. 1952. 语法修辞讲话[M]. 北京：中国青年出版社.

马真. 1981. 简明实用汉语语法[M]. 北京：北京大学出版社.

马真. 1983. 关于"都/全"所总括的对象的位置[J]. 汉语学习,(1):27-34.

马建忠. 1898. 马氏文通[M]. 北京：商务印书馆.

马希文. 1987.与动结式动词有关的句式[J]. 中国语文,(6):424-441.

马学良,史有为. 1982. 说"哪儿上的"及其"的"[J]. 语言研究,(1):60-70.

孟庆惠.1997.安徽省志·方言志[M]. 北京：方志出版社.

木村英树. 2003. "的"字句的句式义及"的"字功能的扩展[J]. 中国语文,(4):303-314.

牛秀兰. 1991. 关于"是……的"结构句的宾语位置问题[J]. 世界汉语教学,(3):175-178.

潘海华. 2006. 焦点、三分结构与汉语"都"的语义解释[M]∥语法研究和探索. 第十三辑. 北京：商务印书馆.

潘海华,梁昊. 2002. 优选论与汉语主语的确认[J]. 中国语文,(1):3-13.

钱敏汝. 1990. 否定载体"不"的句法——语义考察[J]. 中国语文,(1):30-37.

钱曾怡. 2002. 汉语方言研究的方法与实践[M]. 北京：商务印书馆.

钱曾怡,等. 2001. 山东方言研究[M]. 济南：齐鲁书社.

任鹰. 1999. 几种主要的非受事宾语句及其相关的语法问题 [D]. 北京：中国社会科学院研究生院博士学位论文.

任鹰. 2001. 主宾可换位动结式述语结构分析[J]. 中国语文,(4):508-518.

杉村博文. 1999. "的"字结构、承指与分类[M]∥汉语现状与历史的研究:47-66. 北京:中国社会科学出版社.

邵敬敏. 2001. 现代汉语通论[M]. 上海:上海教育出版社.

沈家煊. 1989. "判断语词"的语义强度[J]. 中国语文,(1):1-8.

沈家煊. 1993. "语用否定"考察[J]. 中国语文,(5):321-331.

沈家煊. 1995. "有界"与"无界"[J]. 中国语文,(5):367-380.

沈家煊. 1999a.不对称和标记论[M]. 南昌:江西教育出版社.

沈家煊. 1999b."在"字句与"给"字句[J]. 中国语文,(2):94-102.

沈家煊. 1999c.转指和转喻[J]. 当代语言学,(1):3-15.

沈家煊. 2002. 如何处置"处置"式[J]. 中国语文,(5):387-399.

沈家煊. 2003.现代汉语"动补结构"的类型学考察[J]. 世界汉语教学,(3):17-23.

沈家煊. 2004. 动结式"追累"的语法和语义[J]. 宁夏大学学报,(4):32-34.

沈家煊,王冬梅. 2000. "N 的 V"和"参照体—目标"构式[J]. 世界汉语教学,(4):25-32.

沈开木. 1984. "不"字的否定范围和否定中心的探索[J]. 中国语文,(4):404-412.

沈阳,郑定欧. 1995. 现代汉语配价语法研究[M]. 北京:北京大学出版社.

施春宏. 2004. 动结式形成过程中配位方式的演变[J]. 中国语文,(6):521-535.

施关淦. 1988. 现代汉语的向心结构和离心结构 [J]. 中国语文,(4):165-273.

石定栩. 1999a. "把"字句与"被"字句研究[M]// 共性与个性——汉语语言学中的争议. 北京:北京语言文化大学出版社.

石定栩. 1999b. 主题句研究[M] // 共性与个性——汉语语言学中的争议[M]. 北京:北京语言文化大学出版社.

石定栩. 2003. 理论语法与汉语教学——从"是"的句法功能谈起[J]. 世界汉语教学,(2):5-12.

石毓智. 2000. 论"的"的语法功能的统一性[J]. 世界汉语教学,(1):

16–27.

石毓智. 2001. 汉语的主语和话题之辨[J]. 语言研究,（2）:82–91.

史有为. 1994. 也说"来着"[J]. 汉语学习,（1）:15–16.

史有为. 1997. 汉语如是说[M]. 北京:北京语言文化大学出版社.

司富珍. 2002a. 多重特征核查及其句法影响[D]. 北京:北京语言文化大学博士学位论文.

司富珍. 2002b. 汉语的标句词"的"及相关的句法问题[J]. 语言教学与研究,（2）:35–40.

司富珍. 2004. 中心语理论和汉语的 DeP[J]. 当代语言学,（1）:139–147.

宋国明. 1997. 句法理论概要[M]. 北京:中国社会出版社.

宋文辉. 2004. 再论现代汉语动结式的核心[J]. 现代外语,（2）:163–172.

宋玉柱. 1981. 关于时间副词 "的"和 "来着"[J]. 中国语文,（4）:271–276.

太田辰夫. 1987. 中国语历史文法[M]. 北京:北京大学出版社.

唐翠菊. 2005. 从及物性角度看汉语无定主语句[J]. 语言教学与研究,（3）:9–16.

吴庚堂. 1999. "被"字句的特征与转换[J]. 当代语言学,（4）:25–37.

吴庚堂. 2000. 汉语被动式与动词被动化[J]. 现代外语,（3）:249–260.

汪国胜. 2000. 湖北大冶方言的比较句[J]. 方言,（3）:211–221.

王还. 1984. "把"字句和"被"字句[M]. 上海:上海教育出版社.

王力. 1957. 中国语法理论[M]. 北京:中华书局.

王力. 1980. 汉语史稿[M]. 北京: 中华书局.

王灿龙. 2003. 制约无定主语句使用的若干因素[J] ∥语法研究和探索. 第十二辑. 北京:商务印书馆.

王冬梅. 2002. "N 的 V"结构中 V 的性质[J]. 语言教学与研究,（4）:455–464.

王洪君. 2002. 普通话中节律边界与节律模式、语法、语用的关联[M] ∥语言学论丛. 第 26 辑. 北京:商务印书馆.

王红旗. 1995. 动结式述补结构配价研究[M] // 沈阳,郑定欧.现代汉语配价语法研究. 北京:北京大学出版社.

王玲玲. 2000. 汉语动结结构句法与语义研究[D]. 香港:香港理工大学博士学位论文.

王茂林. 2005. 汉语自然话语韵律组块的优选论分析[J]. 暨南学报,(4):85-87.

王士元. 1990. 现代汉语中的两个体标记[J]. 袁毓林译. 国外语言学,(1):25-33.

王彦杰. 2001. "把……给 V"句式中助词"给"的使用条件和表达功能[J]. 语言教学与研究,(2):64-70.

吴竞存,侯学超. 1982. 现代汉语句法分析[M]. 北京:北京大学出版社.

吴启主. 1998. 常宁方言研究[M]. 长沙:湖南教育出版社.

熊仲儒. 2001. 零成分与汉语"名物化"问题[J]. 现代外语,(3):228-236.

熊仲儒. 2002a. 自然语言的词序[J]. 现代外语,(4):372-386.

熊仲儒. 2002b. 存现句与格理论的发展[J]. 现代外语,(1):35-47.

熊仲儒. 2003a. "来着"的词汇特征[J]. 语言科学,(2):58-65.

熊仲儒. 2003b. 汉语被动句的句法结构分析[J]. 当代语言学,(3):206-221.

熊仲儒. 2003c. 现代汉语中的致使句式[D]. 北京:北京语言大学博士学位论文.

熊仲儒. 2004a. 距离相似动因的个案研究 [J]. 暨南大学华文学院学报,(1):69-76.

熊仲儒. 2004b. 母语说话者语感差异的语言学解释 [J]. 语言科学,(3):69-78.

熊仲儒. 2004c. 现代汉语中的致使句式[M]. 合肥:安徽大学出版社.

熊仲儒. 2005a. 论元的句法实现[J]. 外国语,(2):53-61.

熊仲儒. 2005b. 以 "的" 为核心的 DP 结构 [J]. 当代语言学,(2):148-165.

熊仲儒. 2006. 汉语的被动范畴"给" [J]. 外语学刊,(2):65-70.

熊仲儒. 2007a. "是……的"的构件分析[J]. 中国语文,(4):321-330.

熊仲儒. 2007b. 现代汉语与方言中差比句的句法结构分析[J]. 语言暨语言学,(4):1043-1063.

项梦冰. 1997. 连城客家话语法研究[M]. 北京:语文出版社.

徐惠. 2001. 益阳方言语法研究[M]. 长沙:湖南教育出版社.

徐杰. 2001. 普遍语法原则与汉语语法现象[M]. 北京:北京大学出版社.

徐杰,李英哲. 1993.焦点和两个非线性语法范畴:"否定"、"疑问"[J]. 中国语文,(2):81-92.

徐枢. 1985. 宾语和补语[M]. 哈尔滨:黑龙江人民出版社.

徐烈炯. 1999. 名词性成分的指称用法[M] // 共性与个性——汉语语言学中的争议.

徐烈炯. 1999. 共性与个性——汉语语言学中的争议[M].北京: 北京语言文化大学出版社.

徐烈炯. 2001. 焦点的不同概念及其在汉语中的表现形式 [J]. 现代中国语研究,(3):10-22.

徐烈炯,刘丹青. 1998. 话题的结构与功能[M]. 上海:上海教育出版社.

徐烈炯,刘丹青. 2003. 话题与焦点新论[M]. 上海:上海教育出版社.

薛凤生. 1994. "把"字句和"被"字句的结构意义[M] // 功能主义与汉语语法.

杨成凯. 1991. 词类的划分原则和谓词"名物化" [J] // 语法研究和探索. 第5辑. 北京:语文出版社。

叶蜚声,徐通锵. 1997. 语言学纲要[M]. 北京:商务印书馆.

袁家骅,等. 1989. 汉语方言概要[M]. 北京:语文出版社.

袁毓林. 1994. 一价名词的认知研究[J]. 中国语文,(4):241-253.

袁毓林. 1995. 谓词隐含及其句法后果[J]. 中国语文,(4):241-255.

袁毓林. 1999. 汉语动词的配价研究[M]. 南昌:江西教育出版社.

袁毓林. 2000a. 论否定句的焦点、预设和辖域歧义[J]. 中国语文,(2):99-108.

袁毓林. 2000b. 述结式的结构和意义的不平衡性 [J]. 现代中国语研究,(1):98-117.

袁毓林. 2001. 述结式配价的控制——还原分析[J]. 中国语文,(5): 399–410.

袁毓林. 2002. 述结式的论元选择及其句法配置[J]. 纪念王力先生百年诞辰学术论文集[C].北京:商务印书馆.

袁毓林. 2003. 从焦点理论看句尾"的"的句法语义功能[J]. 中国语文,(1):3–16.

袁毓林. 2005a."都"的语义功能和关联方向新解[J]. 中国语文,(2): 99–109.

袁毓林. 2005b."都"的加合性语义功能及其分配性效应[J]. 当代语言学,(4):289–304.

袁毓林. 2007. 论"都"的隐性否定和极项允准功能[J]. 中国语文,(3): 306–320.

曾美燕. 2004. 结构助词"的"与指示代词"这 / 那"的语法共性[J]. 语言教学与研究,(1):48–54.

张安生. 2000. 同心方言研究[M]. 银川:宁夏人民出版社.

张伯江. 1993."N 的 V"结构的构成[J]. 中国语文,(4):253–259.

张伯江. 1999. 现代汉语的双及物结构式[J]. 中国语文,(3):175–184.

张伯江. 2000. 论"把"字句的句式语义[J]. 语言研究,(1):28–40.

张伯江. 2001. 被字句与把字句的对称与不对称[J]. 中国语文,(6): 519–524.

张伯江. 2002. 施事角色的语用属性[J]. 中国语文,(6):483–494.

张伯江,方梅. 1996. 汉语功能语法研究[M]. 南昌:江西教育出版社.

张静. 1980. 新编现代汉语[M]. 上海:上海教育出版社.

张敏. 1998. 认知语言学与汉语名词短语[M]. 北京:中国社会科学出版社.

张谊生. 2000a. 试论结构助词"的"和"之"的前置[J]. 汉语学习,(5): 1–7.

张谊生. 2000b. 略论时制助词"来着"——兼论"来着₁"与"的₂"以及"来着₂"区别[J]. 大理师专学报,(4):61–67.

张谊生. 2003. 从量词到助词[J]. 当代语言学,(3):193–205.

赵金铭. 2002. 差比句语义指向类型比较研究[J]. 中国语文,(5):452–458.

赵日新. 2002. 绩溪方言的比较句[C]// 中国东南部方言比较研究2002 年会论文.

赵元任. 1979. 汉语口语语法[M]. 吕叔湘,译. 北京:商务印书馆.

赵元任. 1996. 中国话的文法[M]. 丁邦新,译. 中国现代学术经典·赵元任卷[G].石家庄:河北教育出版社.

周国光. 1997. 工具格在汉语句法结构中的地位[J]. 中国语文,(3):215–218.

周国光. 2006. 括号悖论和"的 X"的语感[J]. 当代语言学,(1):71–75.

周长揖. 1991. 闽南话与普通话[M]. 北京:语文出版社.

朱德熙. 1961. 说"的"[J]. 中国语文,(12).

朱德熙. 1966. 关于《说"的"》[J]. 中国语文,(1,2).

朱德熙. 1978. "的"字结构和判断句[J]. 中国语文,(1,2).

朱德熙. 1980. 现代汉语语法研究[M]. 北京:商务印书馆.

朱德熙. 1982. 语法讲义[M]. 北京:商务印书馆.

朱德熙. 1983. 自指和转指:汉语名词化标记"的、者、之、所"的语法功能和语义功能[J]. 方言,(1):16–31.

朱德熙. 1984. 关于向心结构的定义[J]. 中国语文,(6):401–403.

朱德熙. 1985. 语法答问[M]. 北京:商务印书馆.

朱德熙,卢甲文,马真. 1961. 关于动词、形容词"名物化"的问题[J]. 北京大学学报:人文科学版,(4).

祝克懿. 2000. 析"动 + 个 + 形 / 动"结构中的"个"[J]. 汉语学习,(3)16–19.

二、英文部分

Abney,Steven. 1987. The English Noun Phrase and Its Sentential Aspect. Ph. D. diss., MIT.

Aboh,E. 2004. Snowballing movement and generalized pied–piping. In

Breitbarth, A. & H. Riemsdijk (eds.), Triggers. Berlin: Walter de Gruyter.

Baker, M. 1988. Incorporation: A Theory of Grammatical Function Changing. Chicago: University of Chicago Press.

Baltin, M. and C.Collins (eds.). 2000. The Handbook of Contemporary Syntactic Theory. Oxford: Blackwell.

Barss, A. & H. Lasnik. 1986. A note on anaphora and double objects. Linguistic Inquiry(17): 347-354.

Belletti, A. 1988. The case of unaccusatives. Linguistics Inquiry (19): 1-34.

Bhatt, R. & R., Pancheva. 2004. Late merger of degree clauses. Linguistic Inquiry(1): 1-45

Booij, Geert. 1996. Cliticization as prosodic integration: the case of Dutch. The Linguistic Review(13): 219-242.

Bowers, J. 2000. Predication. In Mark Baltin & Chris Collins (eds.), The Handbook of Contemporary Theory. Blackwell Publishers Ltd.

Bresnan. J. 1992. Locative inversion in Chichewa. Syntax and Semantics. Vol. 26:53-101.

Burzio, L. 1986. Italian Syntax: A Government-binding Approach. Dordrecht: Reidel.

Carsten. V. 2000. Concord in minimalist theory. Linguistic Inquiry(31): 319-355.

Cheng, Lisa. 1986. On the prosodic hierarchy and tone sandhi in Mandarin. In Peter Avery (ed.), Working Papers in Linguistics, Vol. 6. University of Toronto.

Cheng, Lisa. 1991. On the Typology of Wh-Questions. Ph. D. diss., MIT.

Cheng, Lisa. 1995. On dou-quanti fication. Journal of East Asian Linguistics(4):197-234.

Cheng, Lisa. 1997. On the Typology of WH-Questions. New York: Garland Publishing.

Chomsky, Noam. 1957. Syntactic structures.The Hague: Mouton.

Chomsky, Noam. 1965. Aspects of the Theory of Syntax. Cambridge, Mass.: MIT Press.

Chomsky, Noam. 1970. Remarks on nominalization. In Nopoli, D. J. & Rando, E. N (eds.), Syntactic Argumentation, 136–183. Washington D. C.: Georgetown University.

Chomsky, Noam. 1976. Conditions on rules of grammar. Linguistic Analysis 2:303–352

Chomsky, Noam. 1977. On wh movement. In P. Culicover, T. Wasow & A. Akmajian (eds.) Formal Syntax. New York: Academic Press.

Chomsky, Noam. 1981. Lectures on Government and Binding. Dordrecht: Foris.

Chomsky, Noam. 1986. Knowledge of Language: Its Nature, Origin and Use. New York: Praeger.

Chomsky, Noam. 1986. Barriers. Cambridge, Mass.: MIT Press.

Chomsky, Noam. 1995. The Minimalist Program. Cambridge, Mass.: MIT Press.

Chomsky, Noam. 1999. Derivation by phase.MIT working papers in linguistics. No.18.

Chomsky, Noam. 2000. Minimalist inquiries: the Framework. In Roger Martin et al (eds.), Step by Step: Essays on Minimalist Syntax in Honor of Howard Lasnik. Cambridge, Mass.: MIT Press.

Chomsky, Noam. 2001a. Derivation by phase. In Michael Kenstowicz (ed.), Ken Hale: A Life in Language:1–52. Cambridge, Mass.: MIT Press.

Chomsky, Noam. 2001b. Beyond explanatory adequacy. MIT working papers in linguistics. No. 20.

Chomsky, Noam. 2005. On phase (ms). Cambridge, Mass.: MIT.

Chomsky, Noam. 2006. Approaching UG from below (ms.). Cambridge, Mass.: MIT.

Chomsky, Noam and Morris Halle. 1968. Sound Pattern of English. New York: Harper & Row.

Cinque, G. 1999. Adverbs and Functional Heads: A Cross-Linguistic Perspective. Oxford: Oxford University Press.

Comrie, B. 1981. Language Universals and Linguistic Typology. Chicago: University of Chicago Press.

Croft, William. 1990. Typology and Universals. Cambridge: Cambridge University Press.

Croft, William. 1991. Syntactic Categories and Grammatical Relations. Chicago: The University of Chicago Press.

Di Scuillo, A.M. & Williams, E. 1987. On the Definition of Word. Cambridge, Mass.: MIT Press.

Diesing, Molly. 1992. Indefinites. Cambridge, Mass.: MIT Press.

Dryer, Matthew S. 1992. The Greenbergian word order correlations. Language(68): 81-138.

Erteschik-Shir, N. 1997. The Dynamics of Focus Structure. Cambridge: Cambridge University Press.

Fukui, Naoki. 1988. Deriving the differences between English and Japanese: a case study in parametric syntax. English Linguistics(5): 249-270.

Fukui, Naoki. 2000. Phrase structure. In Mark Baltin & Chris Collins (eds.), The Handbook of Contemporary Theory. Blackwell Publishers Ltd.

Fukui, Naoki & Y., Takano. 2000. Nominal structure, an extension of the symmetry principle. In Peter Svenonius (ed.), The Derivation of VO and OV. Ansterdam, Phiadelphia: John Benjamins Publishing Company.

Gao, Qian. 1997. Resultative verb compounds and ba-constructions in Chinese. Journal of Chinese Linguistics(25): 84-130.

Giorgi, A. &F. Pianest. 1997. Tense and Aspect, from Semantic to Morphosyntax. Oxford: Oxford University Press.

Giv ó n, T. 1993. English Grammar, A Functional-Based Instruction. Amsterdam: John Benjamins Publishing Company.

Giv ó n, T. 2001. Syntax, Vol. 1. Amsterdam: John Benjamins Publishing Company.

Goldberg, A. 1995. Constructions: A Construction Grammar Approach to Argument Structure. Chicago: The University of Chicago Press.

Greenberg, Joseph H. 1963. Some universals of language with particular reference to the order of meaningful elements . In Greenberg (ed.), Universals of Language: 73–113. Cambridge, Mass.: MIT Press.

Grimshaw, J. 1990. Argument Structure. Cambridge, Mass.: MIT Press.

Grimshaw, J. 2000. Locality and extended projection. In P. Coopmans, M. Everaert & J. Grimshaw (eds.), Lexical Specification and Insertion, 115–133. Amsterdam: John Benjamins.

Gu, Yang. 1992. The Syntax of Resultative and Causative Compounds in Chinese. Ph. D. Diss., Cornell University.

Gundel, Jeanette. 1999. On different kinds of focus. In P. Bosch, R. van der Sandt (eds.), Focus: Linguistic, Cognitive and Computational Perspectives: 293–305. Cambridge: Cambridge University Press.

Hajičová, Eva, Barbara H. Partee and Peter Sgall. 1998. Topic–Focus Articulation, Tripartite Structures, and Semantic Content. Dordrecht: Kluwer Academic Publishers.

Hayes, Bruce. 1989. The prosodic hierarchy in meter. In P. Kiparsky & G. Youmans (eds.), Rhythm and Meter: 201–60. Orlando, Florida: Academic Press.

He, Baozhang. 1998. A synchronic sccount of laizhe. JCLTA (33): 1 99–114.

Heim, Irene. 1982. The Semantics of Definite and Indefinite Noun Phrases. Ph. D. Diss., University of Mass..

Hu, M.–L. 1993. Definiteness and word order in Mandarin Chinese. JCLTA(28):75–90.

Huang, C.–T. James. 1982. Logical Relation in Chinese and the Theory of Grammar. Ph. D. diss., MIT.

Huang, C.–T. James. 1992. Complex predicate control. In James Higgibotham and Richard Larson (eds.) , Control and Grammar, 119–147.

Dordrecht: Kluwer Academic Publishers.

Huang, C.-T. James. 1998. Logical Relation in Chinese and the Theory of Grammar. New York: Garland Publishing.

Huang, C.-T. James. 1999. Chinese passives in comparative perspective. Tsing Hua Journal of Chinese Studies(29):423-510.

Huang, Shi-Zhe. 1996. Quantification and Predication in Mandarin Chinese: A Case Study of Dou. Ph. D. diss., University of Pennsylvania, Philadelphia.

Jackendoff, R, S. 1972. Semantic Interpretation in Generative Grammar. Cambridge, Mass.: MIT Press.

Kadmon, Nirit. 2001. Formal Pragmatics. Blackwell Publishers Inc.

Kager, R. 1999. Optimality Theory. Cambridge: Cambridge University Press.

Kaisse, Ellen. 1985. Connected Speech: the Interaction of Syntax and Phonology. Orlando, Florida: Academic Press.

Kayne, R. 1994. The Antisymmetry of Syntax. Cambridge, Mass.: MIT Press.

Keenan, E. L. & B. Comrie. 1977. Noun phrase accessibility and universal grammar. Linguistic Inquiry(8): 63-99.

Kearns, Kate. 2000. Semantics. New York: St. Martin's Press.

Kiss, K. É. 1998. Identificational focus versus informational focus. Language 74: 245-273.

Kònig, E. 1991. The Meaning of Focus Particles. A Comparative Perspective. New York: Routledge.

Koopman, H. & D. Sportiche. 1982. Variables and the Bijection Principle. The Linguistic Review(2):139-160.

Kratzer, Angelika. 1996. Severing the external argument from its verb. In Johan Rooryck and Laurie Zaring (eds.), Phrase Structure and the Lexicon. Dordrecht: Kluwer Academic Publishers:109-137.

Krifka, M. 1992. A compositional semantics for multiple focus constructions. In Joachim Jacobs （ed.）, Informationsstruktur und Grammatik. Opladen: Westdeutscher Verlag: 17–53.

Lappin, S. (ed.). 1996. The Handbook of Contemporary Semantic Theory. Blackwell Publishers.

Larson, R. 1988. On the double object construction. Linguistic Inquiry (19): 335—391.

Lasnik, H. 1992. Case and expletives: notes toward a parametric account. Linguistic Inquiry(23): 381—405.

Lasnik, H. 1995. Case and expletives revisited: on greed and other human failings. Linguistic Inquiry(26): 615—633.

Langacker, R. 1987. Foundations of Cognitive Grammar, Vol. 1. Stanford: Stanford University Press.

Lee, Peppina P. L and Pan Haihua. 2001. Chinese negation marker bu and its association with focus. Linguistics(39): 703–731.

Lee, Thomas Hun–tak. 1986. Studies on Quantification in Chinese. Ph. D. Diss., University of California, Los Angeles.

Levinson, S. 1983. Pragmatics.Cambridge: Cambridge University Press.

Lewis, D. 1975. Adverbs of quantification. In E. Keenan （ed.）, Formal Semantics for Natural Language. Cambridge: Cambridge University Press.

Levin, B. and M. Rappaport Hovav. 1995. Unaccusativity: At the Syntax–Lexical Semantics Interface. Cambridge, Mass.: MIT Press.

Li, Charles and Sandra Thompson. 1974. Historical change of word order: A case study in Chinese and its implications. In John M. Anderson & Charles Jones (eds.), Historical linguistics: 199–217. Amsterdam: Benjamins.

Li, Charles and Sandra Thompson. 1975. The semantic function of word order in Chinese. In Charles Li （ed.）, Word Order and Word Order Change: 163–195. Austin: University of Texas Press.

Li, Charles and Sandra Thompson. 1981. Mandarin Chinese: a Functional Reference Grammar. California: University of California Press.

Li, Yafei. 1990. On V–V compounds in Chinese. Natural Language and

283

Linguistic Theory(8): 177-207.

Li, Yafei. 1993. Structural head and aspectuality. Language(69): 480-504.

Li, Yafei. 1998. Chinese resultative constructions and the uniformity of theta assighment hypothesis. In Packard, J. (ed.), New Approaches to Chinese Word formation. Berlin: Mouton de Gruyter.

Li, A. Y.-H. 1985. Abstract Case in Chinese. Ph. D. Diss., University of Southern California, Los Angeles.

Li, A. Y.-H. 1998. Argument determiner phrases and number phrases. Linguistic Inquiry(29):693-702.

Li, A. Y.-H. 2002. Word order, structure, and relativization. In Tang, S. W. & Chen-Sheng, Liu (eds), On the Formal Way to Chinese Languages. CSLI Publications.

Li, A. Y.-H. 2003. Essays on the Representational and Derivational Nature of Grammar. Cambridge, Mass.: MIT Press.

Lin, Tzong-Hong. 2001. Light Verb Syntax and the Theory of Phrase Structure. Ph. D. Diss., University of California, Irvine.

Martin, R. 2001. Null Case and the distribution of PRO. Linguistic Inquiry(32): 141-166.

May, R. 1985. Logical Form: Its Structure and Derivation. Cambridge, Mass.: MIT Press.

Moro, A. 1997. The Raising of Predicates. Cambridge : Cambridge University Press.

Munn, A. 1993. Topics on Syntax and Semantics of Coordinate Structures. Ph. D. Diss., University of Maryland University,.

Nespor, Marina & Vogel, Irene. 1986. Prosodic Phonology. Dordrecht: Foris.

Ouhalla, J. 1991. Functional Categories and Parametric Variation. London: Routledge.

Pan, Haihua & Hu, Jianhua. 2002. Licensing dangling topics in Chinese. Presented at the 2002 LSA Annual Meeting in San Francisco, CA, USA.

Peperkamp, Sharon. 1997. Prosodic Words. Ph. D. Diss., University of Amsterdam.

Pylkkanen, Liina. 2002. Introducing Arguments. Ph. D. Diss., MIT.

Radford, Andrew. 1997a. Syntax: A Minimalist Introduction. Cambridge: Cambridge University Press.

Radford, Andrew. 1997b. Syntax Theory and the Structure of English: A Minimalist Approach. Cambridge: Cambridge University Press.

Rechenbach, H. 1947. Elements of Symbolic Logic. NewYork: the Free Press,

Rizzi, L. 1997. The fine structures of the left periphery. In Haegeman, L. (ed.), Elements of Grammar. Dordrecht, Netherlands: Kluwer Academic Publishers.

Rooth, M. 1985. Association with Focus. Ph. D. Diss., University of Massachusetts, Amherst.

Rooth, M. 1992. A theory of focus interpretation. Natural Language Semantics(1): 75-116.

Rooth, M. 1996. Focus. In S. Lappin (ed.), The Handbook of Contemporary Semantic Theory. London: Blackwell Publishers.

Rothstein, S. 1995. Pleonastics and the interpretation of pronouns. Linguistic Inquiry(26): 499 - 529.

Saeed, John. 1997. Semantics. Oxford: Blackwell Publishers Ltd,

Selkirk, Elisabeth. 1984. Phonology and Syntax: the Relation between Sound and Structure. Cambridge, Mass.: MIT Press.

Selkirk, Elisabeth.1995. The prosodic structure of function words. In Jill Beckman, Laura Walsh Dickey, and Suzanne Urbanczyk (eds.), University of Massachusetts Occasional Papers (18): 439-470. Amherst, MA: GLSA Publications.

Shi, Dingxu. 1997. Issues on Chinese passive. Journal of Chinese Linguistics(1): 41-70.

Shi, Dingxu.1998. The complex nature of V-C constructions. In Gu Yang (ed.), Studies of Chinese Linguistics, LSHK:23-52.

Shi, Dingxu. 2000. Topic and topic-comment constructions in Mandarin Chinese. Language(76): 383-408.

Shih, Chi-Lin. 1986. The Prosodic Domain of Tone Sandhi in Chinese, Ph. D. Diss., University of California San Diego.

Shyu,Shu-ing. 1995. The Syntax of Focus and Topic in Mandarin Chinese. Ph. D. Diss., University of Southern California.

Simpson, A. 2002. On the status of 'modifying' DE and the structure of the Chinese DP. In Tang, S. W. & Chen-Sheng, Liu (eds), On the Formal Way to Chinese Languages. CSLI Publications.

Speas, M. 1990. Phrase Structure in Natural Language. Dordrecht: Kluwer Academic Publishers,

Spencer, A. 1991. Morphological Theory. Oxford: Blackwell.

Sun C. F. & T. Givón. 1985. On the so called SOV word order in Mandarin Chinese: A quantified text study and its implications. Language(61):329-51.

Sybesma, Rint. 1999. The Mandarin VP. Dordrecht: Kluwer Academic Publishers.

Tang, Chih-Chen Jane. 1990. Chinese Phrase Structure and the Extended X-bar Theory. Ph. D. Diss., Cornell University.

Tang, Sze-wing. 1998. Parameterization of Feataures in Syntax. Ph. D. Diss., University of California, Irvine.

Tang, Sze-wing. 2001. A complementation approach to Chinese passives and its consequences. Linguistics(39):257- 295.

Tang, Sze-wing and Liu Chen-Sheng (eds.). 2002. On the Formal Way to Chinese Languages. Center for the Study of Language and Information.

Taranto, Gina. 2001. An event-structure analysis of causative and passive get. In ling. ucsd. edu /~taranto/ taranto_GET_0302.pdf.

Taylor, John. 1989. Linguistic categorization: Prototypes in linguistic theory. Oxford: Clarendon Press.

Taylor, John. 1996. Possessives in English: An Exploration in Cognitive

Grammar. Oxford University Press.

Teng, S.-H. 1974. Negation in Chinese. Journal of Chinese Linguistics
(2):125–140.

Teng, S.-H. 1979. Remarks on cleft sentences in Chinese. Journal of
Chinese Linguistics(7):101–113.

Tsai, Wei-tien Dylan. 1994. On Economizing the Theory of A-bar
Dependencies. Ph. D. diss., MIT.

Tsai, Wei-tien Dylan. 2001. On subject specificity and theory of
syntax-semantics interface. Journal of East Asian Linguistics(10):129–168.

Ura, Hiroyuki. 2000. Checking Theory and Grammatic Functions in Uni
versal Grammar. Oxford: Oxford University Press.

Ura, Hiroyuki. 2001. Case. In Beltin, M. & Collins, C. (eds.), The
Handbook of Contemporary Syntactic Theory. Cambridge: Blackwell
Publishers.

Wexler, Kenneth. & M. Manzini. 1987. Parameters and learnability in
binding theory. In Thomas & Edwin William (eds.), Parameter Setting:
77–89. Dordrecht: D. Reidel Publishing Company.

Williams, E. 1981. On the notions of 'lexically related' and 'head of a
word'. Linguistic Inquiry(12): 245–274.

Wu, Jianxin. 1999. Syntax and Semantics of Quantification in Chinese.
Ph. D. Diss., University of Maryland.

Wu, X-Z. 2000. Grammaticalization and the Development of Functional
Categories in Chinese. Ph. D. Diss., University of Southern California.

Zhang, N. 1997. The Syntactic Dependencies in Mandarin Chinese. Ph.
D. Diss., University of Toronto.

后　记

　　2000 年，初进方门，跟北京语言大学的方立教授攻读博士学位，学习生成语法，明白了词库在句法理论中的重要地位，知道了词在词库中登录诸如词类、语义选择、范畴选择等特异信息。面对名物化问题的纷争，我提出了零成分的看法。一开始并没有将零成分跟功能范畴联系起来，后来跟方老师做博士论文，才真真切切地认识到功能范畴的价值，并提出了功能范畴假设，即认为功能范畴不仅激发移位，而且决定合并，包括论元的选择与题元的指派。此后，我就一直尝试着用功能范畴观察汉语语法现象。

　　我的研究有两条线：一是顺着动词往上做，一是沿着动词往名词里做。顺着动词往上做，是说先做题元层，再做形态层，最后做话语层；沿着动词往名词里做，是说将动词里的成果往名词里拓展。做题元层，是受方老师逻辑语义学的影响而选择的课题，这方面我在《现代汉语中的致使句式》中已经谈过。其他课题的选择也跟方老师有关。比如说主语，方老师在其论著《美国理论语言学研究》中就常常谈到。这激发着我思考主语到底是什么，后来我考察了各种说法，并因此而探究了形态层中的时制范畴，并最终将主语定义为跟时制范畴协约操作的成分。按照这种思路，宾语就可以定义为跟轻动词协约操作的成分，话题就可以定义为跟话题范畴协约操作的成分。焦点问题，也是方老师感兴趣的问题，在他开的《形式语用学》中研讨过该问题，后来在他跟文卫平教授等合著的《动态意义理论》中还专门论述了该问题。老师对学生的影响是点点滴滴的、潜移默化的，今天播下一粒种子，明天可能会长成一棵大树。

　　区分话题与主语可以帮助我们解决无定主语问题。以前学者不区分话题与主语，两者合称主语，并断言汉语主语有有定倾向。后来的研究发现汉语中存在大量的无定主语现象。在我看来，这是没有区分主语与话题造成的理论与事实矛盾。主语可以有定也可以无定，而话题只能非无定。话题范畴高于时制范畴，要使无定主语存在，得有成分跟话题范畴进行协约操作，否则会因为无定主语跟话题范畴协约操作而造成推导的崩溃，证据是无定主语前面常常有时间处所成分或无定主语处于阶段层面的谓词句中。确立焦点与话题可以使语义指向得到解释，比如说"不"指向焦点，"都"前指话题后指焦点，这是因为话题与焦点都会分别跟话语层的话题范畴与焦点范畴进行协约操作，这使得它们能够在 LF 层成分统制"不"与"都"，它们当然也可以跟话题或焦点进行 LF 移位。

同一个术语，在不同的理论体系中有着不同的概念。不仅主语、话题等是这样，向心结构也是这样。向心结构在结构主义语言学中考虑的是分布，在生成语法中考虑的是范畴。分布跟范畴不同，结构主义依分布定范畴有些粗糙，按生成语法，决定分布的不仅有范畴，还有词的语义选择与范畴选择等。在《零成分与汉语"名物化"问题》中，我采用的是结构主义的向心结构概念；在《以"的"为核心的 DP 结构》中，我采用的是生成语法中的向心结构概念。采用不同的体系，是为了说明不同的问题，在《零成分与汉语"名物化"问题》中，我主要想说词类不变，结构主义的向心结构概念也不必修改，词类与向心结构的矛盾只需要增加一个零成分即可解决。在《以"的"为核心的 DP 结构》中，我主要是想将"的"确定为限定范畴，以此来说明"的"无所谓自指或转指，其所谓的自指或转指其实跟语义核心的结构来源有关，并因此建立了转指序列，即论元优先于附加语优先于词汇核心。

区分句法结构与语音结构的思想也直接受益于方老师。汉语界没有严格地区分句法结构跟语音结构，甚至将语音停顿作为切分句法结构的标准之一。人们之所以觉得"的"在句法上后附，一是因为语音停顿，二是因为并列测试。语音停顿是语音的标准，只有当语音结构跟句法结构匹配时才能做识别句法结构的标准，并列测试在表层句法里更不能证明什么，因为语言中存在右向节点提升现象。我在做彝语的时候感受颇深，它的所谓定语标记并不一定在定语之后。我认真地思索了造成句法结构与语音结构不匹配的背后原因，认为功能范畴有左向黏附的倾向，而轻声的功能范畴则强制性地左向黏附。

　　语音停顿的位置、语义指向的成分、短语的歧义等语言事实,不同的人可能有不同的语感。我在甄别事实时采用的原则很简单,优先考虑描写性语感,然后考虑解释性语感。比如说"张三追累了李四",有人认为有三种解读,有人认为有两种解读,而朱德熙指出类似的句子"这孩子追得我直喘气"有三种解读。后者只是指出三种解读,而并不做任何说明,我觉得这比较可信。再比如说"小李都买呢子的衣服",有人认为"都"指向"呢子的衣服",有人认为指向句外成分。前者只是指明语言事实,后者则是从别的理论来说明语义指向,我认为前者比较可信。当代语言学强调解释,把这样或那样的语言事实弄清楚了,解释才有方向。动结式的解读之所以存在语感差异,现在看来是跨越移位造成的,有人允许这种移位,有人不允许这种移位。语义指向之所有差异,是人们对焦点有不同的感受,对焦点敏感的人会认为"都"不仅可以在陈述句中后指焦点,而且可以在疑问句中后指充当焦点的疑问代词;反之,则两种情况下"都"都不能后指。

　　做生成语法的人往往都信奉语言既有共性又有差异,跨语言如此,方言也是如此,区别在于差异到底有多大。被动句,英语既有被动语素又有介引施事的介词,汉语只有一个"被"。如果强调完全对应,就会尝试着将"被"一分为二为被动语素与介词。我没有这样做,而是认为不同的被动语素有不同的扩展对象。扩展对象的差异,使得它们表现出一系列的差异,如能不能出现接应代词,需不需要介词介引施事(致事)等。汉语及其方言中的差比句,呈现出语序上的差异。我发现差比句中的形容词扩展情况大体相同,差别在于功能范畴的实现不同与形式特征不同。在做功能范畴的过程中,我真切地体会到"语言存在共性,变异只在功能范畴"的深刻意义。

　　这些年来,我一直在功能范畴领域勤奋耕耘,除了这个领域的激动人心以外,还有师友与机构的支持提携,更有方老师的勉励。当年博士论文用功能范畴做致使句式就得到了方老师的肯定,博士论文出版时方老师欣然作序。毕业之后,方老师还时时指导并勉励我出更多的成果。2008年底,我将整理好的书稿寄给方老师,方老师很快就把序言寄来了,我自己却在慢慢地构思引言与结语。这一耽误,竟让老师再也不能指点了。

　　本书的出版,有幸得到了安徽师范大学学术著作出版基金与安徽省

A 类重点学科安徽师范大学中国语言文学建设经费的资助。另外,在本书的出版、编辑与校对过程中,安徽师范大学出版社汪鹏生、胡志恒、郭行洲、房国贵等同志付出了大量的心血。对这些资助和帮助,在此一并致谢。书中的错误和疏漏,笔者一并负责。最后谨以此书怀念我的导师北京语言大学的方立教授。